康乐哲学文存

康德与中国哲学

李明辉 ◎ 著

KANGDE YU ZHONGGUO ZHEXUE

中山大学出版社
·广州·

版权所有　翻印必究

图书在版编目（CIP）数据

康德与中国哲学/李明辉著.—广州：中山大学出版社，2020.10
（康乐哲学文存）
ISBN 978-7-306-06991-7

Ⅰ.①康… Ⅱ.①李… Ⅲ.①康德（kant，Immanuel 1724—1804）—哲学思想—研究 Ⅳ.①B561.31

中国版本图书馆CIP数据核字（2020）第191974号

出版人：	王天琪
策划编辑：	嵇春霞
责任编辑：	熊锡源　卢思敏
封面设计：	曾　斌
责任校对：	邱紫妍
责任技编：	何雅涛
出版发行：	中山大学出版社
电　　话：	编辑部 020-84110771，84110283，84111997，84110771
	发行部 020-84111998，84111981，84111160
地　　址：	广州市新港西路135号
邮　　编：	510275　传　真：020-84036565
网　　址：	http://www.zsup.com.cn　E-mail：zdcbs@mail.sysu.edu.cn
印刷者：	佛山家联印刷有限公司
规　　格：	787mm×1092mm　1/16　17.25印张　257千字
版次印次：	2020年10月第1版　2020年10月第1次印刷
定　　价：	66.00元

如发现本书因印装质量影响阅读，请与出版社发行部联系调换

康乐哲学文存

主编 张 伟

编 委（按姓氏笔画排序）

马天俊　方向红　冯达文　朱　刚　吴重庆
陈少明　陈立胜　周春健　赵希顺　徐长福
黄　敏　龚　隽　鞠实儿

康乐哲学文存

总　序

中山大学哲学系创办于1924年,是中山大学创建之初最早培植的学系之一。1952年逢全国高校院系调整而撤销建制,1960年复办至今。先后由黄希声、冯友兰、傅斯年、朱谦之、杨荣国、刘嵘、李锦全、胡景钊、林铭钧、章海山、黎红雷、鞠实儿、张伟等担任系主任。

早期的中山大学哲学系名家云集,奠立了极为深厚的学术根基。其中,冯友兰先生的中国哲学研究、吴康先生的西方哲学研究、朱谦之先生的比较哲学研究、李达先生与何思敬先生的马克思主义哲学研究、陈荣捷先生的朱子学研究、马采先生的美学研究等,均在学界产生了重要影响,也奠定了中山大学哲学系在全国的领先地位。

日月其迈,逝者如斯。迄于今岁,中山大学哲学系复办恰满一甲子。60年来,哲学系同仁勠力同心、继往开来,各项事业蓬勃发展,取得了长足进步。目前,我系是教育部确定的全国哲学研究与人才培养基地之一,具有一级学科博士学位授予权,拥有国家重点学科2个、全国高校人文社会科学重点研究基地2个。2002年教育部实行学科评估以来,稳居全国高校前列。2017年,中山大学哲学学科成功入选国家"双一流"建设名单,我系迎来了跨越式发展的重要机遇。

近年来,中山大学哲学学科的人才队伍不断壮大,且越来越呈现出年轻化、国际化的特色。哲学系各位同仁研精覃思、深造自得,在各自的研究领域均取得了丰硕的成果，不少著述产生了国际性影响，中山大学哲学系已逐渐发展成为全国哲学研究的重镇之一。

为庆祝中山大学哲学系复办 60 周年，我系隆重推出"康乐哲学文存"系列图书。本系列共计八种，主要收录正在或曾在中山大学哲学系执教的、60 岁以上学者的自选文集。这些学者皆造诣深厚，在学界产生了较大影响，也为哲学系的发展做出了重要贡献。

位于珠江之畔的中山大学，树木扶疏，环境优雅。南北朝著名山水诗人谢灵运（世称谢康乐）曾居于此，校园因称"康乐园"。本系列定名为"康乐哲学文存"，亦藉以表达对各位学者的敬意，并冀望永续康乐哲缘。

"康乐哲学文存"的出版，得到中山大学出版社、华夏出版社和生活·读书·新知三联书店的鼎力支持，在此谨致以诚挚谢意！

中山大学哲学系
2020 年 6 月 20 日

自　序

从 2010 年至 2013 年，笔者担任中山大学哲学系"长江学者"讲座教授，此后与该系一直有长期的学术交流与合作；从 2010 年以来，倏忽已近十年。今年（2020 年）正值中山大学哲学系复办 60 周年，该系拟与中山大学出版社合作出版"康乐哲学文存"，承蒙厚爱，也将身为台湾地区学者的笔者列为邀稿对象。为酬答这番雅意，笔者慨然应允提供一部选集。

康德哲学自始就是笔者的研究重点。其后，在笔者转而诠释中国哲学时，即使不直接借用康德哲学的概念与架构，也会以康德哲学为参照背景。因此，为了显示笔者的研究重点与特色，笔者选择了一批专门讨论康德哲学或是比较康德哲学与中国哲学的论文，而以"康德与中国哲学"概括之。

在每篇论文后，笔者都说明了最初刊登的出处，但是在编辑的过程中，笔者还是对其内容做了小幅度的更新与补充。

多年来，中山大学哲学系在几位前辈的领导之下，无论是在教学还是在研究方面，都有相当卓越的成就。因缘际会，笔者有幸参与了这个发展过程，与中山大学哲学系的同仁相互切磋，谨以这部选集作为庆贺中山大学哲学系复办 60 周年的献礼。

目　录

康德的《何谓"在思考中定向"?》及其宗教哲学意涵 …… 1
 一、康德撰写此文的背景 …… 1
 二、理性在其定向中的主观根据 …… 5
 三、理性在其理论性运用中的需求 …… 8
 四、理性在其实践性运用中的需求 …… 10
 五、启蒙与狂热 …… 16

康德论德行义务
 ——兼论麦金泰尔对康德伦理学的批评 …… 22
 一、从麦金泰尔对康德伦理学的批评谈起 …… 22
 二、《基础》论"完全义务"与"不完全义务" …… 25
 三、《道德底形上学》论"德行义务" …… 32
 四、回应麦金泰尔的批评 …… 40
 五、结论 …… 47

康德论同情 …… 49

康德与原罪说 …… 69
 一、耶教传统中的原罪说 …… 69
 二、康德的《圣经》诠释学 …… 75
 三、康德的"道德宗教" …… 79
 四、"原罪"说与康德的"根本恶"说 …… 86

王国维与康德哲学 …… 98
 一、王国维研究康德哲学的历程 …… 98
 二、王国维关于康德的著作 …… 104
 三、借用康德的哲学概念诠释中国哲学 …… 111

儒家、康德与德行伦理学 …… 123

再论儒家、康德伦理学与德行伦理学
　　——评唐文明的《隐秘的颠覆》 ………………………………… 137
牟宗三误解了康德的"道德情感"概念吗?
　　——与方旭东教授商榷 …………………………………………… 161
康德的"物自身"概念何以有价值意涵?
　　——为牟宗三的诠释进一解 ……………………………………… 177
从康德的"道德宗教"论儒家的宗教性 ………………………………… 198
　　一、重新省思"儒学是否为宗教?"之问题 …………………… 198
　　二、康德论"道德宗教" …………………………………………… 206
　　三、从先秦儒学的转折看儒家的宗教性 ………………………… 220
　　四、从康德的宗教观所引发之批评看儒家的宗教性 …………… 230
"穷智见德"
　　——劳思光先生的思想纲领 ……………………………………… 239
　　一、"穷智见德"之说的康德渊源 ………………………………… 239
　　二、劳思光先生论康德哲学与"穷智见德" …………………… 244
　　三、借"穷智见德"之说评骘中西文化 ………………………… 247
　　四、劳思光先生对康德哲学的批评 ……………………………… 249
　　五、康德、黑格尔与儒学的民主转化 …………………………… 251
　　六、余论 …………………………………………………………… 254
如何继承牟宗三先生的思想遗产? …………………………………… 256

康德的《何谓"在思考中定向"?》及其宗教哲学意涵

一、康德撰写此文的背景

康德在《纯粹理性批判》（*Kritik der reinen Vernunft*）一书中将人类理性的兴趣概括为三个问题：第一，我能够知道什么？第二，我应当做什么？第三，我可以期望什么？① 第一个问题是知识论的问题，第二个问题是伦理学与法哲学的问题，第三个问题是历史哲学与宗教哲学的问题。康德讨论宗教哲学的主要著作自然是他于1793年出版的《单在理性界限内的宗教》（*Die Religion innerhalb der Grenzen der bloßen Vernunft*）一书，因为这本书完整而有系统地呈现出他的宗教观。其次是他于1781年出版的《纯粹理性批判》与1788年出版的《实践理性批判》（*Kritik der praktischen Vernunft*）二书，因为前者对西方传统神学之上帝论证提出全面的批判，后者则别出心裁地为上帝的存在提出"道德论证"。然而，很少人注意到康德于1786年发表的《何谓"在思考中定向"?》（"Was heißt: Sich im Denken orientieren?"，以下简称《定向》）一文之宗教哲学意涵。

《定向》一文于1786年首度发表于《柏林月刊》（*Berlinische Monatsschrift*）第八期。康德撰写此文的直接动机来自雅柯比（Friedrich Heinrich Jacobi, 1743—1819）与孟德尔颂②（Moses Mendelssohn, 1729—1786）之间关于斯宾诺莎（Benedictus de Spinoza,

---

① I. Kant, *Kritik der reinen Vernunft*（以下简称 *KrV*），Hrsg. von Raymund Schmidt (Hamburg: Felix Meiner, 1976), A804f./B832f. (A = 1781年第一版, B = 1787年第二版)

② 此为台湾译法，大陆多译作门德尔松。

1632—1677)哲学的论战。① 雅柯比于 1780 年曾两度与雷辛② (Gotthold Ephraim Lessing, 1729—1781)会面。由于雷辛之引荐,雅柯比结识了哲学家莱玛鲁斯(Hermann Samuel Reimarus, 1694—1768)和他的子女。莱玛鲁斯的女儿叫爱丽色(Elise)。经由爱丽色引介,雅柯比开始与孟德尔颂通信。雷辛与孟德尔颂之间有很深的交情,故孟德尔颂有意撰写一部书,来介绍雷辛的性格及著作。雅柯比得知此事后,便根据他与雷辛交往的经验告诉孟德尔颂:雷辛是一个斯宾诺莎主义者,因而是一个无神论者。在 18 世纪的欧洲,"无神论者"的标签是一种很严重的指控。费希特(Johann Gottlieb Fichte, 1762—1814)便曾被指控为无神论者,因而失去耶拿(Jena)大学之教职。孟德尔颂对雅柯比之说法不以为然,有意为雷辛辩护。为此,孟德尔颂于 1785 年出版了《黎明,亦名论上帝存在之演讲录》(*Morgenstunden oder Vorlesungen über das Daseyn Gottes*)。雅柯比便将孟德尔颂、爱丽色与他之间的通信编辑成《论致摩瑟斯·孟德尔颂先生的书简中之斯宾诺莎学说》(*Über die Lehre des Spinoza in Briefen an den Herrn Moses Mendelssohn*)一书出版。孟德尔颂随即撰写一个题为《致雷辛的友人》(*An die Freunde Lessings*)的小册子,作为回应。但孟德尔颂未及见到此书的问世,便于 1786 年 1 月初病故。尽管其论敌已去世,雅柯比依然于同年出版了《驳斥孟德尔颂关于论斯宾诺莎

---

① 关于这场论战之始末,参阅 Klaus Hammacher/Irmgard-Maria Piske, "Editorischer Bericht" zu *Schriften zum Spinozastreit*, in: Klaus Hammacher/Walter Jaeschke (Hrsg.), *Friedrich Heinrich Jacobi: Werke* (Hamburg: Felix Meiner/Stuttgart: Frommann-Holzboog, 1998), Bd. 1, 2, S. 367—370, 376—378; Heinrich Maier, "Einleitung" zu "Was heißt: Sich im Denken orientieren?", in: *Kants Gesammelte Schriften* (Akademieausgabe, 以下简称 *KGS*), Bd. 8, S. 483f.; Frederick C. Beiser, *The Fate of Reason: German Philosophy from Kant to Fichte* (Cambridge/Mass.: Harvard University Press, 1987), chaps. 2—4; Toshimasa Yasukata, *Lessing's Philosophy of Religion and the German Enlightenment: Lessing on Christianity and Reason* (New York: Oxford University Press, 2002), pp. 117—139; Werner Euler, "Orientierung im Denken: Kants Auflösung des Spinoza-Streits", in: Volker Gerhardt u. a. (Hrsg.), *Kant und Berliner Aufklärung. Akten des IX. Internationalen Kant-Kongresses* (Berlin: Walter de Gruyter, 2001), Bd. 5, S. 166—175; Ursula Goldenbaum, "Kants Parteinahme für Mendelssohn im Spinoza-Streit 1786", ebd., S. 176—185.

② 此为台湾译法,大陆多译作莱辛。

学说的书简之指控》(*Wider Mendelssohns Beschuldigungen betreffend die Briefe über die Lehre Spinozas*) 一书。此外，雅柯比的密友威岑曼 (Thomas Wizenmann，1759—1787) 也于同年匿名出版《雅柯比哲学与孟德尔颂哲学之结论——一个志愿者的批判性探讨》(*Die Resultate der Jacobi'schen und Mendelssohn'schen Philosophie, kritisch untersucht von einem Freywilligen*) 一书，为雅柯比辩护。在这个背景之下，《柏林月刊》的编者毕斯特 (Johann Erich Biester，1749—1816) 三度向康德约稿，希望他能评论这场争论。于是康德便撰写了《定向》一文。在这场论战中，尽管雅柯比引康德为同调，但事实上康德的立场偏向孟德尔颂。

由于康德发表《定向》一文的时间介乎《纯粹理性批判》与《实践理性批判》出版的时间，故我们由《定向》一文可以看出康德的宗教思想如何由《纯粹理性批判》过渡到《实践理性批判》。在《纯粹理性批判》一书的《先验辩证论》中，康德全面反驳西方传统形而上学关于"灵魂不朽"与"上帝存在"的论证。根据他的分析，西方传统的理性心理学肯定心灵（或灵魂）的实体性 (Substantialität)、单纯性 (Simplizität)、人格性 (Personalität) 与观念性 (Idealität)；而由"单纯性"又衍生出"常住性" (Beharrlichkeit) 或"不朽" (Inkorruptibilität/Unsterblichkeit) 的概念。但是康德指出：所有这些主张都是建立在一种"言语形式之诡辩" (sophisma figurae dictionis) (B411) ——或者说，"误推" (Paralogismus) ——之上，亦即将"实体"范畴误用于仅具形式意义的"我思" (cogito)，从而赋予它以具体的知识内容。对康德而言，这种推论是无效的，因为"我思"只是我们的一切思考与知识之形式条件，本身并无法提供任何知识内容；而知识内容只能借由直观而获致。经由这样的全面批判，康德否定了"灵魂不朽"之论证。

康德在分析西方传统自然神学的"上帝"概念与上帝论证时，他指出：传统的自然神学将"上帝"界定为一个"最实在的存有者" (ens realissimum) 之理念 (Idee)，这是一个"先验的理想" (transzendentales Ideal) (A576/B604)。我们的理性必然要求这个理念，因为它是一切概念决定（Begriffsbestimmung）之形式条件。但诚如"我思"一样，"上帝"的理念并无法提供任何知识内容，也无法成为知识的对象。然而，传统的自然神学却将这个理念先是"实在化"，继而"实体化"，最后"人格化"，由此产生一种"先验的幻相"（A580ff./B608ff.）。接着，他分别批判西方传统神学所提出的三种上帝论证（存有论论证、宇宙论论证、目的论论证），并且归结说：这些上帝论证都是建立在先验的幻相之上的。换言之，单是凭借思辨理性，我们既无法肯定、亦无法否定上帝之存在。

然而，康德也承认：在目的论的观点下，"上帝"的理念依然可以作为一个"规制原则"（regulatives Prinzip）而保留下来。然而，一旦我们将"上帝"的理念当作一项"构造原则"（konstitutives Prinzip），而试图将我们的知识扩展到经验底界限之外时，便会产生先验的幻相而误入歧途。对此，康德解释说：

> ［……］最高存有者底理想无非是理性底一项**规制原则**，将宇宙中的所有联结看成**彷佛**是起源于一个最充分的必然的原因，以便在说明这些联结时将一种有系统的且依普遍法则而为必然的统一之规则建立于其上，而不是主张一个自身为必然的存在。但我们同时无法避免借由一种先验的诈取将这个形式原则设想为构造的，并且以实体化的方式思考这种统一。（A619/B647）

当康德否定借由思辨理性去论证上帝存在的可能性之际，他同时构想了一种"道德神学"（Moraltheologie），亦即"一种对于一个最高存有者底存在的信念，而此种信念系建立在道德法则之上"（A632/B660, Anm.）。此一构想见于《纯粹理性批判》的《先验方法论》第二章《纯粹理性之规准（Kanon）》。康德在此讨论"最高善底理想"，以之为"纯粹理性底最后目的之一项决定根据"。依他的看法，我们的理性在其理论性运用中必然会假定：每个人按照其行为底道德性，有理由期望同等程度的幸福；故道德底系统与幸福底系统会在纯粹理性的一个理念——即"道德世界"（moralische Welt）

的理念——中结合起来（A808f./B836f.）。但这个理念仅是"衍生的最高善"，因为道德与幸福在其中的结合必须预设一个"原始的最高善"，即上帝（A810/B838）。这个"道德世界"并不存在于感性世界之中，而是存在于"智思世界"（intelligible Welt）之中，故对我们而言，它是一个来世（A811/B839）。因此，上帝与来世是理性的两项必要的预设，而根据纯粹理性之原则，它们与纯粹理性加诸我们的道德责任无法分开（同上）。康德将我们对上帝与来世的信仰称为"道德信仰"（A828/B856）。《定向》一文便是根据《纯粹理性批判》中"道德神学"的构想，进一步说明"道德信仰"之涵义。

二、理性在其定向中的主观根据

首先，我们要解释"定向"（sich orientieren）一词之涵义。康德在《定向》一文中是依模拟义使用此词。此词的本义是**地理的**，它意谓："从一个特定的方位［……］去找出其余的方位，特别是**东方**。"① 而为了在这个意义下定位，我需要"在我自己的**主体**中的一种分辨——右手与左手底区别——之感受"②。"感受"（Gefühl）一词在此有特殊的意涵。康德说："我称之为一种**感受**，因为这两边在外在直观中显示不出任何明显的区别。"③ 因此，他又将这种感受称为一种"**主观的分辨底根据**"④。

康德将这种分辨之根据称为"主观的"，系由于它没有直观作为基础。这种意义的"主观"与他在《纯粹理性批判》中将空间视为"感性底主观条件"（A26/B42）时所谓的"主观"在涵义上有根本的区别。因为作为"感性底主观条件"的空间在知识论上具有**客观**的意义与有效性，而上述主观的分辨之根据并不具有任何知识论的意义。这两种"主观"之区别其实对应于"感识"（Sinn）与"感受"

---

① I. Kant, "Was heißt: Sich im Denken orientieren?"（以下简称"Was heißt: S. i. D. or.?"），*KGS*, Bd. 8, S. 134.
② I. Kant, "Was heißt: S. i. D. or.?", *KGS*, Bd. 8, S. 134.
③ I. Kant, "Was heißt: S. i. D. or.?", *KGS*, Bd. 8, S. 134f.
④ I. Kant, "Was heißt: S. i. D. or.?", *KGS*, Bd. 8, S. 135.

之区别。对于这种区别，康德在《道德底形上学》中做了如下的说明：

> 我们可将感性（Sinnlichkeit）解释为我们的一般而言的表象之主观面。因为知性首先使表象关系到一个对象；也就是说，唯有它凭借表象来**思考**某物。而我们的表象之主观面或者属于以下这一类，即是：它也能关联到一个对象，而成为关于该对象的知识［根据形式或质料，而在第一种情况下称为纯粹直观，在第二种情况下称为感觉（Empfindung）］。在这种情况下，感性作为对于上述表象的感受性，即是**感识**（Sinn）。或者表象之主观面，决无法成为任何**知识要素**（Erkenntnisstück），因为它仅包含表象对于**主体**的关系，而不包含任何可用来认知对象的东西；而在这种情况下，对于表象的这种感受性便称为"情感/感受"（Gefühl）［……］①

Gefühl 一词涵盖中文的"情感"与"感受"二义。简言之，"感识"（Sinn）与"情感/感受"均属于"感性"，因而均是主观的，但前者具有知识意义，而后者则否。当康德将上述分辨左右的"感受"称为一种"主观的分辨底根据"时，并未赋予它以一种知识意义。

接着，康德将上述意义的"定向"扩大，而将它理解为"在一个一般而言的特定空间中定向，因而仅**在数学上**定向"，例如，当我们置身于一个我们所熟悉、但没有光亮的房间中时，要凭记忆来辨识我们所处的位置。② 康德指出：此时我们也需要一种"主观的分辨底根据"，即分辨左右方的"感受"③。与上述的"分辨底根据"相同，这也是一种无关乎对象的主观感受性。

最后，康德才谈到"在思考中定向"（即**逻辑上的**定向）。他

---

① I. Kant, *Metaphysik der Sitten*, KGS, Bd. 6, S. 211f. Anm.
② I. Kant, "Was heißt: S. i. D. or.?", KGS, Bd. 8, S. 135.
③ I. Kant, "Was heißt: S. i. D. or.?", KGS, Bd. 8, S. 135.

康德的《何谓"在思考中定向"?》及其宗教哲学意涵

写道：

> 我们能依模拟轻易地猜到：这将是纯粹理性底一项工作，即是当纯粹理性从已知的（经验）对象出发，想要扩展到经验底一切界限之外，并且完全无直观底对象，而是仅有直观底空间之际，引导它自己的运用之工作。在这种情况下，它不再有办法根据知识底客观根据，而是仅根据一种主观的分辨底根据，在它自己的判断能力之决定中将其判断纳入一项特定的格律之下。在这种情况下还剩下来的主观工具，无非是理性特有的**需求**之感受。①

依康德的观点，人类的知识仅局限于可能经验之对象；或者如康德自己所说，"对于事物底知识，范畴除了应用于经验对象之外，并无其他的运用"②。因此，如果理性要思考超经验的对象，就无法根据知识之客观根据（即范畴），而只能根据一项主观原则去下判断。这项主观原则即是一种对理性底需求的感受。换言之，当我们对某种对象不可能有知识，而又不得不对它形成某种判断时，我们就得借助对这种需求的感受，正如在陌生的森林中借助指南针来辨识方向一样。因此，康德为这种意义的"定向"下了一个定义："'在一般而言的思想中**定向**'是说：在理性底客观原则不足之处，根据理性底一项主观原则在确认（Fürwahrhalten）中自我决定。"③

在此要注意的是：康德将这种"理性底需求"也视为一种"感受"。对此，他特别解释道：

> 理性无所感受；它了解自己的缺陷，并且借由知识冲动引发**需求底感受**。这如同道德情感（moralisches Gefühl）底情形一

---

① I. Kant, "Was heißt: S. i. D. or. ?", *KGS*, Bd. 8, S. 136.
② I. Kant, *KrV*, B146ff., § 22.
③ I. Kant, "Was heißt: S. i. D. or. ?", *KGS*, Bd. 8, S. 136 Anm.

·7·

样：这种情感不产生道德法则（因为道德法则完全源于理性），而是由道德法则、因而由理性所产生或引发（因为活动的、但却自由的意志需要某些根据）。①

在伦理学中，康德将道德情感视为"［道德］法则加诸意志的主观结果"②。与此类似的是：这种"对理性底需求的感受"也仅是理性借由知识冲动所产生的主观结果，而不是一种客观根据。对康德而言，无论在理论方面，还是在实践方面，理性都是其运用之唯一的客观根据，而上述的"对需求的感受"仅是其运用之主观根据。以下我们将分别就理性之理论性运用与实践性运用来探讨这种"理性底需求"。

三、理性在其理论性运用中的需求

理性在其理论性运用中的需求主要是为了在知识的客观原则不足之情况下"确认"上帝的存在。在这个脉络中，"上帝"的概念属于一种主观的形式条件，借以使我们的知识在一切可能经验之界限内尽可能地达到完整性与系统上的统一性。这种条件康德称为"理念"，而上帝的理念则特别称为"理想"。康德在《定向》中将"上帝"概念之形成过程描述如下：当我们为了达成知识之系统性统一而必须使用一个概念（在此指"上帝"概念），而这个概念在直观中又无任何与之相符合的对象时，我们唯一能做的便是：首先，根据"一切判断底最高原理"（即矛盾律）来检查这个概念，看它是否不包含矛盾；其次，将这个超越经验的对象与经验对象之关系置于"纯粹知性概念"（即范畴）之下，以便至少以适合于理性底经验运用的方式来思考这个超感性之物。然而，单是借由"上帝"的概念，我们对上帝的存在及其与宇宙（可能经验底所有对象之总合）间的实际联

---

① I. Kant, "Was heißt: S. i. D. or.?", *KGS*, Bd. 8, S. 139f. Anm. 在"对理性底需求的感受"与"道德情感"这两个术语中，康德使用的都是 Gefühl 一词。但在中文里，我们必须分别以"感受"与"情感"二词来翻译 Gefühl 一词。

② I. Kant, *Grundlegung zur Metaphysik der Sitten*（以下简称 *GMS*），*KGS*, Bd. 4, S. 460.

系依然无所知。① 至此，我们可以说："上帝"的概念**在逻辑上是可能的**。在这个脉络中，康德接着写道：

> 但现在理性底**需求之权利**登场了。这种需求是一种主观的根据，以便预设或假定理性凭其客观根据不得自许认识之某物，且因而在思考中，在超感性界底一个无涯的且对我们来说是暗无天日的空间里，单凭其本身的需求来定向。②

由于理性底需求之介入，"上帝"的概念不仅在逻辑上是可能的，而且**在理论上也是必要的**。

现在我们要进一步追问：由于理性底需求之介入，"上帝"的概念取得了何种确实性？在《定向》中，康德将这种需求称为"纯粹的理性假设"（reine Vernunfthypothese），亦即"一种意见，它基于主观的理由，足以确认"③。由于康德在此处的解释过于简略，因此，我们引述《实践理性批判》中的一段相关文字作为补充：

> 纯粹理性在其思辨运用中的一项**需求**仅导向**假设**，而纯粹实践理性底需求却导向**设准**（Postulate）；因为在前一种情况下，我在根据底系列中从衍生之物上升到**我所意愿**的高度，而且需要一个原始根据——并非为了赋予该衍生之物（例如宇宙中的事物与变化之因果联结）以客观实在性，而只是为了在衍生之物方面完全满足我的探索的理性。故我面对自然中的秩序与合目的性（Zweckmäßigkeit），并不需要为了确定其**现实性**，而从事思辨，而是只需要为了**说明**它们，而**预设一个上帝**作为其原因；因为既然从一项结果去推论一项确定的原因，特别是像我们必须就上帝而设想的那样准确而完全地确定的原因，始终是不可靠而可

---

① 以上的过程见 I. Kant, "Was heißt: S. i. D. or. ?", *KGS*, Bd. 8, S. 136f.
② I. Kant, "Was heißt: S. i. D. or. ?", *KGS*, Bd. 8, S. 137.
③ I. Kant, "Was heißt: S. i. D. or. ?", *KGS*, Bd. 8, S. 141.

疑的，则这样一项预设所能达到的，不过是对我们人类来说最合乎理性的意见之程度而已。①

根据这段说明，首先，所谓"理性假设"仅是**有条件的**，因为唯有当我们想要说明宇宙中的秩序与合目的性时，我们才必须预设上帝之存在。其次，康德指出：由宇宙中的衍生之物去推论一个原始存有者（即上帝）的存在之过程是"不可靠而可疑的"。这种论证即是所谓的"目的论论证"或是"自然神学论证"。康德在《纯粹理性批判》中指出这种论证不足以证明上帝的存在，其理由有三点：第一，这种论证无法为上帝提供任何确定的概念，因为我们在此只能借由模拟去设想上帝的圆满性，而模拟论证仅具有或然性（A626/B654）。第二，这种论证充其量只能证明一个"宇宙建筑师"，而无法证明一个"宇宙创造者"之存在（A627/B655）。第三，这种论证从经验（宇宙中的秩序与合目的性）推论出宇宙创造者之后，便脱离经验，而仅借由先验的概念赋予宇宙创造者以一种包含一切的实在性，而回到"宇宙论论证"之故辙，但"宇宙论论证"不过是一种伪装的"存有论论证"而已（A629/B657）。由于康德已证明了存有论论证之不足据（A592ff./B620ff.），则目的论论证自然也失去了说服力。总而言之，理论理性之需求固然使我们有权去假定上帝的存在，但这充其量只是一项假设而已——对我们人类而言，这项假设固然最合乎理性，但仍是可疑的。

四、理性在其实践性运用中的需求

与理论理性之需求正相反，实践理性之需求是**无条件的**，因为"我们之所以不得不预设上帝的存在，不仅是由于我们**想要判断**，而是由于我们**必须判断**"②。在此，"上帝"概念之必然性在于我们促进"最高善"——亦即道德与幸福之成比例的结合——的义务。康德在

---

① I. Kant, *Kritik der praktischen Vernunft*（以下简称 *KpV*），*KGS*, Bd. 5, S. 142.
② I. Kant, "Was heißt: S. i. D. or. ?", *KGS*, Bd. 8, S. 139.

康德的《何谓"在思考中定向"?》及其宗教哲学意涵

《定向》中接着写道:

> 因为理性之纯粹实践的运用在于道德法则之规定。但是道德法则均导向在世界上可能的**最高善**(就它单凭**自由**而有可能性来说)底理念,亦即**道德**(Sittlichkeit);从另一方面,它也导向不仅关乎人类自由、而是也关乎**自然**之物,亦即最大的**幸福**(就它依道德底比例而被分配来说)。如今理性**需要**假定这样一种**有依待**的最高善,而且为此之故,假定一个最高的智性体(Intelligenz),作为**无依待**的最高善——并非为了由此推衍出道德法则底约束性威望或是遵从道德法则的动机(因为如果它们的动因不是单从本身确然无疑的道德法则被推衍出来的话,它们就不会具有任何道德价值),而仅是为了赋予最高善底理念以客观实在性,也就是说,防止最高善连同全部道德仅被视为一个纯然的理想(如果某个东西底理念不可分离地伴随道德,而这个东西却不存在的话)。①

此处所谓的"有依待的最高善"与"无依待的最高善"即相当于康德在《纯粹理性批判》中所谓的"衍生的最高善"与"原始的最高善"——前者指"道德世界"的理念,后者则是指"上帝"的理念(见上一节的说明)。

在《实践理性批判》中,康德对"最高善"还做了另一种区分,即将"最高善"区分为"无上的善"(das oberste Gut/supremum bonum)与"完全的善"(das vollendete Gut/consummatum bonum):前者是指"德行"(Tugend),后者则是指德行与幸福之成比例的结合。② 后一个意义的"最高善"其实相当于《纯粹理性批判》中所谓的"衍生的最高善"或是《定向》中所谓的"有依待的最高善"。除了这点用语上的不同之外,康德在《实践理性批判》中所提出的

---

① I. Kant, "Was heißt: S. i. D. or.?", *KGS*, Bd. 8, S. 139.
② I. Kant, *KpV*, *KGS*, Bd. 5, S. 110.

上帝论证基本上依然延续他在《纯粹理性批判》和《定向》中的观点，即是通过"最高善"的理念，借由道德法则之实在性来保证上帝之存在。但在《实践理性批判》中，康德对此有更完整的说明。他在此写道：

> 如今既然促进最高善（它在其概念中包含这种联结）是我们的意志底一个先天必然的对象，而且与道德法则相联系而不可分，则前者之不可能也证明后者之虚假。因此，如果根据实践的规则，最高善是不可能的，则道德法则（它要求去促进最高善）必然也是虚幻的，且着眼于空洞的想象的目的，因而本身是虚假的。①

对康德而言，"道德法则彷佛作为纯粹理性底一项事实而被提供出来"，而且这项事实"为我们先天地所意识到，并且是确然无疑的"②。既然道德法则不可能是虚假的，那么它所要求的"最高善"也不可能是虚假的。

既然在"最高善"的概念中，幸福与道德成比例地联结起来，那么这种联结需要一个足以保证它之最高原因。康德接着解释道：

> 这个最高的原因不仅应当包含"自然与有理性者底意志之一项法则相协调"的根据，而是包含"自然与这项**法则**底表象相协调"的根据（就有理性者将这项法则设定为其**意志底最高决定根据**而言）；因此，不仅包含"自然与习俗在形式上相协调"的根据，而是也包含"自然与有理性者底道德性（作为习俗底动因）——亦即其道德存心——相协调"的根据。因此，唯有就自然底一个最高原因被假定，而这个原因具有一种合乎道德存心的因果性而言，世界上的最高善才是可能的。如今一个能

---

① I. Kant, *KpV*, *KGS*, Bd. 5, S. 114.
② I. Kant, *KpV*, *KGS*, Bd. 5, S. 47.

康德的《何谓"在思考中定向"?》及其宗教哲学意涵

够依法则底表象而行动的存有者即是**一个智性体**(有理性者),而这样一种存有者依乎法则底这种表象的因果性便是其**意志**。因此,自然底最高原因,就它必须被预设为最高善而言,便是一个借由**理智**与**意志**而为自然底原因(因而为其创造者)的存有者,亦即**上帝**。因此,**衍生的最高善**(最佳的世界)底可能性之设准同时即是一种**原始的最高善**(即上帝底存在)底现实性之设准。①

在康德伦理学中,一个行为之道德价值不仅在于行为在表面上之合乎义务(pflichtmäßig),而是在于行为者在存心上之出于义务(aus Pflicht)②;换言之,不仅在于行为之"合法性"(Legalität),还在于其"道德性"(Moralität)③。因此,这个能保证福德一致的智性体一方面必须具备足够的智慧,能洞悉人类行为背后的存心④,另一方面必须具备足够的能力,能按照人之德行分配他所应享有的幸福。换言之,唯有全知全能的上帝才足以保证福德之一致。因此,福德一致的世界(衍生的最高善)之可能性必须预设上帝的存在(原始的最高善)之现实性,这也呼应了康德在《纯粹理性批判》中的说法。这便是康德对上帝的存在之道德论证。

接下来我们还是要问:借由道德论证而取得的这种"上帝"概念具有何种确实性?在《定向》中,康德首先将这种"上帝"概念称为"理性底信仰"(Vernunftglaube),以对比于"理性底洞识"(Vernunfteinsicht)与"理性底灵感"(Vernunfteingebung)⑤。康德在《定向》一文的开头已提到:孟德尔颂在《清晨》及《致雷辛的友人》中明白地信从"在理性底思辨运用中借由某种引导工具来**定向**

---

① I. Kant, *KpV*, *KGS*, Bd. 5, S. 125.
② I. Kant, *GMS*, *KGS*, Bd. 4, S. 397f.
③ I. Kant, *KpV*, *KGS*, Bd. 5, S. 71f.
④ 康德在更晚的著作中经常将上帝称为"洞悉人心者"("Herzenskündiger");参阅 *KGS*, Bd. 6, S. 67, 99, 189, 430, 439, 441; Bd. 7, S. 10; Bd. 8, S. 269.
⑤ I. Kant, "Was heißt: S. i. D. or. ?", *KGS*, Bd. 8, S. 140f.

的必要性之格律",而孟德尔颂有时称这种引导工具为"共情"(Gemeinsinn),有时称之为"健全的理性"(gesunde Vernunft),有时又称之为"纯朴的人类知性"(schlichter Menschenverstand)①。不论是"共情""健全的理性",还是"纯朴的人类知性",都是英文common sense一词之德文翻译。这涉及18世纪在欧洲极具影响力的苏格兰"常识哲学"(common sense philosophy),其主要代表为里德(Thomas Reid, 1710—1796)、欧斯瓦尔德(James Oswald, 1703—1793)、比提②(James Beattie, 1735—1803)、史蒂瓦尔特③(Dugald Stewart, 1753—1828)等人。康德在其1783年出版的《未来形上学之序论》中曾对"常识哲学"提出评论。一方面,他承认:"事实上,拥有一种正直的(或者像人们近来所称的,纯朴的)人类知性乃是一项伟大的天赋。"④但另一方面,他又指出:"常识哲学"之失在于忽略了这种"通常的知性"应受到"一种批判的理性"之节制。⑤而在《定向》中,康德对孟德尔颂也提出了类似的批判。一方面,康德承认孟德尔颂之贡献在于坚持"**仅在理性中**寻求一项判断底可容许性之最后试金石"⑥;但另一方面,康德又惋惜孟德尔颂不了解他自己所要求的引导工具"并非**知识**,而是理性之被感受的**需求**"⑦。换言之,孟德尔颂将理性之主观原则(理性底信仰)误认为客观原则(理性底洞识)。至于所谓的"理性底灵感",则是涉及《雅科比哲学与孟德尔颂哲学之结论》的作者威岑曼。

除了从反面说明"理性底信仰"不是"理性底洞识"或"理性底灵感"之外,康德还从正面说明"理性底信仰"之意涵。首先,

---

① I. Kant, "Was heißt: S. i. D. or.?", *KGS*, Bd. 8, S. 133.
② 此为台湾译法,大陆多译作比蒂。
③ 此为台湾译法,大陆多译作斯图尔特。
④ I. Kant, *Prolegomena zu einer jeden künftigen Metaphysik, die als Wissenschaft wird auftreten können*(以下简称 *Prolegomena*), *KGS*, Bd. 4, S. 259;康德著、李明辉译:《未来形上学之序论》,台湾联经出版事业公司2008年版,第7页。
⑤ I. Kant, *Prolegomena*, *KGS*, Bd. 4, S. 259;康德著、李明辉译:《未来形上学之序论》,第8页。
⑥ I. Kant, "Was heißt: S. i. D. or.?", *KGS*, Bd. 8, S. 140.
⑦ I. Kant, "Was heißt: S. i. D. or.?", *KGS*, Bd. 8, S. 139.

康德的《何谓"在思考中定向"?》及其宗教哲学意涵

他界定"信仰"一词:"所有的**信仰**都是一种在主观方面充分的、但在客观方面**被意识到**不充分的确认;因此,它们与**知识**相反。"① 但如果信仰是建基于经验的素材之上,这种信仰便是**历史的**;而且一旦它获得了充分的素材之补充,它便能转化为知识。② "理性底信仰"则完全不同。康德解释道:"一项理性底信仰是这样的信仰:除了**纯粹**理性中所包含的素材之外,它不建基于任何其他的素材之上。"③ 换言之,"理性底信仰"并非建基于任何经验的素材之上。因此,无论我们补充多少经验与理性之自然素材,理性底信仰都不可能转化为知识。④

其次,康德将这种"上帝"概念称为"理性底设准"(Postulat der Vernunft),以对比于"纯粹的理性假设"(reine Vernunfthypothese)。所谓"纯粹的理性假设"即是上一节所讨论的"上帝"概念,亦即理性基于其理论性运用中的需求而确认的"上帝"概念。至于所谓"理性底设准",康德在《定向》中解释得太过简略,故我们引述他在《实践理性批判》中的说明。在此书中,康德将意志之自由、灵魂之不朽与上帝之存在并列为"纯粹实践理性底设准",并且说明如下:

> 这些设准并非理论性的教条,而是在必然的实践方面之**预设**。因此,它们固然并不扩展思辨性的知识,但是却为思辨理性底理念**一般性**地(借由这些理念与实践性事物之关系)提供客观实在性,并且使思辨理性有权拥有一些概念,而在其他情况下,思辨理性甚至仅是妄议这些概念底可能性都不成。⑤

换言之,我们借由思辨理性无法肯定上述理念之实在性,如今却基于

---

① I. Kant, "Was heißt: S. i. D. or. ?", *KGS*, Bd. 8, S. 141.
② I. Kant, "Was heißt: S. i. D. or. ?", *KGS*, Bd. 8, S. 141.
③ I. Kant, "Was heißt: S. i. D. or. ?", *KGS*, Bd. 8, S. 141.
④ I. Kant, "Was heißt: S. i. D. or. ?", *KGS*, Bd. 8, S. 141.
⑤ I. Kant, *KpV*, *KGS*, Bd. 5, S. 132.

它们与道德法则之关联,而赋予它们以某种客观实在性。在这种情况下,"上帝的存在"不再仅是一种或然的意见。在《定向》中,康德甚至强调:尽管"理性底信仰"中的"确认"与知识完全不同类,"但在程度上并不逊于知识"①。不过,这并非意味着我们在知识上有所扩展,而取得了关于上帝的知识。康德指出:当斯宾诺莎认为可以借由与数学方法同样严格的论证来证明上帝的存在时,他其实混淆了"理性底信仰"与知识,而陷于独断论②。

总之,在康德看来,这种"理性底信仰"是我们在思考超感性对象时唯一可以凭借的引导工具。他写道:

> 一个纯粹的理性信仰是路标或指南针,思辨的思想家在超感性对象底领域中进行其理性底漫游时靠它来定向,而拥有通常的、但(在道德上)健全的理性之人则能靠它在理论与实践方面完全按照其分命底整体目的来勾勒其道路;而且这种理性信仰也必须作为其他一切信仰、甚至一切启示之基础。③

反之,如果我们放弃这项引导工具,而寻求其他的协助时,就会陷于各种可能的错误。对此,康德写道:"如果在涉及超感性对象(如上帝底存在与来世)的问题中,理性应有的**优先**发言权被否定,这就会为一切狂热、迷信,乃至无神思想开启一扇大门。"④ "狂热"(Schwärmerei)乃是相对"启蒙"(Aufklärung)而言的。这两个概念之对比正是《定向》一文结尾部分之主题。

五、启蒙与狂热

在《定向》一文的最后部分,康德注意到文化史上的一个独特现象,即是一些所谓的"启蒙思想家",一如保守的思想家,陷于思

---

① I. Kant, "Was heißt: S. i. D. or. ?", *KGS*, Bd. 8, S. 141.
② I. Kant, "Was heißt: S. i. D. or. ?", *KGS*, Bd. 8, S. 143 Anm.
③ I. Kant, "Was heißt: S. i. D. or. ?", *KGS*, Bd. 8, S. 142.
④ I. Kant, "Was heißt: S. i. D. or. ?", *KGS*, Bd. 8, S. 143.

想上的"狂热"。在该文中，康德不但批评了孟德尔颂，也批评了雅柯比，而他们两人在当时均被视为启蒙精神之代言人。

在《定向》一文中，康德为"启蒙"下了一个简单明了的定义："**独立思考**（Selbstdenken）意谓在自己之中（亦即在自己的理性之中）寻求真理底最高试金石；而'始终独立地思考'的格律即是**启蒙**。"① 简言之，"启蒙"意谓：以理性（而且仅以理性）为真理之最高判准。反之，"'以最高立法的理性为无效'的格律"即是"狂热"②。因此，"上帝"的概念，以及对其存在的信念，只能根源于理性，而不能来自启示或灵感。③

再者，"启蒙"也意指正确把握理性知识之极限与理性概念之正当运用。因此，康德批评笛卡尔（René Descartes，1596—1650）与孟德尔颂的上帝论证，因为他们"将为理性底运用而预设某物的主观根据视为客观的，从而将需求视为洞识"④。这无异于将纯粹理性在超经验领域中的运用独断化，因而僭越地扩展了我们的知识，其结果便是"狂热"。在《实践理性批判》中，康德强调：对理性概念的批判性考察旨在"一方面遏止作为**迷信**之源的**拟人化**（Anthropomorphism），或是借由假冒的经验而虚假地扩展那些概念，另一方面遏止借由超感性直观或类似的感受而许诺这种扩展之**狂热**"⑤。在康德看来，孟德尔颂将"上帝"的概念视为"理性底洞识"，即是"借由假冒的经验虚假地扩展那些［理性］概念"，因而陷于"拟人化"之错误。反之，斯宾诺莎的"上帝"概念则导向"狂热"，如康德在《定向》中所言：

> 我们几乎无法理解：上述的学者如何能在《**纯粹理性批判**》中发现对斯宾诺莎主义的支持。在超感性对象底知识方面，《批

---

① I. Kant, "Was heißt: S. i. D. or. ?", *KGS*, Bd. 8, S. 146 Anm.
② I. Kant, "Was heißt: S. i. D. or. ?", *KGS*, Bd. 8, S. 145.
③ I. Kant, "Was heißt: S. i. D. or. ?", *KGS*, Bd. 8, S. 142.
④ I. Kant, "Was heißt: S. i. D. or. ?", *KGS*, Bd. 8, S. 138 Anm.
⑤ I. Kant, *KpV*, *KGS*, Bd. 5, S. 135f.

判》完全剪除了独断论底翅膀;而在这一点上,斯宾诺莎主义是独断的,以致他甚至在论证底严格性方面都与数学家较劲。《批判》证明:纯粹知性概念表必然包含纯粹思考底所有材料;斯宾诺莎主义则谈及本身从事思考的思想,且因而谈及一种同时作为主体而独立存在的附质(Akzidens)——这个概念决不存在于人类底知性中,也无法被置于其中。《批判》显示:一个本身被设想的存有者之概念不包含任何矛盾之物,还远远不足以使我们主张其可能性(尽管在必要时,的确还是容许去假定这种可能性);但斯宾诺莎主义自许理解一个存有者——其理念纯然由纯粹知性概念组成,只是我们从中抽除了感性底所有条件,因此在其中决不会发现任何矛盾——之不可能,而却无法借任何东西来支持这种超越一切界限的僭妄。正因此故,斯宾诺莎主义恰好导向狂热。①

在这段引文中,康德对斯宾诺莎主义提出两点批评,以证明其独断性。第一点批评涉及斯宾诺莎关于"人类心灵"的概念。在斯宾诺莎的哲学系统里,上帝是唯一的实体②,而思想(cogitatio)与扩延(extensio)是上帝之属性(attributus)③。再者,人类心灵是思想之样式(modus)④,而且具有观念⑤。因此,人类心灵一方面"作为主体而独立存在",而依康德的范畴论,它即是一种实体;但另一方面,斯宾诺莎又视之为"思想之样式",而依康德的范畴论,它即是一种附质。这样一来,人类心灵便成了一个既是实体又是附质的怪物,而超越了人类知识的范畴。第二点批评可能是针对斯宾诺莎的上帝论证。在其《伦理学》一书的开头,斯宾诺莎提出八个定义,再由这

---

① I. Kant, "Was heißt: S. i. D. or. ?", *KGS*, Bd. 8, S. 143 Anm.

② Benedictus de Spinoza, *Ethica*, Pars 1, Prop. 14, in: *Opera/Werke* (Darmstadt: Wissenschaftliche Buchgesellschaft, 1980), Bd. 2, S. 104/105.

③ Benedictus de Spinoza, *Ethica*, Pars 2, Prop. 1 & 2, in: *Opera*, Bd. 2, S. 162/163—164/165.

④ Benedictus de Spinoza, *Ethica*, Pars 2, Prop. 48, in: *Opera*, Bd. 2, S. 238/239.

⑤ Benedictus de Spinoza, *Ethica*, Pars 2, Prop. 22, in: *Opera*, Bd. 2, S. 204/205.

些定义推论出"上帝是其本性必然包含存在的实体"。反过来说,我们在概念上不可能设想一个不存在的上帝。这即是所谓的"存有论论证",而康德在《纯粹理性批判》中已否定了其效力。在康德看来,一个脱离了经验脉络的概念,只要它不包含矛盾,便具有逻辑的可能性;但这决不足以证明它也具有现实的可能性,就好像一个商人不可能借由在他的现金账上加几个零,就增加了财富一样①。对于超感性的对象,除非我们具有一种超感性的(智性的)直观,否则我们无法论断其真实的可能性。但康德断然否认我们人类具有这种直观。然而在斯宾诺莎的泛神论系统中,上帝是在自然之中,而不在自然之外;换言之,"上帝是万物之内在因(causa immanens),而非其超越因(causa transiens)"②。因此,他承认我们人类可以凭借"对上帝之智性的爱"(amor Dei intellectualis)而直接认识上帝③。

在实践的领域中,斯宾诺莎这种泛神论的"上帝"概念必然会导致康德在《实践理性批判》中所谓的"实践理性底神秘主义"——这种神秘主义"使仅充作**象征**(Symbol)的东西成为**图式**(Schema),亦即将(对于一个无形的上帝王国之)实际的、但却非感性的直观加诸道德概念之应用,而且漫游于超越之域(das Überschwengliche)"④。依康德之见,当我们要进行实践判断时,我们可以借助于自然法则——但只是就其形式意义而言,亦即就其合法则性而言;在这个脉络下,康德将自然法则称为"道德法则底符号(Typus)"⑤。但是这种符号仅能在形式意义下充作实践判断之象征,而不能在实质意义下(亦即在知识意义下)充作非感性直观(智性直观)之图式;否则我们便会误以为能将我们的知识扩展到超越之域,而陷于神秘主义⑥。

此外,康德还谈到一种由"自由放任思想"(Freigeisterei)所产

---

① I. Kant, *KrV*, A602/B630.
② Benedictus de Spinoza, *Ethica*, Pars 1, Prop. 18, in: *Opera*, Bd. 2, S. 120/121.
③ Benedictus de Spinoza, *Ethica*, Pars 5, Prop. 33, in: *Opera*, Bd. 2, S. 542/543.
④ I. Kant, *KpV*, *KGS*, Bd. 5, S. 70f. 康德往往将 überschwenglich 与 transzendent 当作同义词来使用;参阅其 *Prolegomena*, *KGS*, Bd. 4, S. 328, 333, 348.
⑤ I. Kant, *KpV*, *KGS*, Bd. 5, S. 69.
⑥ I. Kant, *KpV*, *KGS*, Bd. 5, S. 69ff.

生的"狂热"。从表面来看,"自由放任思想"与"狂热"是相互对立的;但实际上,前者却往往导向后者。康德强调:"思想自由也意谓:理性除了**它为自己所制定**的法则之外,不服从任何其他的法则。"① 而一旦我们在思想中脱离了理性之轨道,其结果必然是:"如果理性不愿服从它为自己所制定的法则,它必然受制于他人为它所制定的法则;因为若是全无法则,任何事物(甚至最大的胡闹)都决无法玩得长久。"② 因此,思想自由之反面是"'**无法则地运用理性**'的格律"③;而如上文所引述,"'以最高立法的理性为无效'的格律"即是"狂热"④。在这个意义下,"自由放任思想"与"狂热"是一回事。

康德从"启蒙"的观点来探讨宗教问题,并且由否定"上帝存在"之思辨论证转而提出其道德论证,均极具戏剧性地反映于其《纯粹理性批判》与《实践理性批判》之对比上;在发表时间上介乎其中的《定向》一文则集中呈现出这种思想上的转折,而构成康德宗教哲学之发展中的一个关键性环节。但是我们不可误会,以为康德对于"道德宗教"(moralische Religion)的构想是在这段时间才逐渐形成的。事实上,早在1766年出版的《通灵者之梦》一书中,康德便已提出了"道德信仰"的概念,以及对于上帝存在与灵魂不朽的道德论证之构想。⑤ 因此,康德的宗教思想在18世纪80年代之发展与其说是思想史的,不如说是**逻辑的**。

在《定向》一文的结尾,康德对当时轻视甚或反对理性的人提出了语重心长的呼吁:

  人类及对他们来说最为神圣的事物之友人!接受在经过审慎

---

① I. Kant, "Was heißt: S. i. D. or. ?", *KGS*, Bd. 8, S. 145.
② I. Kant, "Was heißt: S. i. D. or. ?", *KGS*, Bd. 8, S. 145.
③ I. Kant, "Was heißt: S. i. D. or. ?", *KGS*, Bd. 8, S. 145.
④ I. Kant, "Was heißt: S. i. D. or. ?", *KGS*, Bd. 8, S. 145.
⑤ I. Kant, *Träume eines Geistersehers, erläutert durch Träume der Metaphysik*, *KGS*, Bd. 2, S. 372f.;康德著、李明辉译:《通灵者之梦》,台湾联经出版事业公司1989年版,第77页.

而真诚的考察后对你们来说似乎最值得相信的事物（无论是事实，还是理性底根据）吧！但是不要对理性否定使它成为世间的最高善之事物，亦即其作为真理底最后试金石的特权。否则，你们将不配享有这种自由，也必定会丧失它，而且还会将这种不幸加诸其余无辜的人身上——这些人一向心怀善意，**合乎法则地**、且因此也以适合于公共福祉的方式使用他们的自由。①

康德将他的时代理解为"启蒙底时代"②，并且从"启蒙"的观点提出"道德宗教"的构想。在这个意义下，他实不愧为"启蒙之子"。

（原文刊于《"国立"政治大学哲学学报》2013年第29期，第155—186页。）

---

① I. Kant, "Was heißt: S. i. D. or.?", *KGS*, Bd. 8, S. 146f.
② I. Kant, "Beantwortung der Frage: Was ist Aufklärung?", *KGS*, Bd. 8, S. 40；李明辉译注：《康德历史哲学论文集》，台湾联经出版事业公司2013年版，第33页。

康德论德行义务

——兼论麦金泰尔对康德伦理学的批评

一、从麦金泰尔对康德伦理学的批评谈起

1958 年英国学者安斯孔①（G. E. M. Anscombe）发表的《现代道德哲学》一文②，引发了复兴"德行伦理学"（virtue ethics）③ 的思潮。在这篇论文中，安斯孔将以亚里士多德伦理学为代表的"古代道德哲学"与以康德伦理学及后果论伦理学（主要是功利主义）为代表的"现代道德哲学"强烈对立起来。1981 年，英国哲学家麦金泰尔（Alasdair MacIntyre）发表其著作《德行之后》（After Virtue）④，进一步

---

① 此为台湾译法，大陆多译作安斯康姆。

② G. E. M. Anscombe, "Modern Moral Philosophy", *Philosophy*, Vol. 33 (1958), pp. 1—19; also in: *The Collected Philosophical Papers of G. E. M. Anscombe* (Oxford: Blackwell, 1981), Vol. 3: "Ethics, Religion and Politics", pp. 26—42.

③ 在现代中文里，Virtue 一词有"德行""德性""美德""品德"等译法。此词源于希腊文的 areté 及拉丁文的 virtus，包含两种涵义：（1）人的性格中之某种卓越的特质；（2）由于这种特质而表现出来的某种道德行为或境界。前者可译为"德性"，后者可译为"德行"或"品德"。若要强调这种特质或行为的价值，则可译为"美德"。"德行"与"德性"二词均见于先秦典籍。前者参阅《论语·先进篇》第 3 章："**德行**：颜渊、闵子骞、冉伯牛、仲弓。言语：宰我、子贡。政事：冉有、季路。文学：子游、子夏。"后者则参阅《中庸》第 27 章："君子尊**德性**而道问学。"笔者偏向于以"德行"二字来翻译 virtue，因为"德性"很容易使人误以为 virtue 是指人性中本有的特质或能力。事实上，无论对亚里士多德还是康德而言，virtue 都是后天习得的。故笔者同意潘小慧的建议，在本文中一概将 virtue 译为"德行"。关于潘小慧的看法，参阅其《德行伦理学中的人文主义精神——从 Virtue Ethics 的适当译名谈起》，载《哲学与文化》2006 年第 1 期，第 17—29 页。

④ *After Virtue* 一书已有两个中译本，一本是龚群等翻译的《德性之后》（中国社会科学出版社 1995 年版），另一本是宋继杰翻译的《追寻美德》（译林出版社 2003 年版）。撇开 virtue 一词不谈，两者对 after 这个词的理解不同，笔者曾为此困惑多年。最近承蒙黄勇教授相告：他曾亲自问过麦金泰尔本人，麦金泰尔承认 after 同时含有"追寻"与"在……之后"两种意涵，但黄教授偏向后一涵义。这点笔者赞同黄教授。

发展这条思路,大大提高了"德行伦理学"的声势。

麦金泰尔在此书第四至六章中大肆批评启蒙运动证成道德的规划。在他看来,这种规划是失败的,而康德伦理学便是其中一例。他在第四章《先前的文化与启蒙运动证成道德的规划》中特别批评康德伦理学。① 在其更早的著作《伦理学简史》中,有一章专门讨论康德的伦理学。② 在笔者看来,麦金泰尔对康德伦理学的批评并未超出当时一般流行的看法,谈不上深入。但更致命的是:他完全忽略了康德晚年(1797 年)出版的伦理学著作《德行论之形上学根基》(*Metaphysische Anfangsgründe der Tugendlehre*,以下简称《德行论》)一书。③

1984 年另一位英国学者欧尼尔(Onora O'Neill)发表《康德追寻德行》("Kant after Virtue")一文④,试图弥补这项缺陷。她将麦金泰尔对康德伦理学的批评归纳为"四种值得尊重的康德批判"。这四点分别针对康德的"规则伦理学""严格主义"(rigorism)、"形式主义"(formalism),以及其"对于人类理性的贫乏概念"。⑤ 在此要特别说明:麦金泰尔自己并未使用"严格主义"与"形式主义"这两个语词,而是欧尼尔根据一般的用法借这两个语词来标示麦金泰尔的论点。这四点批评在逻辑上相互关联,但是第一点是最根本的。因为德行伦理学家的提倡者通常将康德伦理学与后果论伦理学(主要是

---

① Alasdair MacIntyre, *After Virtue* (Notre Dame: University of Notre Dame Press, 1984, 2nd edition), pp. 43—47.

② Alasdair MacIntyre, *A Short History of Ethics* (New York: Macmillan, 1966), pp. 190—198.

③ 康德身后此书始与同年稍早出版的《法权论之形上学根基》(*Metaphysische Anfangsgründe der Rechtslehre*,以下简称《法权论》)合为《道德底形上学》(*Metaphysik der Sitten*,以下简称 *MS*)一书。此书有笔者的中译本:《道德底形上学》(台湾联经出版事业公司 2015 年版),由于此一中译本在边页中附有德文原版的页码,读者不难找到相对应的文字,故本文不另外注明中译本的页码。

④ 此文原刊于 *Inquiry*, Vol. 26 (1984), pp. 387—405;其增订版后收入其 *Constructions of Reason: Exploration of Kant's Practical Philosophy* (Cambridge: Cambridge University Press, 1989), pp. 145—162.

⑤ Onora O'Neill, *Constructions of Reason: Exploration of Kant's Practical Philosophy*, pp. 148—150.

功利主义伦理学）均界定为"以规则为中心的伦理学"（rule-centered ethics），对比于"以德行为中心的伦理学"（virtue-centered ethics）。所谓"规则"，在康德伦理学特别是指"定言令式"（kategorischer Imperativ），在功利主义伦理学则主要是指"功利原则"（principle of utility）。一般所谓的"严格主义"是指一种主张，即对于所有人和所有时代而言，存在唯一的一套道德规则。① 他所谓的"形式主义"意谓：康德的伦理学说欠缺实质的道德内涵。② 至于康德"对于人类理性的贫乏概念"，则意谓："将理性仅视为计算的，且因此不对目的加以考虑。"③ 一般学者以"严格主义"与"形式主义"来标志康德伦理学，固然有其文献根据，但由于黑格尔的误导，这两个标签都引起了对康德伦理学的严重误解。关于这些误解，笔者在他处已详细讨论过④，下文还会谈到。

  针对麦金泰尔对康德伦理学的批评，欧尼尔在这篇论文中两度强调："康德提出的，首先是一套德行底伦理学，而非一套规则底伦理学。"⑤ 为了证实她的主张，欧尼尔详细阐释康德的"格律"（Maxime）概念。康德本人仅简单地将"格律"界定为"意欲底主观原则"⑥。欧尼尔在详细阐述"格律"的意涵之后，将它界定为"行动者据以精心安排诸多更为明确的意向之**支撑性**原则"⑦。这种诠释无疑合乎康德的想法，并且进一步凸显作为规则的"格律"之脉

---

  ① Onora O'Neill, *Constructions of Reason: Exploration of Kant's Practical Philosophy*, p. 149.
  ② Onora O'Neill, *Constructions of Reason: Exploration of Kant's Practical Philosophy*, p. 149.
  ③ Onora O'Neill, *Constructions of Reason: Exploration of Kant's Practical Philosophy*, p. 149.
  ④ 李明辉：《存心伦理学、形式伦理学与自律伦理学》，载其《儒家视野下的政治思想》，"国立"台湾大学出版中心 2005 年版，第 133—162 页；《独白的伦理学抑或对话的伦理学？——论哈柏玛斯对康德伦理学的重建》，载其《儒学与现代意识》，台湾大学出版中心 2016 年版，第 343—346 页。
  ⑤ Onora O'Neill, *Constructions of Reason: Exploration of Kant's Practical Philosophy*, pp. 154 & 161.
  ⑥ I. Kant, *Grundlegung zur Metaphysik der Sitten*（以下简称 *GMS*）, in: *Kants Gesammelte Schriften*（Akademieausgabe, 以下简称 *KGS*）, Bd. 4, S. 400 Anm. 此书有笔者的中译本：《道德底形上学之基础》（台湾联经出版事业公司 2002 年版），由于此一中译本在边页中附有德文原版的页码，读者不难找到相对应的文字，故本文不另外注明中译本的页码。
  ⑦ Onora O'Neill, *Constructions of Reason: Exploration of Kant's Practical Philosophy*, p. 151.

络性。由此她引进了康德的"不完全义务"（unvollkommene Pflicht）之概念：

> "支撑性原则必须以反映明确的情境与制度之方式而被遵循"这项事实暗示：我们不可能形成任何不考虑脉络而在道德上被要求的行动规则。就他称之为不完全义务的义务而言，康德接受了这一点。①

以下，本文将先探讨康德在《道德底形上学之基础》（Grundlegung zur Metaphysik der Sitten，以下简称《基础》）一书中有关"完全义务"与"不完全义务"的讨论；接着探讨康德在《德行论》一书中有关"德行义务"（Tugendpflicht）的讨论；然后回应麦金泰尔的上述四点批评；最后再做一个总结。

二、《基础》论"完全义务"与"不完全义务"

"完全义务"（vollkommene Pflicht）与"不完全义务"这组概念出现于康德于1785年出版的第一部伦理学著作《道德底形上学之基础》之中。康德在举例说明定言令式的实际应用时提出这组概念。但他当时并未说明这组概念的涵义，而是仅在一个注解中表示："我将义务底区分完全保留给未来的一部《**道德底形上学**》，因此这里的区分只是随便定的（以便安排我的例子）。"② 在《基础》中，康德又将"完全义务"称为"本分的义务""不可宽贷的义务""狭隘的义务""严格的义务""必然的义务"，而将"不完全义务"称为"有功绩的义务""宽泛的义务""偶然的义务"。③ 在他晚年出版的《德行论之形上学根基》（《道德底形上学》之第二部分）中，康德果然详细讨论"完全义务"与"不完全义务"这组概念，但是他将

---

① Onora O'Neill, *Constructions of Reason: Exploration of Kant's Practical Philosophy*, pp. 153f.
② I. Kant, *GMS*, *KGS*, Bd. 4, S. 421 Anm.
③ I. Kant, *GMS*, *KGS*, Bd. 4, S. 424, 429f.

前者称为"法律义务"（Rechtspflicht），而将后者称为"德行义务"（Tugendpflicht）或"伦理义务"（ethische Pflicht）。

在《基础》一书中，康德对"完全义务"与"不完全义务"的区别已有所说明。其主要区别在于：一个违反完全义务的格律依据定言令式而被普遍化之后，会陷于逻辑的矛盾，而自我取消；但是一个违反不完全义务的格律依据定言令式而被普遍化之后，虽然不会陷于逻辑的矛盾，但却会陷于意志的矛盾。让我们以康德自己所举的例子来说明这项区别。康德在《基础》中举"不可作虚假承诺"作为"对他人的完全义务"之例，并且如此论证其约束力：

> 然而，为了以最简捷但却可靠的方式得知如何答复"一个欺骗的承诺是否合乎义务"这个课题，我问自己：如果我的格律（借一个不实的承诺使自己摆脱困境）应当作为一项普遍的法则而成立（不但对我自己，也对其他人而言），我真的会满意吗？我真的能够对自己说：每个人处于困境中，而无其他办法可以摆脱时，均可作一项不实的承诺吗？于是我立刻领悟到：我固然能意愿说谎，但决无法意愿一项说谎底普遍法则。因为按照这样一项法则，根本不会有任何承诺存在；因为对其他人就我未来的行为表示我的意志（但这些人并不相信这项表示），是徒然的。否则，如果他们在仓促间相信我的表示，仍会以同样的手法回报于我。因此，一旦我的格律被当成普遍的法则，它必然毁灭自身。①

换言之，一项不实的承诺之所以违反完全义务，是因为它所依据的格律被普遍化之后，会使它**在逻辑**上陷于自相矛盾，而取消自己，亦即使承诺不可能存在。

至于不完全义务，康德举"发挥自己的才能"作为"对自己的不完全义务"之例，并且如此论证其约束力：

---

① I. Kant, *GMS*, *KGS*, Bd. 4, S. 403, 422.

康德论德行义务

第三个人发现自己有一项才能，这项才能经过若干培养后，便能使他成为在许多方面有用的人。但是他觉得自己处于舒适的环境中，而且宁可沉湎于享乐，也不愿努力扩展且改进其幸运的自然禀赋。但他仍然自问：其"荒废天赋"的格律，除了与其对于欢愉本身的癖好一致外，是否也与我们所谓的义务一致？他现在看出：纵使人（就像太平洋中的居民一样）任其才能荒废，并且一心只将其生命用于闲荡、欢娱、繁殖，一言以蔽之，用于享受，一个自然界诚然还是能依据这样一种普遍法则而存在。然而，他不可能意愿：这成为一项普遍的自然法则，或者由于自然本能而被置于我们内部，作为这样一种法则。因为他身为一个有理性者，必然意愿他的所有能力得到发展，因为它们的确是为了各种可能的目的供他使用，且被赋与他。①

依康德之见，"任自己的才能荒废"的格律经过普遍化之后，并不会形成逻辑上的自相矛盾，而是会使**意志**陷于自相矛盾。在这个意义下使用"矛盾"一词，并非就严格的逻辑意义（A与－A之矛盾）而言，而是指理性观点与非理性观点之间的对抗。在《基础》中有一段文字，清楚地表明此义：

现在，如果我们在每次违犯一项义务时注意我们自己，我们便发现：我们实际上并不意愿我们的格律应当成为一项普遍法则（因为这对我们而言是不可能的），而不如说这项格律之反面应当始终普遍地作为一项法则；只是我们拥有自由，为我们自己，或者为我们的爱好之利（甚至仅仅这么一次）**破一次例**。因此，如果我们从同一个观点（即理性底观点）衡量一切，我们会在我们自己的意志中见到一项矛盾，这即是：某一项原则在客观方面是必然的普遍法则，但在主观方面可能不是普遍地有效，而容许例外。但是既然我们先从一个完全合乎理性的意志底观点去看

---

① I. Kant, *GMS*, *KGS*, Bd. 4, S. 423.

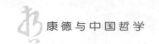

我们的行为，然后却又从一个受到爱好影响的意志底观点去看这同一个行为，则实际上在此并无矛盾，但是有一种爱好对理性规范的反抗（antagonismus）。①

黑格尔（G. W. F. Hegel，1770—1831）在其《法哲学大纲》中批评康德伦理学之"空洞的形式主义"（leerer Formalismus）。他写道：

> 凸显意志之纯粹无条件的自我规定为义务之根源，再者，由于**康德**哲学，意志的知识才借由无限自律之思想而获得其坚实的基础与出发点，这两件事诚然重要，但若坚持纯然道德的观点，而这种观点并不过渡到"伦理"（Sittlichkeit）的概念，这会将这项收获贬抑为一种**空洞的形式主义**，并且将道德之学贬抑为一种"**为义务而义务**"的空话。从这种观点出发，不可能有任何内在的义务学说；我们固然能从**外面**撷取一份材料，并借此达到**特殊**的义务，但若义务被规定为**矛盾之免除**，规定为**形式上的自相协调**（这无异于肯定**抽象的无规定性**），则由此一规定无法过渡到对于特殊义务的规定。即使我们考虑行动的这样一种特殊内容，在该项原则之中也不存在一项判准，以决定该内容是否为义务。反之，一切不正当与不道德的行为方式却可借这种方式得到辩解。**康德**底进一步的形式——即一个行为之能被设想为**普遍格律**——固然使人**更具体地**设想一个状态，但是它本身除了矛盾之免除与形式的同一性以外，并不包含任何其他的原则。——说**所有制不**存在，就像说这个或那个个别的民族、家庭等等不存在，或者说根本**没有人生存**一样，其本身都不包含任何矛盾。若是我们在其他情况下已确定且假定：所有制和人类底生命均存在，且应受到尊重，那么窃盗或杀人就是一项矛盾。一项矛盾之发生只能连着某个东西，亦即连着一项事先已作为固定原则而成为基础的内容。唯有关联着这样的东西，一个行为才会与之相协调或相

---

① I. Kant, *GMS*, *KGS*, Bd. 4, S. 424.

矛盾。但如果我们应当把义务仅当作义务而意愿之，而非为了一项内容而意愿之，义务便是**形式的同一性**，正是这种形式的同一性排除一切内容和决定。①

黑格尔显然认为：康德的"定言令式"所要求的只是矛盾之免除，故它有如"套套逻辑"（tautology）一样，是空无内容的。②

这种批评或许适用于完全义务之规定，偷窃之所以违反完全义务，是因为它所依据的格律被普遍化之后，会使它陷于**逻辑上的**自相矛盾。但这项矛盾并非如黑格尔所言，存在于一个行为（如偷窃）与其脉络（如所有制）之间的矛盾，而是该行为所依据的格律之自相矛盾。在一个不存在所有制的社会（如原始共产社会）之中，固然不会存在"不可偷窃"的道德令式，但这无损于定言令式的普遍有效性，因为定言令式本身较诸"不可偷窃"的道德规则（康德往往也称之为定言令式），属于更高的层次。当康德说"定言令式只有一项"③ 时，他是指定言令式本身，而有别于落在具体脉络（如所有制）中的道德规则（如"不可偷窃"）。

但即使如此，我们仍不可说：定言令式所要求的只是逻辑矛盾之免除。笔者在《独白的伦理学抑或对话的伦理学？——论哈柏玛斯④对康德伦理学的重建》一文中曾指出：

> 定言令式之所以可作为道德判断底法规，主要并非因为它可借矛盾律排除不道德的行为，而是因为它提供一个理性的观点，使人在采取不道德的格律时能反省到其意志所涉入的自我冲突。至于我们在完全义务底例子中所见到的逻辑矛盾，也必须就这个

---

① G. W. F. Hegel, *Grundlinien der Philosophie des Rechts*, in: *G. W. F. Hegel: Werke*, Theorie Werkausgabe（Frankfurt/M., 1969ff.）, Bd. 7, §135, S. 252f.

② 关于黑格尔对康德伦理学的形式主义之批评，参阅 Dietrich Kerlen, *Formalismuskritik. Geschichte und systematischer Stellenwert eines Argumentes der praktischen Philosophie seit Kant*（Diss. Stuttgart, 1976）, S. 76—108.

③ I. Kant, *GMS*, *KGS*, Bd. 4, S. 421.

④ 此为台湾译法，大陆多译作哈贝马斯。

观点来理解，因为一个自相协调的意志也不能容许逻辑的矛盾。一个包含逻辑矛盾的意志不过是自我冲突的意志之一个特例而已。因此，我们在定言令式中据以证成特定义务的，主要是意志底一致，而非逻辑的一贯。由此可证明：黑格尔完全误解了康德底定言令式，而他之指摘康德底"空洞的形式主义"，也因此失去了依据。①

康德本人并未像黑格尔那样，用"形式主义"一词来标示其伦理学观点，但是他的确将定言令式视为一项"形式原则"。在《基础》中，康德解释说：

> 欲求底主观根据是**动机**（Triebfeder），意欲底客观根据是**动因**（Bewegungsgrund）；因此有主观目的（它们基于动机）和客观目的（它们取决于对每个有理性者均有效的动因）之区别。如果实践的原则不考虑一切主观目的，它们便是**形式的**；但如果它们以主观目的、因而以某些动机为根据，它们便是**实质的**。②

这段文字明白显示：康德所谓的"形式原则"并非完全不考虑**一切**目的，而只是不考虑一切**主观**目的。换言之，它还是要考虑客观目的。康德并未特别解释"主观目的"之涵义。但由他的行文习惯可知：他所谓的"主观目的"是指基于爱好（Neigung）而无法为一切有理性者所共有的目的。

至于"客观目的"，康德倒是有明确的说明。他先解释说：

> 假定有一物，**其存在本身**具有一项绝对的价值；也就是说，它是**目的自身**（Zweck an sich selbst），而能为确定的法则之根据。那么，在它之内，而且唯有在它之内，存在一项可能的定言

---

① 李明辉：《儒学与现代意识》，台湾大学出版中心2016年版，第342页。
② I. Kant, *GMS*, *KGS*, Bd. 4, S. 421.

令式（亦即实践法则）之根据。①

接着，他明确地表示：

> 现在我说：人及——总而言之——每个有理性者均作为目的自身、**不仅作为**供某个意志随意使用的**工具而存在**；而在其一切行为（无论它们系针对自己，还是针对其他有理性者）中，他必须始终**同时**被视**为目的**。②

他将作为"目的自身"的有理性者称为"人格"（Person），以别于"物"（Sache）③，并且说：

> 人格不单是主观目的（其存在是我们的行动底结果，而对我们有一项价值），而是**客观目的**，也就是其存在本身即目的的东西，而且是一项无法以其他目的（它们应当**仅**作为工具供其使用）取代的目的；因为若非如此，就根本不会有任何东西具**有绝对价值**。但如果一切价值均是有条件的，亦即偶然的，则理性根本无法有最高的实践原则。④

康德的意思是说：作为形式原则的道德法则（定言令式）并不能预设任何主观目的，否则它就会成为有条件的令式，即假言令式。反之，无条件的定言令式必须默认具有绝对价值的"目的自身"。换言之，定言令式的无条件性与"目的自身"的绝对价值在逻辑上是互涵的。两者间的理论关联可以在康德的"意志底自律"概念中显豁出来。因为对康德而言，"意志底自律是意志底特性，由于这种特

---

① I. Kant, *GMS*, *KGS*, Bd. 4, S. 428.
② I. Kant, *GMS*, *KGS*, Bd. 4, S. 428.
③ I. Kant, *GMS*, *KGS*, Bd. 4, S. 428.
④ I. Kant, *GMS*, *KGS*, Bd. 4, S. 428.

性，意志（无关乎意欲底对象之一切特性）对其自己是一项法则"①。简言之，道德法则是意志为自己制定的。在这种关系之中，如果作为道德主体的意志不是具有绝对价值的"目的自身"，则它所制定的道德法则就不可能具有无条件性。

在这个脉络下讨论意志与主观目的之关系，康德所谓的"形式原则"并非要求意志不**具有**任何主观目的，而只是要求意志不**预设**任何特定的主观目的。康德在《论俗语所谓：这在理论上可能是正确的，但不适于实践》一文中明白地表示："没有意志能完全不具目的——虽然当问题仅关乎依法则来强制行为时，我们必须抽除目的，而唯有法则构成意志底决定根据。"② 换言之，没有目的（对象）的意志是空洞的，因而不成其为意志。因为"意志"（Wille）一词正是意谓"我想要某物（或某事）"（"Ich will etwas."）。

至于形式原则与客观目的之关系，作为客观目的之"目的自身"仅是个限制性的概念，它仅要求我们的意志之格律不可将作为"目的自身"的"人格"贬抑为仅具有相对的价值（工具价值）。但康德在《基础》一书中并未明确地针对我们的意志之对象提出积极的"目的原则"（Zweckprinzip）——虽然康德对此已有若干暗示。③

三、《道德底形上学》论"德行义务"

直到在《道德底形上学》，康德才明确地提出积极的"目的原则"。在德语学界，其实早已有人注意到这点，如安德生④（Georg

---

① I. Kant, *GMS*, *KGS*, Bd. 4, S. 440.

② I. Kant, "über den Gemeinspruch: Das mag in der Theorie richtig sein, taugt aber nicht für die Praxis", in: *KGS*, Bd. 8, S. 279 Anm.；李明辉译：《康德历史哲学论文集》，台湾联经出版事业公司2013年版，第102页。

③ 例如，康德说："但是还是有**一个**目的，我们可假定它是一切有理性者（只要令式适用于它们，也就是说，它们是有依待者）底实际目的；因此，这是一个目标，有理性者决不只是**能够**怀有之，而是我们能确切地假定：由于一种自然底必然性，他们均**怀有**之——这就是**幸福**底目标。"（*KGS*, 4: 415）又如："如今，在'人'（Menschheit）之中有达到更大圆满性的禀赋，这些禀赋属于自然对于我们的主体中的'人'所怀的目的。"（*KGS*, 4: 430）

④ 此为台湾译法，大陆译作安德森。

Anderson)① 与许穆克②（Josef Schmucker）③。其关键环节是康德在此书中提出的"同时是义务的目的"（Zwecke, die zugleich Pflichten sind）这个概念。这个概念之提出涉及康德对《基础》与《道德底形上学》二书，以及法权论与德行论之不同定位。在《基础》中，康德要建立"一门纯粹的道德哲学"，而"它完全清除了一切只能是经验的、且属于人类学的事物"④。反之，在《道德底形上学》中，康德却强调：

> 如同在一门自然底形上学当中也必须有将那些关于一般而言的自然之普遍的最高原理应用于经验底对象的原则，一门道德底形上学也不能欠缺这类原则，而且我们将时常必须以人之特殊**本性**（Natur）——它唯有靠经验去认识——为对象，以便在这种本性中**印证**由普遍的道德原则得出的结论，但却不会因此而对这些道德原则之纯粹性有所损害，也不会因此而使其先天来源受到怀疑。这等于是说：一门道德底形上学无法以人类学为根据，但却能应用于人类学。⑤

综而言之，《基础》仅立足于伦理学的原则论（ethische Prinzipienlehre）的层面，而不特别考虑人的特征（人性）；反之，《道德底形上学》则进一步将道德法则应用于人性之上，而涉及人类学的层面。

至于康德对法权论与德行论之不同定位，他解释说：

> 法权论仅涉及外在自由之**形式**条件（根据其格律被当作普

---

① Georg Anderson, "Die 'Materie' in Kants Tugendlehre und der Formalismus der kritischen Ethik", *Kant-Studien*, Bd. 26 (1921), S. 289—311.
② 此为台湾译法，大陆多译作施穆克尔。
③ Josef Schmucker, "Der Formalismus und die materialen Zweckprinzipien in der Ethik Kants", in: Johannes B. Lotz (Hrsg.), *Kant und die Scholastik heute* (Pullacher philosophische Forschungen, Bd. 1, Pullach bei München: Verlag Berchmanskolleg, 1955), S. 155—205.
④ I. Kant, *GMS*, *KGS*, Bd. 4, S. 389.
⑤ I. Kant, *MS*, *KGS*, Bd. 6, S. 216f.

遍法则时的自相协调），也就是说，涉及**法权**。反之，伦理学还提供纯粹理性底一项**质料**（自由意念底一个对象）、一项**目的**，而这项目的同时被表述为客观上必然的目的，亦即对人而言，被表述为义务。因为既然感性爱好诱使人去追求可能违反义务的目的（作为意念底质料），则除非再借一项相反的道德目的（它因此必须无待于爱好、先天地被给与），否则制定法则的理性无法扼止感性爱好之影响。①

由这段文字可知，法权论与德行论之根本差异在于：前者仅涉及外在自由（行动自由）之形式条件，而可维持其形式主义的特色，后者却必须涉及"客观上必然的目的"，而包含一套"目的学说"。因为德行论若是无法提出一项基于实践理性的客观目的，实践理性便无法对抗基于感性爱好的主观目的。康德在此提出的"客观上必然的目的"并非作为"目的自身"的人格，而是所谓的"同时是义务的目的"②，包含"自己的圆满性"与"他人底幸福"。③ 因此，康德说："伦理学也能被界定为纯粹实践理性底目的之系统。"④ 又说："在伦理学中，义务概念会导向目的，而且必须根据道德原理，针对我们应当为自己设定的目的来建立格律。"⑤

康德进而表示：这种"同时是义务的目的"便是德行义务。他说：

> 所有伦理**责任**（Verbindlichkeit）也有德行概念与之相对应，但并非所有伦理义务因此都是德行义务。因为不涉及某一目的（意念之质料、对象），而是仅涉及意志底道德决定之**形式面**（例如，合乎义务的行为也须**出于义务**而为）的那些义务并非德

---

① I. Kant, *MS*, *KGS*, Bd. 6, S. 380f.
② I. Kant, *MS*, *KGS*, Bd. 6, S. 382—385.
③ I. Kant, *MS*, *KGS*, Bd. 6, S. 385f.
④ I. Kant, *MS*, *KGS*, Bd. 6, S. 381.
⑤ I. Kant, *MS*, *KGS*, Bd. 6, S. 382.

行义务。唯有一项**同时是义务的目的**才可被称为**德行义务**。①

康德在这段文字中所提到的"并非德行义务"的义务系指定言令式所要求的一般义务,因为定言令式仅要求义务符合法则之普遍性,故这种义务仅涉及意志之形式,而不涉及意念(Willkür)之质料②。唯有涉及意念之质料(即目的)的义务才是德行义务。

康德在《德行论》中之所以提出"同时是义务的目的"之概念,系基于对人性的特殊考虑。他说:

> 本性底冲动包含义务底履行在人心中的**障碍**及(有时强大的)反抗力量。是故,人必定判断自己有能力去对抗这些力量,而且借理性——并非将来才、而是现在[在想到(义务)的同时]就——克制它们,也就是说,**能够**做到法则无条件地命令他**应当**做的事。③

他在《基础》中也强调:"**义务**底概念[……]包含一个善的意志底概念,尽管是在某些主观的限制和障碍之中[……]"④ 这里所谓"某些主观的限制和障碍"便是指来自人的感性生命之爱好。因此,康德如此界定"德行":

> 反抗一个有力但却不义的敌人之能力与审慎决心是**勇气**

---

① I. Kant, *MS*, *KGS*, Bd. 6, S. 383.
② 关于"意志"与"意念"的区别,康德在《法权论》中有明确的说明:"法则出自意志;格律出自意念。在人之中,后者是一种自由的意念;意志所涉及的无非只是法则,既无法被称为自由的,亦无法被称为不自由的。因为意志不涉及行为,而是直接涉及对于行为底格律的立法(因而涉及实践理性本身),所以也是绝对然的,而且甚至没办法受到强制。因此,唯有**意念**才能被称为**自由的**。"(*MS*, *KGS*, Bd. 6, S. 226.) 对我们目前的讨论而言,这段说明的关键点是:意志仅直接涉及道德的立法,而不直接涉及行为;直接涉及行为的是意念。关于"意志"与"意念"的进一步涵义,参阅李明辉:《儒家与康德》,台湾联经出版事业公司2018年版,第116—119页。
③ I. Kant, *MS*, *KGS*, Bd. 6, S. 380.
④ I. Kant, *GMS*, *KGS*, Bd. 4, S. 397.

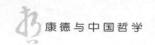

(Tapferkeit/fortitudo），*而就**我们内心中的**道德存心之敌人而言*，
这便是**德行**［virtus, fortitude moralis（道德勇气）］。①

这里所谓"一个有力但却不义的敌人"也是指违背道德存心的感性爱好。诚如许慕克所指出，康德之所以提出"同时是义务的目的"，系基于"人的理性本性之不圆满性、局限性与有需求性"，换言之，"立法的理性只能借由相反的道德目的来防范感性爱好之影响"。②

接着，我们可以借由"法律义务"与"德行义务"之对比来说明"德行义务"的涵义。首先，康德指出："德行义务与法律义务在本质上不同之处在于：对于后者，一种外在的强制在道德上是可能的，但是前者却仅基于自由的自我强制。"③ 这是由于法律义务规范**行为**，德行义务仅规范行为之**格律**④。

由这点可以进一步推知：法律义务是狭隘的义务，德行义务则是宽泛的义务。法律义务之所以是狭隘的义务，是因为它明确地规范了行为，行为者是否履行了这项义务，很容易检验，毫无回旋的空间。至于德行义务何以是宽泛的义务，康德的说明如下：

> 如果法则只能命令行为底格律，而非行为本身，这便是一个讯息［，它表示］：法则为自由的意念在遵循（服从）方面留下一个回旋余地（Spielraum/latitudo），也就是说，它无法确切地指出：我们应当如何且在什么程度上借由行为去促成同时是义务的目的？但是所谓"宽泛的义务"，并非意谓容许行为底格律之例外，而只是意谓容许一项义务底格律为其他义务底格律所限制（例如，以对父母之爱来限制对邻人之普遍的爱），而这事实上

---

① I. Kant, *MS*, *KGS*, Bd. 6, S. 380.
② Josef Schmucker, "Der Formalismus und die materialen Zweckprinzipien in der Ethik Kants", a. a. O., S. 197.
③ I. Kant, *MS*, *KGS*, Bd. 6, S. 383.
④ I. Kant, *MS*, *KGS*, Bd. 6, S. 388f.

扩展了德行实践之领域。①

这段文字包含两项要点：首先，由于德行义务仅规范行为之格律，而非行为本身，故在义务之遵循方面留下回旋的余地。其次，它暗示：由于德行义务涉及多项目的，因而有许多德行义务②，故在履行不同的德行义务时，会发生何项义务具有优先性的问题。这也使得德行义务之履行有其弹性。以康德在此所举的例子来说，我们对父母与邻人均有"爱底义务"，但由于我们对父母的爱优先于对邻人的爱，这便限制了我们对邻人的爱。

康德在讨论"他人底幸福"这项"同时是义务的目的"时，针对"促进他人的自然福祉"之德行义务提出如下的说明：

> 我应当将我的一部分福祉奉献给他人，而不期望回报，因为这是义务，而且这可以做到什么地步，对此不可能提出明确的界限。这泰半取决于：根据每个人底感觉方式，其真正的需求将是什么？而这种需求必须听由每个人自己去决定。因为如果我们使"牺牲自己的幸福（其真正的需求），以促进他人底幸福"这项格律成为普遍法则，这将是一项自相矛盾的格律。因此，这项义务只是一项**宽泛的义务**；它具有一个在这方面多做或少做的回旋余地，而无法明确地指出其界限。法则仅适用于格律，而非特定的行为。③

举例言之，如果我身上带了一笔钱要去买药治病，在路上碰到一个值得同情的乞丐。假设我身上的钱刚好只够买药，我可以不给他钱，旁

---

① I. Kant, *MS*, *KGS*, Bd. 6, S. 390.

② 康德说："德行，作为因坚定存心而在意志与每项义务之间建立的协调一致，就像一切**形式**之物一样，仅是同一个。但是就行为之同时是义务的**目的**而言，亦即就人们该当作自己的**目的**之物（实质之物）而言，可能有更多的德行，而对于这种目的底格律的责任便称为德行义务；因此，有许多德行义务。"（*MS*, *KGS*, Bd. 6, S. 395.）

③ I. Kant, *MS*, *KGS*, Bd. 6, S. 393.

人或这个乞丐都无权指摘我未履行"促进他人的幸福"之德行义务。如果我身上有多余的钱，我可以考虑给这个乞丐一部分钱（数额之多寡则不确定）。但如果我将买药的钱给了这个乞丐，以致我无法买药或只能买一部分药，这个行为无疑更为高贵。总而言之，为了履行"促进他人的幸福"之德行义务，我的选择有很大的弹性。在这个意义下，德行义务是宽泛的义务。

在另一方面，法律义务因无这种弹性，所以是狭隘的义务。在这个意义下，我们履行法律义务只是尽自己的本分，因此是本分的义务（schuldige Pflicht）①。譬如说，信守承诺偿还债务，只是尽我们的本分，毫无功绩可言。反之，德行义务却是有功绩的（verdienstlich）。康德的说明如下：

> 虽然行为合乎法权（做一个正直的人）并无任何功绩可言，但是作为义务的这类行为之格律合乎法权——亦即对法权的**敬畏**（Achtung）——却是**有功绩的**。因为人借此使"人"（Menschheit）或甚至人（Menschen）底权利**成为**自己的**目的**，并且借此将其义务概念扩展到**本分**（Schuldigkeit/officium debiti）底概念之外；这是由于另一个人固然能根据其权利要求我依法则而行为，但却无法要求这项法则也同时包含做这些行为的动机。"合乎义务、出于义务而行！"这项普遍的伦理命令也有相同的情况。在自己心中建立且鼓动这种存心，就像前面的存心一样，是**有功绩的**，因为这种存心超越了行为底义务法则，并且使法则本身同时成为动机。②

这段文字的意思是说：法律义务仅要求行为合乎法权，亦即要求行为的合法性（Legalität），这只是尽本分，并无功绩可言。反之，德行义务则要求行为的格律（动机）合乎法权，换言之，它不但要求行

---

① I. Kant, *GMS*, *KGS*, Bd. 4, S. 429; *MS*, *KGS*, Bd. 6, S. 390.
② I. Kant, *MS*, *KGS*, Bd. 6, S. 390f.

康德论德行义务

为的合法性,也要求格律的道德性(Moralität)。再者,它也要求我们使"人"(Menschheit)或人(Menschen)的权利成为我们自己的目的,这就超出了"本分"的范围,而成为有功绩的。

进而言之,康德强调:法律义务的最高原则是分析的,德行义务的最高原则是综合的。康德的说明如下:

> 就外在的强制是一种与根据普遍法则而协调一致的外在自由底障碍相抗衡的反抗(外在自由底障碍之一种障碍)而言,这种强制能与一般而言的目的并存,这点根据矛盾律是显而易见的,而且我为了解悟这点,毋须超出自由底概念之外——无论每个人所拥有的目的是什么。因此,最高的**法权原则**是一个分析命题。
>
> 反之,德行论底原则超出了外在自由底概念,并且还根据普遍法则将一项**目的**(这项原则使之成为**义务**)与这个概念联结起来。因此,这项原则是综合的。①

根据康德这段文字,法律义务的意涵可以单从"外在自由"(行为的自由)的概念逻辑地推衍出来,而毋须另外考虑特殊的目的,故其最高原则是分析的;反之,德行义务的意涵在逻辑上却必须超出"外在自由"的概念,而另外联结"同时是义务的目的"之概念,故其最高原则是综合的。

尽管根据以上的讨论,我们有理由说:康德的"完全义务/不完全义务"之区分相当于"法律义务/德行义务"之区分,但是康德在《德行论》中讨论"人对自己的完全义务"时,却刻意避免称之为"法律义务"。再者,康德在《基础》中举"不可说谎"作为"对他人的完全义务"之例,而在《德行论》中,他却将此项义务归诸"对自己的完全义务"②。

---

① I. Kant, *MS*, *KGS*, Bd. 6, S. 396.
② Javan Babić 便注意到康德论述中的这种不一致,参阅其"Die Pflicht, nicht zu lügen – Eine vollkommene, jedoch auch nicht juristische Pflicht", *Kant-Studien*, 91. Jg. (2000), S. 433—446.

四、回应麦金泰尔的批评

在阐述了康德对"德行义务"的说明之后,现在我们可以回到本文开头所述麦金泰尔对康德伦理学的四点批评。如上文所述,这四点分别针对康德的"规则伦理学""严格主义""形式主义",以及其"对于人类理性的贫乏概念"。此外,麦金泰尔在其《伦理学简史》中也批评康德伦理学:

> 康德为所谓的定言令式提供之典型例子告诉我们不要做什么:不要毁弃承诺、说谎、自杀等。但是关于我们应当从事于什么活动,我们应当追求什么目的,定言令式似乎无所说。道德限制我们以什么方式与借什么手段来过我们的生活;但它不为我们的生活提出任何方向。然则,道德显然认可任何与遵守我们的承诺、说实话等兼容的生活方式。①

这段批评也与上述的四点批评相关。美国学者贝朗②(Marcia W. Baron)在引述了这段批评文字之后指出:"麦金泰尔的异议系基于他对康德著作的误读,或是可能对康德的伦理学著作之不够熟悉。甚至粗略地读过《德行论》,就足以显示麦金泰尔是错的。"③

其实,麦金泰尔的前三点批评——"规则伦理学""严格主义""形式主义"——完全是一回事。至于第四点批评——康德"对于人类理性的贫乏概念",则是指康德"将理性仅视为计算的,且因此不对目的加以考虑"。这点已明确地被康德的"德行义务"概念所反驳,因为如上文所述,康德的"德行义务"包含两项"同时是义务的目的",即"自己的圆满性"与"他人底幸福"。

至于以"形式主义"与"严格主义"二词来标示康德伦理学,

---

① Alasdair MacIntyre, *A Short History of Ethics* (New York: Macmillan, 1966), p. 197.
② 此为台湾译法,大陆多译作巴伦。
③ Marcia W. Baron, *Kantian Ethics Almost without Apology* (Ithaca: Cornell University Press, 1995), p. 22.

虽有其文献根据，但也引起了不少对康德伦理学的误解。笔者曾指出：康德伦理学中的"形式主义"系意谓：①道德法则必然是形式原则；②这种"形式原则"可以决定意志的对象（"善""恶"），但不能反过来，由意志的对象（质料）决定道德法则。在这个意义下，"形式原则"即是"自律原则"，"形式伦理学"即是"自律伦理学"。这种意义的"形式主义"与黑格尔所谓"空洞的形式主义"是两码事①。在这一点上，麦金泰尔似乎受到黑格尔的误导。

再说"严格主义"。如本文开头所述，一般学者将"严格主义"理解为一种主张，即对于所有人和所有时代而言，存在唯一的一套道德规则。这意谓：康德固执地坚持一套普遍的道德原则，而不考虑具体情境的不同脉络。在出版《德行论》的同一年（1797年），康德发表了一篇小文章，题为《论一项出于人类之爱而说谎之假想的权利》（"Über ein vermeintes Recht aus Menschenliebe zu lügen"）。在这篇文章中，康德坚持：在任何情况下我们均不应说谎；即使我们的朋友为了逃避追杀而躲在我们家里时，我们亦无权为了拯救他的性命对追踪而至的凶手撒谎②。这似乎坐实了麦金泰尔对康德的"严格主义"之指摘。

康德本人并未用"严格主义"一词来描述他自己的伦理学，但是在《单在理性界限内的宗教》一书中，他以赞同的口气谈到"严格主义者"及"严格主义的决断方式"（rigoristische Entscheidungsart）。他先将"严格主义者"（Rigoristen）与"宽容主义者"（Latitudinarier）加以对比：

> [……] 对一般而言的道德学而言，重要的是：不论是在行为中 [adiaphora（道德上中性之物）]，还是在人底性格中，尽可能地不承认有道德上的折中之道。因为如果容许这样的模棱两

---

① 李明辉：《存心伦理学、形式伦理学与自律伦理学》，第144—150页。
② 关于此一公案的讨论，可参阅 Georg Geismann/Hariof Oberer (Hg.), *Kant und das Recht der Lüge* (Würzburg: Königshausen & Neumann, 1986).

可，所有的格律都有丧失其确定性与坚固性之虞。我们通常将偏好这种严格思考方式的人（使用一个本该含有谴责之意、但实为称赞的名称）称为**严格主义者**；而其对立面，我们可称为**宽容主义者**。因此，后者或是中立的宽容主义者，而可称为**无所谓主义者**（Indifferentisten），或是联合的宽容主义者，而可称为**折中主义者**（Synkretisten）。①

接着，他进一步说明所谓"严格主义的决断方式"：

> ［……］在理性底判断中，道德法则单独地成为动机，而且谁使道德法则成为其格律，他**在道德**上便是善的。而如果就一个涉及道德法则的行为而言，这个法则并不决定某人底意念，那么一个与此法则相对立的动机必然影响此人底意念；再者，既然根据预设，此事之发生仅能由于此人将这个动机（因而连同对道德法则的背弃）纳入其格律中（在这种情况下，他是一个恶人），则其存心对道德法则而言，决非无所谓的（决不是两者皆非，即非善非恶）。②

从这两段文字可知，康德所谓的"严格主义"是指在事关道德的行为中，我们若非将道德法则纳入我们的格律中而为"善"，就是将违背道德法则的动机纳入我们的格律中而为"恶"；在此并不存在"非善非恶"（无所谓主义者）或"亦善亦恶"（折中主义者）的中庸之道。反之，"宽容主义"的观点则是要避开这种抉择，而设想存在一个"非善非恶"或"亦善亦恶"的模糊空间。"严格主义"其实就是曾国藩所谓"不为圣贤，便为禽兽"之义。康德在《德行论》中曾两度批评亚里士多德的"中道"原则——"德行存在于两项罪恶之间的中道"，正是因为后者使德行与罪恶之间的区别成为仅是程度

---

① I. Kant, *Religion innerhalb der Grenzen der bloßen Vernunft*, KGS, Bd. 6, S. 22.
② I. Kant, *Religion innerhalb der Grenzen der bloßen Vernunft*, KGS, Bd. 6, S. 24.

上的而非性质上的区别①，因而违背了"严格主义"的要求。由此可见，康德所说的"严格主义"与一般所谓的"严格主义"并非一回事。

至于康德论说谎的小文章，笔者曾在他处厘清其中的理论纠葛②。笔者特别指出以下三点：第一，康德在此混淆了"道德法则"的不同层面。③ 在康德哲学中，"道德法则"依本义是指适用于所有有理性者的法则，而对于人类这种有限的有理性者而言，它是定言令式。就这个抽象的层面而言，定言令式只有一项（尽管有许多程序），而且不容许例外。但是有时他也把由定言令式推衍出来的道德规则（譬如"不可说谎"）称为"道德法则"。在这个具体的层面上，道德法则不止一条，因此难免会涉入义务间的冲突，而容许例外。以康德在此所举的例子来说，当事人显然面临"说实话"与"维护他人生命"这两项义务间的冲突，在不能两全的情况下，势必有一项义务得容许例外。第二，在义务冲突的情况下，唯一的解决之道还是诉诸定言令式中所包含的"可普遍化原则"。在此处的例子中，我们可以承认"维护他人生命"的义务对"说实话"的义务有优先性；因为正如德国学者帕齐克④（Günther Patzig）所言，我们此时所采的格律——在紧急的情况下，为了拯救他人的生命，可以保持缄默或隐瞒真理——也可以普遍化⑤。因此，笔者同意马松⑥（W. I. Matson）的说法："康德的结论不但不出自其理论，而是正好与之相

---

① I. Kant, *MS*, *KGS*, Bd. 6, S. 404, 432f.
② 李明辉：《独白的伦理学抑或对话的伦理学？——论哈柏玛斯对康德伦理学的重建》，第343—346页；《人有说谎的权利吗？——与甘阳先生商榷》，载《鹅湖月刊》1991年第197期，第26—28页。
③ H. J. Paton, "An Alleged Right to Lie. A Problem in Kantian Ethics", *Kant-Studien*, Bd. 45（1953/54），S. 190f. & 197f.
④ 此为台湾译法，大陆多译作帕茨希。
⑤ Günther Patzig 著、李明辉译：《当前伦理学讨论中的定言令式》，载康德著、李明辉译：《道德底形上学之基础》，台湾联经出版事业公司1990年版，第106—107页。
⑥ 此为台湾译法，大陆多译作马特森。

反。"① 第三，纵然康德坚持"在我们无法回避的陈述中保持诚实，是人类对每个人的形式义务，不论他或其他人会因此蒙受多大的损失[……]"②，但如果我们将他所谓的"形式义务"解释为罗斯（W. D. Ross）所谓的"表面义务"（prima facie duty）或"条件义务"（conditional duty），这句话便可以成立。如果一项义务在"它未被其他相干的义务所取消"的条件下可以要求普遍有效性，它便是一项"表面义务"或"条件义务"。③ 伦理学中的德目（具体层面的道德规则）往往只能被视为"表面义务"；我们通常仅强调其普遍有效性，而省略其隐含的前提："在不涉及义务冲突的情况下"或者"在正常的情况下"。我们在特定的情境中由于某项义务的优先性而容许另一项义务成为例外，这并不损及后一项义务的规范性（就其为表面义务而言）。

"严格主义"的负面标签如影随形地伴随着康德论说谎的这篇小文章。这是康德伦理学研究中一再引起争论的公案。多年前，有两位德国学者曾将与此问题相关的一手资料与二手资料编成一本资料集④，如今相关二手资料累积的数量恐怕更为惊人。麦金泰尔在《伦理学简史》中也特别讨论了这个公案。⑤ 笔者的上述讨论系根据"依义不依语"的诠释原则来重建康德应有的伦理学观点。如果笔者的诠释可以成立的话，康德就可以摆脱所谓"严格主义"的指摘。

在所谓"严格主义"的指摘中，康德被认为即使在涉及义务冲突的情况下，依然坚持义务的绝对性，而毫无弹性。但如上文所述，

---

① W. I. Matson, "Kant as Casuist", in: R. P. Wolff (ed.), *Kant. A Collection of Critical Essays* (Notre Dame: University of Notre Dame Press, 1967), p. 336.

② I. Kant, "Über ein vermeintes Recht aus Menschenliebe zu lügen", *KGS*, Bd. 8, S. 428.

③ 关于"表面义务"的涵义，参阅 W. D. Ross, "What Makes Right Acts Right?", in: idem, *The Right and the Good* (Oxford: Clarendon, 2002), pp. 16—47.

④ Georg Geismann/Hariof Oberer (Hg.), *Kant und das Recht der Lüge* (Würzburg: Königshausen & Neumann, 1986).

⑤ Alasdair MacIntyre, *A Short History of Ethics*, pp. 195f.

康德在说明"德行义务是宽泛的义务"时,也承认可以借对父母之爱来限制对邻人的爱。此外,康德在《德行论》§28 讨论对其他人的爱底义务(这是一项德行义务)时,先是强调此项义务的普遍性:

> 如今,在对人的普遍之爱中的仁慈固然在**范围**上最大,但在**程度**上却最小;再者,如果我说:我只是根据对人的普遍之爱而关心此人底安康,则我在此所怀有的关心是可能的关心中最小的。我对其安康只是并非无所谓而已。①

接着,他的笔锋一转,写道:

> 但是一个人却比另一个人对我更为亲近,而且我在仁慈中是对我最为亲近的人。如今,这如何与"爱你的**邻人**(你的同胞)如爱你自己"这项程序相吻合呢?如果(在仁慈底义务中)一个人比另一个人对我更为亲近,因而我有责任对一个人比对另一个人有更大的仁慈,但是我公认对我自己比对其他任何人更为亲近(甚至就义务而言),则我似乎无法说:我应当爱每个人如爱我自己,而不与我自己相矛盾;因为我爱(Selbstliebe)底标准不会在程度上容许任何差异。人们立即了解:这里所指的,不单是**愿望**中的仁慈——它其实只是对其他每个人底安康的一种惬意,而甚至可以对此毫无贡献(人人为己,上帝为我们所有人)——而是一种主动的、实践的仁慈,亦即使他人底安康与福佑成为自己的**目的**(施惠)。因为在愿望中,我能对所有人同等仁慈,但是在作为中,程度却可能依所爱者(其中一个人比另一个人与我的关系更为亲近)之不同而极其不同,而无损于格律之普遍性。②

---

① I. Kant, *MS*, *KGS*, Bd. 6, S. 451.
② I. Kant, *MS*, *KGS*, Bd. 6, S. 451f.

康德在此提出一个类似于儒家"爱有差等"的观点，并且强调这种差别待遇无损于其格律之普遍性。这完全吻合他将德行义务视为宽泛义务的观点。

由于受到西方德行伦理学对康德伦理学的批评之影响，中文学界也有人强调儒家伦理学与康德伦理学的差异。其中一个例子是唐文明的《隐秘的颠覆——牟宗三、康德与原始儒家》一书。此书旨在质疑并批评牟宗三借康德哲学诠释儒学的进路。唐文明基本上将儒家伦理学视为一种德行伦理学，而其一项重要特征便是强调"爱有差等"[①]。他评论道：

> 我们能够将"仁爱"理解为面对普遍的道德法则而生的一种纯粹的道德义务感吗？我们能够将康德式的那种冷酷的绝对命令与儒家这种既切近日用伦常而通人情，又遍及宇宙万物而达天理的仁爱美德相提并论吗？实际上，一个非常明显的事实是，那种躐等之爱根本不尊重客观的存有，并不将仁之理、爱之情建基于客观的存有。有人说，康德的义务论思想合理但不合情，儒家伦理思想合情但不合理。这种看法仍然站在前者的立场上，因为其中的"理"是无视于客观存有的"理"。这种看法所揭示出来的情理之间的不协调一致实际上就是现代道德哲学的根本症候。若以客观的存有为终极的基础，那么，我们会发现，有差等的人伦之爱实际上是一种合情合理的伦理主张，而康德式的伦理思想既不合理也不合情。换言之，如若将儒家伦理思想理解为康德式的义务论，那么，将会使儒家伦理思想也患上"现代伦理理论的精神分裂症"，甚至进一步走上变态式的道德狂热。实际上，这正是牟宗三挪用康德的自律观念诠释儒家伦理思想的一个严重后果。[②]

[①] 唐文明：《隐秘的颠覆——牟宗三、康德与原始儒家》，生活·读书·新知三联书店 2012 年版，第 126 页。

[②] 唐文明：《隐秘的颠覆——牟宗三、康德与原始儒家》，第 127—128 页。

所谓"现代伦理理论的精神分裂症",系出自史托克①(Michael Stocker)批评现代伦理理论的一篇论文②。但由以上的讨论可知,唐文明对康德伦理学的理解极为片面。他沿袭西方德行伦理学的思想窠臼,像麦金泰尔一样,完全忽略了康德在《德行论》中所表达的思想,尤其是其"德行义务"的思想。③

五、结　论

英国学者阿塔纳苏里斯(Nafsika Athanassoulis)在其近著《德行伦理学》中亦指出:从德行伦理学的观点批评康德伦理学的人忽略了康德晚年的著作,即《单在理性界限内的宗教》(1793)、《道德底形上学》(1797)及《实用方面的人类学》(1798)。④ 她也提到欧尼尔对康德伦理学的诠释观点⑤,并且注意到"不完全义务"在康德伦理学中的特殊意义。阿塔纳苏里斯在阐述康德的"完全义务"与"不完全义务"这组概念之后,特别强调:"由于对不完全义务的这种诠释,新康德主义者毋须被束缚于无弹性的、约定俗成的与有限的规则,而是可以考虑道德生活之多样环境。"⑥ 而这包含以下的几项意涵:

(1) 它容许对良好生活的多种构想;
(2) "促进他人幸福"的不完全义务容许我们特别对待与我们亲近的人(如亲人、朋友);
(3) 如果"无偏倚性"(impartiality)意谓:不对待他人不公,但容许不同的对待与特殊的考虑,则康德与亚里士多德的理

---

① 此为台湾译法,大陆多译作斯托克。
② Michael Stocker, "The Schizophrenia of Modern Ethical Theories", *The Journal of Philosophy*, Vol. 73 (1976), pp. 453—466.
③ 类似的误解亦见吴肇嘉:《论儒家孝悌原则与康德普遍法则之冲突》,载《当代儒学研究》2007年第2期,第59—83页。
④ Nafsika Athanassoulis, *Virtue Ethics* (London: Bloomsbury, 2013), pp. 137f.
⑤ Nafsika Athanassoulis, *Virtue Ethics*, pp. 139f.
⑥ Nafsika Athanassoulis, *Virtue Ethics*, p. 141.

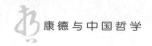

论都是无偏倚的。①

前面的讨论已足以显示：阿塔纳苏里斯对康德伦理学的诠释更为周全而准确。即使我们像麦金泰尔一样，将康德伦理学视为一套规则伦理学，它也不致陷于麦金泰尔所指摘的"严格主义"与"形式主义"。上文提到欧尼尔在《康德追寻德行》一文中的主张："康德提出的，首先是一套德行的伦理学，而非一套规则的伦理学。"但令人稍感突兀的是，当欧尼尔于1989年将此文收入其《理性的建构：康德实践哲学探究》一书中时，她在文末加上了一个简短的《附言》（"Postscript"），而在其中承认："由于康德坚持原则对其外在表现的优先性而将他说成提供了一套德行的伦理学，这种说法是误导的。"② 接着，她表示："如今我认为，更恰当的说法将是：康德提供一套原则的伦理学，而非一套明确的德行的伦理学；再者，原则能以不同的方式被体现——不但作为个人性格或制度的德行，因此又作为在实践中且甚至在决策程序中的德行。"③ 而又写道："他［康德］的立场是以行动为中心的，并且能容许以行动者为中心的思考方式；但是它的基本架构并非明确地以行动者为中心的。"④ 尽管她的结论有所修正，而强调康德伦理学与德行伦理学依然有所不同，不过她在此将其间的差异相对化了，而不如麦金泰尔等主张德行伦理学的人所认为的如此之大、如此对立。这项修正的说法依然是建立在她对康德《德行论》的阐述之上，但其措辞更为审慎。

（原文刊于《欧美研究》2016年第2期，第211—241页。）

---

① Nafsika Athanassoulis, *Virtue Ethics*, pp. 141—143.
② Onora O'Neill, *Constructions of Reason: Exploration of Kant's Practical Philosophy*, p. 161.
③ Onora O'Neill, *Constructions of Reason: Exploration of Kant's Practical Philosophy*, pp. 161—162.
④ Onora O'Neill, *Constructions of Reason: Exploration of Kant's Practical Philosophy*, p. 162.

康德论同情

"同情"① 这个概念在康德伦理学中经历过一个演变的过程。这个演变过程可追溯到 18 世纪 60 年代初康德受到英国"道德感"（moral sense）学派——主要是赫其森②（Francis Hutcheson, 1694—1746）及卢梭（Jean-Jacques Rousseau, 1712—1778）的影响之时。直到 1762 年，赫其森的三部主要著作已有德文译本③。卢梭于 1762 年出版《爱弥儿，或名论教育》（*Émile ou de l'éducation*）与《社会契约论，或名政治权利的原则》（*Du Contrat Social ou Principes du droit politique*）二书，随即出现德文译本。④

康德于 1764 年出版一本小书《关于美与崇高之情感的考察》（*Beobachtungen über das Gefühl des Schönen und Erhabenen*，以下简称《美与崇高》），并且在书中讨论了"同情"的概念。"美"（Schönheit/beauty）与"崇高"（Erhabenheit/sublimity）是当时流行的一组美学概念。例如，英国哲学家柏克（Edmund Burke, 1729—

---

① 在康德的著作中，表达"同情"的字眼有 Teilnehmung, Mitleid, Mitleiden, Sympathie 等，在大多数情况下它们都可以互换，但康德偶尔也对它们加以区别。在以下的讨论中，除非特别声明，否则笔者一律将它们译为"同情"。
② 此为台湾译法，大陆多译作哈奇森。
③ 这三部著作的书名与德文译本如下：
1) *An Inquiry into the Original of Our Ideas of Beauty and Virtue.* London, 1725.
Deutsch: *Untersuchung unserer Begriffe von Schönheit und Tugend.* Frankfurt und Leipzig, 1762.
2) *An Essay on the Nature and Conduct of the Passions and Affections.* London, 1728.
Deutsch: *Abhandlung über die Natur und Beherrschung der Leidenschaften.* Leipzig, 1760.
3) *A System of Moral Philosophy*, 2 vols. London, 1755.
Deutsch: *Sittenlehre der Vernunft*, 2 Bde. Leipzig, 1756.
④ *Aemil oder Von der Erziehung*, Übers. Anonym, Berlin/Frankfurt/Leipzig, 1762; *Der gesellschaftliche Vertrag oder die Grundregeln des allgemeinen Staatsrechts*, übers. Christoph F. Geiger, Marburg, 1763.

1797）便著有《关于我们对崇高与美的观念之根源的哲学探讨》（*A Philosophical Enquiry into the Origin of Our Ideas on the Sublime and Beautiful*, 1757）一书。关于康德此书的思想史意义，存在一个争论。美国学者席尔普（Paul Arthur Schilpp）认为：在道德问题方面，康德此书同时显示出英国道德哲学与卢梭的重大影响。① 此书受到赫其森的影响，是显而易见的。关于这点，并无争议。但它是否受到卢梭的影响，却有争议。的确，在此书第四章的一个注解中，康德引述了卢梭的话："一个女人始终不过是个大孩子。"② 足以证明卢梭的影响。③ 但是德国学者许慕克④（Josef Schmucker）却不同意席尔普的看法，而是主张：在《美与崇高》一书中，卢梭的影响只是表面而边缘的，因为当时康德尚未深入研究《爱弥儿》与《社会契约论》。⑤ 根据许慕克的考证，康德于1763年10月（即《美与崇高》完稿之时）至次年2月之间才开始阅读并研究卢梭的《爱弥儿》与《社会契约论》⑥。

在《美与崇高》第二章有一段话明白地显示康德当时在英国道德哲学之影响下的伦理学观点：

---

① Paul Arthur Schilpp, *Kant's Pre-Critical Ethics*（Evanston：Northwestern University Press，1960, 2nd edition），p. 45.

② I. Kant, *Beobachtungen über das Gefühl des Schönen und Erhabenen*, in：*Kants Gesammelte Schriften*（Akademieausgabe，以下简称 *KGS*），Bd. 2, S. 247, Anm.

③ 何兆武也持类似的看法。他认为："本文［按：指《美与崇高》］是在他［按：指康德］阅读了卢梭的《爱弥儿》之后所写成的，故而文章结尾谆谆寄希望于培养青年一代的世界公民的教育。"参阅康德著、何兆武译：《论优美感和崇高感》，商务印书馆2001年版，第16页。康德在此书的结尾写道："我们所期望的莫过于：极易欺人的虚假微光不会不知不觉地从我们夺去高贵的纯朴；特别是：教育之尚未知悉的秘密摆脱古老的妄想，以便及早在每一个年轻的**世界公民**之胸臆中将道德情感提升为一种积极的感受，而为了使一切文雅不只是导致易逝而无用的满足，依或多或少的品味去评断发生于我们之外的事物。"（*KGS*, Bd. 2, S. 256, 黑体为笔者所标示）

④ 此为台湾译法，大陆多译作施穆克尔。

⑤ Josef Schmucker, *Die Ursprünge der Ethik Kants in seinen vorkritischen Schriften und Reflektionen*（Meisenheim am Glan：Anton Hain, 1961），S. 142.

⑥ Josef Schmucker, *Die Ursprünge der Ethik Kants in seinen vorkritischen Schriften und Reflektionen*, S. 142.

当人们对于不理解感动或引诱我们的事物之价值或美的人，斥之曰"**他不了解**（verstehen）**此物**"时，人们的确未公正地相互对待。在此，问题之所在不是**知性**（Verstand）理解什么，而是情感感受到什么。但是心灵底诸能力仍有一种重大的关联，以致我们多半能由感觉底表现去推断理解底才能。因为对于具有知性底许多优点的人，如果他不同时对于真正的高贵或美具有强烈的感觉——这种感觉必然是妥善且有规则地运用那些心灵才赋的动机——这些才能便是徒然地被授予。①

这段引文包含两个观点：第一，价值判断的主要根据是情感，而非知性；第二，在情感与知性这两种心灵才赋之间具有一种本质的关联。如下文将指出的，康德在此所强调的"情感"主要是指"道德情感"。

从这个伦理学观点出发，康德谈到了"同情"：

[……] 真正的德行只能根植于原理，而这些原理越是普遍，这种德行就变得越是崇高而高贵。这些原理并非思辨的规则，而是一种情感底意识——这种情感存在于每个人底胸臆之中，并且扩展到远远超乎同情（Mitleiden）与亲切（Gefälligkeit）底特殊根据之外。如果我说：它是**对于人性之美与尊严的情感**，我相信我概括了一切。前者是普遍的善意之根据，后者是普遍的尊敬之根据；而当这种情感在任何人底心中达到最大的圆满性时，此人固然会爱自己且尊重自己，但这只是就他是其已扩充的高贵情感延伸所及的所有人之一员而言。唯有当人们使其特殊爱好依从于一个如此被扩展的爱好时，我们的善良本能才能成比例地被用来促成高贵的礼仪，而这是德行之美。②

---

① I. Kant, *Beobachtungen über das Gefühl des Schönen und Erhabenen*, KGS, Bd. 2, S. 225.
② I. Kant, *Beobachtungen über das Gefühl des Schönen und Erhabenen*, KGS, Bd. 2, S. 217.

这段文字进一步说明康德当时的伦理学观点。首先，康德强调：真正的德行只能根植于实践原理（而非思辨原理）。其次，这些原理对应于一种普遍的情感（即下文将提到的"道德情感"），而这种情感之所以具有普遍性，正是因为它有实践原理作为根据，而能延伸到所有的人。但更值得注意的是，康德在此区分两种"情感"：一是"对于人性之美与尊严的情感"，它是两种德行——"普遍的善意"与"普遍的尊敬"——之根据；二是"同情"与"亲切"，由于它们并未达到德行所要求的普遍性，故无法作为德行之直接根据。

接着，康德说明同情在道德中的作用与位置。他写道：

> 鉴于人性之弱点及普遍的道德情感（moralisches Gefühl）将加诸大多数人心的微弱力量，神意（Vorsehung）已在我们心中设置类似的辅助性本能，作为德行之补充。当这些本能驱使若干人即使不凭原理也去做美的行为时，同时也能给予其他受到原理支配的人一种较大的冲击与一种较强烈的冲动，去做美的行为。同情和亲切是美的行为之根据（这些行为可能为一种更粗鄙的自私之优势所完全扼制），但是如我们所见到的，它们并非德行之直接根据——纵使由于它们与德行间的亲缘关系而受到尊崇，它们也得到德行之名。因此，我能称它们为**收养的德行**（adoptierte Tugend），而称基于原理的德行为**真正的德行**（echte Tugend）。前者是美而动人的，但后者却是崇高而可敬的。我们称前一种感觉所主导的心灵为一种**善良的心**（gutes Herz），而称这种人为**善心的**（gutherzig）；反之，我们理当将一种**高贵的心**（edles Herz）归诸出于原理的有德者，而称他本人为一个**正直的人**。但这种收养的德行仍然极其类似于真正的德行，因为它们包含一种对善良而仁慈的行为之直接的愉快之情。善心的人会平和而客气地出于直接的亲切与你们相交，而无进一步的意图，并且对他人之穷困感到由衷的遗憾。①

---

① I. Kant, *Beobachtungen über das Gefühl des Schönen und Erhabenen*, KGS, Bd. 2, S. 217—218.

这段文字的开头便证实了笔者在上文所言：康德所谓"对于人性之美与尊严的情感"便是指"道德情感"，而道德情感属于"真正的德行"。反之，"同情"与"亲切"只是"辅助性本能"，属于"收养的德行"。这两类情感之间虽有极大的类似性，但不能混为一谈，因为只有道德情感才对应于实践原理，而且具有普遍性。康德借用"崇高"与"美"这组概念来区分"真正的德行"与"收养的德行"：前者是崇高的，后者是美的。同情与亲切虽不属于真正的德行，但因它们有助于道德实践，故可被视为辅助性情感，而属于"收养的德行"，一如养子之于亲生的儿子。

依康德之见，这种辅助性情感之所以无法作为"真正的德行"之根据，其理由在于：

> 善心，即心灵按存在于个别事例中的机缘而被同情与仁慈（Wohlwollen）所感动时的一种美与细致的敏感性，极其受制于情境之更迭，而且由于心灵之活动并不以一项普遍的原理为依据，它很容易因对象呈现一面或另一面，而采取变异的型态。①

这里提到的"同情与仁慈"应当就是上文提到的"同情与亲切"。② 康德指出：这类情感之所以无法作为"真正的德行"之根据，系由于它们并不以普遍的原理为依据，因而会随情境之更迭而改变。除了同情与亲切之外，康德还发现另一种辅助性情感，即"对于荣誉的情感及其结果，即羞耻"③。但由于这种情感与本文的主题不直接相干，在此略而不谈。

最后，康德说明这三类情感（道德情感、同情与亲切、荣誉感

---

① I. Kant, *Beobachtungen über das Gefühl des Schönen und Erhabenen*, *KGS*, Bd. 2, S. 219.

② 康德在后期的《道德底形上学》（*Die Metaphysik der Sitten*）中将仁慈视为一种"爱底义务"，与此处的看法不同，参阅 *KGS*, Bd. 6, S. 450—454, §§27—30。此书有笔者的中译本：《道德底形上学》（台湾联经出版事业公司 2015 年版）。本文引用该书的文字时，一律采取此一中译本。该译本标示了原版的边页，故读者不难检索。

③ I. Kant, *Beobachtungen über das Gefühl des Schönen und Erhabenen*, *KGS*, Bd. 2, S. 218.

与羞耻）在道德生活中的作用。他指出：依原理（同时出自道德情感）行事的人极少，出于善心的本能（亦即同情与亲切）而行的人较多，而"对荣誉的爱则遍布于所有人之心中（尽管有不同的程度）"①。关于同情与亲切的作用，康德的说明如下：

> 出于**善心的本能**而行动的人就**多得多**。尽管这不能个别地被视为人格底一种特殊的功绩，它却是绝佳之事。因为这些有德的本能固然偶而出错，但平均而言，它们完成自然底伟大意图，正如极有规则地推动动物世界的其余本能一样好。**大多数人**则死盯着其最钟爱的自我，作为其努力底唯一关系点，并且试图使一切都环绕着**自利**，作为大枢轴。这的确是再有利不过了，因为这些人均是最勤勉、最守规矩、最谨慎的。他们维持且稳定全体，因为他们即使无所图，也有益于公众，供给必要的需求，并且为更精致的心灵能扩展美与和谐而提供基础。②

康德在此强调：出自同情与亲切这类"善心的本能"而行事的人并非秉持普遍的实践原理，而是无意识地受自私之驱策；尽管如此，它们仍能产生和谐的秩序，故其作用仍是好的。

或许是基于教学之需要，康德曾经为包姆加腾③（Alexander Gottlieb Baumgartens, 1714—1762）的《第一实践哲学导论》（*Initia philosophiae practicae primae*）写下一批解释性的札记。其中一则札记简要地概括了同情的正反意义：

> 人性之软弱在于道德情感面对其他爱好时的软弱。因此，神意借由类似于道德本能（instinctus moralis）的辅助性本能之推动来扩充人性，例如荣誉、亲情（Storge）、同情（Mitleiden）、

---

① I. Kant, *Beobachtungen über das Gefühl des Schönen und Erhabenen*, KGS, Bd. 2, S. 227.
② I. Kant, *Beobachtungen über das Gefühl des Schönen und Erhabenen*, KGS, Bd. 2, S. 227.
③ 此为台湾译法，大陆多译作鲍姆嘉通。

共情（Sympathie），甚或赏罚。如果这些本能部分地成为动机，道德便不是纯粹的。排除这一切辅助性动机（motivum auxiliaris）的道德则是虚幻的。[1]

Mitleiden 与 Sympathie 二词其实都可以译为"同情"，为了加以区别，姑且将后者译为"共情"。康德在此将两者并列，而未说明其区别何在。此则札记一方面指出同情等情感不能作为真正的道德动机，另一方面又强调它们作为辅助性本能，是道德实践所不能或缺的。根据这批康德遗稿的编者之推断，此则札记可能写于 1762 年至 1763 年或 1769 年。但由其内容看来，它表达的正是《美与崇高》一书中的观点，故较有可能写于 1762 年至 1763 年。

接着，我们要讨论卢梭对康德早期伦理思想的影响。康德在其早期的一则眉批中明确地承认这种影响：

> 我自己出于爱好是个探究者。我感到对于知识的极度渴望与在知识上求进步的急切不安，甚或每次获得知识时的满足。有一段时期我相信：唯有知识能使人荣耀，而且我轻视一无所知的庶众。卢梭把我引上了正途。这个欺人的优越性消失了，我学会尊重人。再者，如果我不相信这个看法能给予其他所有人一项价值，而建立人权，我会觉得自己比普通的工人还更无用。[2]

简言之，卢梭改变了康德原先唯理性是尚的气质，而开始重视情感的价值与意义。就此而言，卢梭与英国道德哲学对康德早期伦理思想的影响实有异曲同工之处。

卢梭的《社会契约论》包含一套政治哲学。受到此书的启发，康德后来提出"自律"（Autonomie）学说与"双重公民"之说。《爱

---

[1] I. Kant, *Erläuterungen Kants zu A. G. Baumgartens Initia philosophiae practicae primae*, *KGS*, Bd. 19, S. 77, Reflexion 6560.

[2] I. Kant, "Bemerkungen zu den Beobachtungen über das Gefühl des Schönen und Erhabenen", *KGS*, Bd. 20, S. 44.

弥儿》则包含一套教育哲学，并且涉及伦理学。在此书的第 4 卷中，卢梭提到："怜悯，这个按照自然秩序第一个触动人心的相对的情感，就是这样产生的。"① 笔者在此引用李平沤的中译本。在这段引文中，"怜悯"一词的法文原文是 pitié，也可译为"同情"。在 1762 年出版的第一个德文译本中，此词被译为 Mitleiden②，正是"同情"之意。这个译本应当便是康德当年阅读的译本。

接着，卢梭为这种情感提出三项原理，分别如下：

原理一：人在心中设身处地地想到的，不是那些比我们更幸福的人，而只是那些比我们更可同情的人。

原理二：在他人的痛苦中，我们所同情的只是我们认为我们也难免要遭遇的那些痛苦。

原理三：我们对他人痛苦的同情程度，不决定于痛苦的数量，而决定于我们为那个遭受痛苦的人所设想的感受。③

由这三项原理可知：它们是关于"同情"的原理。这三项原理深刻影响了康德对"同情"的理解。其中包含两项观点：第一，同情是针对他人的不幸或痛苦；第二，同情包含一种"设身处地"的思考角度，因此，它意谓一种"移情"，即德文的 Einfühlung 或英文的 empathy。这两项观点日后都出现在康德有关同情的论述中。卢梭的"同情"理论对康德的吸引力在于：它包含三项原理及"设身处地"（将自己置于他人的位置）的思考角度。这显示：同情不仅是一种情感，还有其理性面，因而有可能取代道德情感，作为"真正的德行"之根据。

在进一步讨论卢梭的"同情"原则对康德早期伦理思想的意义之前，我们有必要稍稍回顾在英国"道德感"学派与卢梭之影响下

---

① 卢梭著、李平沤译：《爱弥儿：论教育》，上卷，商务印书馆 1978 年版，第 305—306 页。
② Jean-Jacques Rousseau, *Aemil oder Von der Erziehung*, 2. Teil, S. 149.
③ 卢梭著、李平沤译：《爱弥儿：论教育》，上卷，第 206、207、209 页。

康德早期伦理思想的发展。康德在1785年出版《道德底形上学之基础》(*Grundlegung zur Metaphysik der Sitten*)之前并无任何关于伦理学的专著,故笔者曾根据康德早期的其他著作之零星讨论、其授课讲义、书信、札记等资料重构这个发展过程①。由于相关的讨论极为复杂,此处只能概述其要点。康德的伦理学思考是由吴尔夫②(Christian Wolff, 1679—1754)的"理性主义伦理学"出发。这套伦理学的基本原则是"圆满性"(Vollkommenheit/perfectio)原则。但康德当时便发现:这项原则是空洞的抽象原则,并不足以决定具体的义务。赫其森的"道德感"学说似乎为康德提供了一个可能的解决之道。康德在其1762年完稿、1764年发表的应征论文《关于自然神学及道德学底原理之明晰性的探讨》("Untersuchung über die Deutlichkeit der Grundsätze der natürlichen Theologie und der Moral")中便试图调和吴尔夫的"圆满性"原则与赫其森的"道德感"(康德在此以"道德情感"称之),将前者视为决定义务的形式原则,将后者视为决定义务的实质原则,两者同为道德判断之原则。③但这种调和论只是康德暂时的结论,因为在此应征论文的结尾,康德还是提出一个更根本的问题:"究竟单单认知能力,还是情感(欲求能力之第一内在根据)为此〔实践哲学〕决定第一原理?"④

康德虽然受到赫其森的影响,承认道德情感在道德判断中的作用,但他并未否定理性之共同作用,故他仍然需要一个理性原则。对于此时的康德而言,由于吴尔夫的"圆满性"原则只是个空洞的原则,他势必要寻求另一项理性的道德原则。在这个脉络之中,卢梭的"同情"概念——特别是其中所包含的"设身处地"之规则——似乎为康德提供了一项可以取代"圆满性"原则的实践原则。因此,在

---

① Ming-huei Lee, *Das Problem des moralischen Gefühls in der Entwicklung der Kantischen Ethik* (Taipei: The Institute of Chinese Literature and Philosophy, Academia Sinica, 1994), Kapitel 1—4.
② 此为台湾译法,大陆多译作沃尔夫。
③ I. Kant, *KGS*, Bd. 2, S. 299f.
④ I. Kant, *KGS*, Bd. 2, S. 300.

卢梭的影响下，康德不时谈到"同情"概念及"设身处地"的规则。例如，在康德早期的学生赫德尔①（Johann Gottfried Herder, 1744—1803）所记的《实践哲学》讲义中，我们发现有一段文字讨论"设身处地"的规则：

> 人们说：1）人们在此将自己置于他人之位置，并且幻想底迷惑造成这种满足，而这种满足并非直接地，而是间接地源自他人之满足。这种错误的连属来自：由于我们始终在一种无私的情感中设想他人之快乐，而我们想要在其人格之中拥有这种快乐。——然而，如果我们不拥有无私的情感，我们就不会设想他人之快乐，因为我们不相信：我们在其人格之中＝将你自己也置于一个有钱的废物之位置中：你将不会对他拥有一种愉快。因此，"**将自己置于他人之位置**"固然是必要的，**但只是一种生动化底手段**（ein Mittel zur Lebhaftigkeit），而这种手段预设无私的情感。②

这份讲义出自何时，目前已无法确知。但我们知道：赫德尔于1762年8月21日到柯尼希贝尔格③（Königsberg）开始上康德的课，于1764年11月22日离开柯尼希贝尔格，所以它必然出自这段时间。④再者，从这段引文的内容看来，它显然已受到卢梭思想的影响。

在这段引文中，康德为"设身处地"的规则辩护，并说明其意义。在这段引文的前半部，康德提到对此规则的一种批评：若有人认为可以将自己置于他人之位置而感受到其满足，亦即在一种无私的情感中设想自己可以在他人之人格中感受到其快乐，这种投射是无根据的，只是基于"幻想底迷惑"。康德回应说：这种所谓的"幻想底迷

---

① 此为台湾译法，大陆多译作赫尔德。
② J. G. Herder, *Praktische Philosophie Herder*, *KGS*, Bd. 27.1, S. 3f. 黑体为笔者所标示。
③ 此为台湾译法，大陆译作柯尼斯堡，今属俄罗斯，更名为加里宁格勒。
④ Hans Dietrich Irmscher (Hg.), *Immanuel Kant. Aus den Vorlesungen des Jahre 1762 bis 1764* (Köln: Kölner Universitäts-Verlag, 1964), S. 12.

感"正好证明我们心中有一种无私的情感，因为我们不会将自己置于一个为富不仁者之位置，而在其人格中感受到愉快。更重要的是，康德将"设身处地"视为一种"生动化底手段"，而这种手段预设无私的情感。此处所谓的"无私的情感"便是指道德情感。因此，在这段引文中，康德将赫其森的"道德情感"与卢梭的"同情"原则中所包含的"设身处地"之规则结合起来。所谓"生动化"其实便是具体化，即将普遍的道德情感呈现为具体的义务。

在这份讲义的另一处，康德对同情与"设身处地"的规则有进一步的说明：

> 怜悯（Barmherzigkeit）。将我们自己置于他人之位置的能力**并非道德的，而是逻辑的**，在此我能将自己置于另一个人（例如，克鲁修斯主义者）之位置。在道德事务中也是如此，在此我将自己置于另一个人之位置，以便探问：他在这里会想什么？当我借由虚拟（Fiktion）将自己置于另一个人之位置时，这是**启发的**（heuristisch），为的是更好地达到确切的事物。这种虚拟可能是完全灵巧的，但不是道德的，因为我并非在他的位置之中——除非是真诚的**共情**（Sympathie），在此我实际上感受到在他的位置之中。对道德来说，**同情**（Mitleiden）是不足的。①

在这段引文中，康德进一步说明"设身处地"作为一种"生动化底手段"的意义。首先，他用"启发的"一词来说明"生动化"（zur Lebhaftigkeit）之义②。其次，他指出这种"设身处地"的能力是逻辑的，而非道德的，因而同情不足以证成道德。结合康德在上述的引文中所说，我们可以归结道：相对于道德情感，同情属于一个较低的

---

① J. G. Herder, *Praktische Philosophie Herder*, KGS, Bd. 27.1, S. 58. 黑体为笔者所标示。
② 在他为《美与崇高》所作的一则拉丁文眉批中，康德也将"设身处地"之道比作一种"启发的手段"（medium heuristicum），参阅"Bemerkungen zu den Beobachtungen über das Gefühl des Schönen und Erhabenen", *KGS*, Bd. 20, S. 155. 这份资料出自1764—1765年，参阅 *KGS*, Bd. 20, S. 471f。

层面，即手段的层面。但值得注意的是：康德在将"同情"中的"设身处地"之道归诸逻辑的层面（即知性的层面）的同时，又提到"共情"中的"设身处地"之道，而赋予它真正的道德意义。在这份讲义的另一处，康德又进一步解释说："将自己置于他人之位置，是人内心的一种道德的**共情**（Sympathie）：它是**公正的爱之根据**。"① 可见他并未放弃寻求一个真正的道德原则。

在康德为《美与崇高》一书所作的眉批中，他也谈到"设身处地"之道与这种"共情"：

> 由平等底情感产生不但是被迫者也是强迫者底正义之理念。前者是对他人的责任（Schuldigkeit），后者是他人对我之被感受的责任。为了让这个理念在知性中有一个准绳，我们能**在思想中将自己置于他人之位置**；而为了不致欠缺这么做的动机，我们被对于他人之不幸与危险的**共情**（Sympathie），以及我们自己的不幸与危险所驱动。②

在这段引文中，康德将"设身处地"之道视为"正义"之道德理念在知性中的准绳。既然"设身处地"之道是在知性中的准绳，这种说法并未超出他在上述的引文中所说：它是逻辑的，而非道德的。至于康德在此提到的"共情"，似乎与"同情"没有区别。

然而，在一则可能出自 1764—1768 年的札记中，康德为"设身处地"之道提出了完全不同的说法：

> 就欲求能力中的内在必然性而言，我们见到自己不仅迫于情感（刺激）而欲求某物；而是我们见到自己也被迫**将自己置于一个不受制于这类欲望或情感的存有者之位置**，而且仅从惬意之普遍概念去看我们的行为本身，并且我们感到自己被迫以惬意或

---

① J. G. Herder, *Praktische Philosophie Herder*, *KGS*, Bd. 27.1, S. 66.
② I. Kant, "Bemerkungen zu den Beobachtungen über das Gefühl des Schönen und Erhabenen", *KGS*, Bd. 20, S. 35f. 黑体为笔者所标示。

憎恶来看我们自己。而由于这种憎恶本身涉及欲望，它提供一个比欲望更为优越的法则。①

这则札记透露出康德的伦理学思想之一项重大转折，因为他将道德的必然性置于另一种"设身处地"之道，即将自己置于一个无限的存有者（即上帝）之位置，而不是置于他人之位置。将自己置于他人之位置，只是一种主观的观点。但是将自己置于上帝之位置，却意谓从一个普遍而客观的观点来看自己，而超越了情感（包括同情）之主观性。这个新的道德观点包含"惬意"（Wohlgefallen）之普遍概念：这个概念之强制力体现在对于所欲求的对象之憎恶或惬意。

康德在1768年5月9日写信给赫德尔时，对他自己当时的思考有以下的一段叙述：

> [……] 自从我们分手后，我在许多方面都有了不同的见解，而且当我特别着意于认识人类的能力和爱好之真正使命与限度时，我相信：我在事涉道德的领域中终究极为成功。而如今我正在撰写一部《道德底形上学》，在此我自许能提出**显豁而有成效的原理**，以及一种方法——在这类知识中，那些虽然极为流行、但多半无成效的努力若是要产生用处，就得依照这种方法去安排。只要我始终不稳定的健康不妨碍我，我希望今年会完成这项工作。②

比较康德在这个时间点前后所写的札记及书信，我们有理由假定：康德在此提到的"显豁而有成效的原理"就是上文提到的"将自己置于一个无限的存有者之位置"及"惬意之普遍概念"，并且归结道：在1769年前后，康德的道德哲学有一个根本的转变，而走上一条独

---

① I. Kant, "Reflexionen zur Metaphysik", *KGS*, Bd. 17, S. 319, Reflexion 3871. 黑体为笔者所标示。

② I. Kant, *Kants Briefwechsel*, *KGS*, Bd. 10, S. 74. 根据康德的原迹，此函写于1767年5月9日，但据 *Kants Briefwechsel* 1922年第二版编者之考证，康德在此标错了年份；参阅 *KGS*, Bd. 13, S. 35f. 黑体为笔者所标示。

立之路。①

康德另一则可能写于1769年的札记可以证实这种转变：

> 人类的意念（arbitriun humanum）无法被强迫，因此，它是自由的。共情（Sympathie）属于动物性的情感。**人道**（Menschlichkeit）包括善心（Gutherzigkeit）底情感；但是对于正直的情感却是精神性的。觉得某物应当被憎恶的人并非始终憎恶它，而憎恶它的人并非始终不理它。德行是一种练习之事，而不只是来自自然。**智性的原则绝对必须居先**，以便使情感不涉及其他的刺激。②

康德在这里提到的"共情"（Sympathie）应当就是"同情"（Mitleid），因为他将"共情"等同于"人道"（Menschlichkeit）。康德后来在《道德底形上学》谈到"同情（Teilnehmung）底义务"时，一方面将 Mitleid 与 sympathia moralis 等同于"同情"，另一方面又以"人道"一词来说明"同情底义务"③，可以说，早在18世纪60年代末期就已定了调。此外，康德在这则札记中将"同情"与"道德情感"（"对于正直的情感"属之）做了根本的区别：前者是"动物性的"（亦即感性的），后者是精神性的。进而言之，即使是道德情感，也必须以"智性的原则"为根据。上文提过，康德在1764年发表的应征论文的末尾问道："究竟单单认知能力，还是情感（欲求能力之第一内在根据）为此〔实践哲学〕决定第一原理？"如今康德提出了明确的答案，即是前者。

表面看来，康德似乎回到了理性主义伦理学的故辙，其实不然。在18世纪60年代初期，康德不满理性主义伦理学的"圆满性"原

---

① Ming-huei Lee, *Das Problem des moralischen Gefühls in der Entwicklung der Kantischen Ethik*, S. 135f.

② I. Kant, "Reflexionen zur Anthropologie", *KGS*, Bd. 15, S. 450, Reflexion 1009. 黑体为笔者所标示。

③ I. Kant, *KGS*, Bd. 6, S. 456f.

则，认为它只是一项空洞的形式原则，故试图借赫其森等人的"道德情感"来补充它，因而承认道德情感与理性原则之间有一种本质关联，并且共同决定道德判断。但是康德依然设法寻求另一项理性原则，来取代"圆满性"的原则。此时，卢梭的"同情"概念及其中所包含的"设身处地"之规则似乎提供了另一个可能的选项。但是康德后来发现："同情"毕竟只是一项主观原则，而"设身处地"的规则至多是一项"启发的"规则，并不足以充当真正的道德原则。1769年前后，康德发现了**客观的**道德原则，即日后他称为"定言令式"（kategorischer Imperativ）的道德法则。这项道德原则虽然也是形式原则，但却不是空洞的原则，而是可以决定具体的义务。经过这样一个辩证的发展过程，康德并非回到了理性主义伦理学的故辙，而是进一步到达更高层次的"形式主义伦理学"，正如他这段时间中所写的一则札记所显示："道德判断底最高原则（die oberste principien dijudicationis moralis）固然是理性的，但只是形式原则。它们并不决定任何目的；因此，根据这项形式，实质的第一原则具体地出现。"①这么一来，道德情感就不再是共同决定道德判断的实质原则，而只是道德之践履原则（principium executionis moralis）。至于"同情"，更等而下之，只成为一项主观的感性原则，而为道德之辅助原则。这个伦理学观点正是康德在《道德底形上学之基础》中所持的观点。

现在让我们看看他在同一时间所写的另一则札记：

> **道德情感并非一种原初的情感**。它立基于一项必然的内在法则，即是从一个外在的观点来考察并感受自己。彷佛在理性底人格性之中：在此，人们普遍地感知自己，并且将其个体视为一个偶然的主体，如同共相之一项附质（accidens）。②

---

① I. Kant, "Reflexionen zur Moralphilosophie", *KGS*, Bd. 19, S. 120, Reflexion 6633. 这则札记可能写于1769年至1770年秋季。

② I. Kant, "Reflexionen zur Moralphilosophie", *KGS*, Bd. 19, S. 103, Reflexion 6598. 这则札记也可能写于1769年至1770年秋季。

这里提到的"必然的内在法则"是"设身处地"的规则之提升，它具有一种在感性中反映理性原则之普遍性的中介功能。在这种中介功能中，人们将自己视为理想的人格性之一个偶然的个体，彷佛是共相之一项附质。这种功能很容易让我们想起康德在《实践理性批判》中所提到的"道德法则底符号（Typus）"，亦即"一项法则，但只是这样的一项法则：它能在感觉底对象中被具体地呈现，因而是一项自然法则（但只是就其形式而言）"①。而这个"符号论"（Typik）涉及定言令式之"自然法则底程序"："如此行动，彷佛你的行为底格律会因你的意志而成为普遍的自然法则！"② 此外，这个"必然的内在法则"也包含"普遍性"与"人格性"之理念，而这两个理念又分别对应于定言令式之"普遍法则底程序"与"目的自身底程序"③。这足以佐证笔者在上文所言：康德在1769年前后所发现的足以取代"设身处地"之道的形式原则即是定言令式。

现在我们可以跳到康德于1785年出版的第一部伦理学著作《道德底形上学之基础》。在这部著作中，康德几乎不再谈起"同情"的原则，只有一处涉及"同情"的问题，其文如下：

> 在我们办得到的时候施惠于人，是项义务。此外，有些生性富同情心的人，即使没有虚荣或自利底其他动因，他们也因散布快乐于周遭而感到一种内在的愉快，并且会对别人底满足感到喜悦（只要这种满足由他们所引起）。但我认为：在这种情况下，无论这类行为是多么合乎义务、多么可喜，它们仍无真正的道德价值，而是与其他的爱好为伍。④

这段文字所表达的观点可以回溯到《美与崇高》一书的观点。古罗马时期的希腊医师加伦（Galen or Claudius Galenus, 129？—199？）根

---

① I. Kant, *Kritik der praktischen Vernunft*, KGS, Bd. 5, S. 69.
② I. Kant, *Grundlegung zur Metaphysik der Sitten*, KGS, Bd. 4, S. 421.
③ I. Kant, *Grundlegung zur Metaphysik der Sitten*, KGS, Bd. 4, S. 421 & 429.
④ I. Kant, *Grundlegung zur Metaphysik der Sitten*, KGS, Bd. 4, S. 398.

据人的四种体液——血液、黏液、黑胆汁、黄胆汁——中何者占优势，将人的气质（Temperament）区分为乐观型（sanguinisch）、冷漠型（phlegmatisch）、忧郁型（melancholisch）和暴躁型（cholerisch）四类。康德在《美与崇高》中将同情心关联于乐观型气质，将荣誉感关联于暴躁型气质①，并指出：同情心与荣誉感均是基于特殊的气质，而非基于原则，故不是真正的德行，而只是类乎德行。因此，他将同情心称为"收养的德行"，而将荣誉感称为"德行之微光"（Tugendschimmer）。② 如早期的康德所言，同情心作为"收养的德行"，只是一种"辅助性本能"。因此，这段文字基本上并无新意。

然而，在其1797年出版的《德行论之形上学根基》（作为《道德底形上学》之第二部分）中，康德重新探讨"同情"的概念，而将"同情底义务"与"慈善底义务""感恩底义务"并列为"爱底义务"。在题为"同情感根本是义务"的一节中，康德写道：

> 同甘（Mitfreude）与共苦（Mitleid）[sympathia moralis（道德的同情）] 诚然是对于他人之喜悦与痛苦底状态的一种愉快或不快 [因此可称为感性的（ästhetisch）] 底感性情感（同感、同情的感觉），而自然已在人之中赋予对于这些情感的感受性。但是利用这些情感作为促进实际的且理性的仁慈之手段，在"**人道**"（Menschlichkeit/humanitas）底名义下仍是一项特殊的（尽管只是有条件的）义务；因为在这里，人不仅被视为有理性者，也被视为禀有理性的动物。如今，人道可被置于彼此**互通情感的能力与意志** [humanitas practica（实践的人道）] 之中，或是仅被置于对喜悦或痛苦底共通情感的**感受性**（这是自然本身所赋予的）[humanitas aesthetica（感性的人道）] 之中。前者是**自由的**，且因此被称为**同情的**（teilnehmend）[communio sentiendi liberalis（自由的感通）]，并且以实践理性为根据；后者是**不自**

---

① I. Kant, *KGS*, Bd. 2, S. 219.
② I. Kant, *KGS*, Bd. 2, S. 218.

由的［communio sentiendi illiberalis, servilis（不自由的、奴性的感通）］，并且可称为**传播的**（mitteilend）（如温度或传染病之传播），也可称为共情（Mitleidenschaft）；因为它以自然的方式在比邻而居的人当中扩散。只有对于前者才有责任可言。①

这段文字极为重要，因为它显示康德的"同情"概念有进一步的发展。简言之，这个新发展在于：康德以"人道"的概念来解释"同情"，并区分两种不同的"人道"概念，即"实践的人道"与"感性的人道"。这两者的区别在于：前者系以实践理性为根据，因而是一种义务；后者系以感性为依据，它本身不是义务。如此看来，所谓"感性的人道"属于康德早期根据卢梭所理解的"同情"。在早期康德从"道德底形上学"中排除了同情与道德情感之后，现在他又将同情提升为"实践的人道"，并将它重新纳入"道德底形上学"之中。

然而，康德又强调：作为"实践的人道"之同情只是一项有条件的义务。这是什么意思呢？接下来，康德有一段说明文字：

> 但尽管与他人共苦（且因此也同甘）本身并非义务，可是陶冶我们内心中同情的自然的（感性的）情感，而且利用这些情感作为诸多手段，以促成出于道德原理及与之相符的情感之同情，这却是对他人底命运之实际同情，且因此为了这项目的而为间接的义务。②

根据这段说明，"实践的人道"之所以有别于"感性的人道"者，在于前者系"出于道德原理及与之相符的情感［按：即道德情感］"。因此，利用"感性的人道"作为手段，来促成"实践的人道"，便是我们的一项间接的（即有条件的）义务。这与康德在《美与崇高》

---

① I. Kant, *KGS*, Bd. 6, S. 456f., §34.
② I. Kant, *KGS*, Bd. 6, S. 457, §35.

中将同情视为道德之"辅助性本能"显然有别,因为他在《美与崇高》中将同情仅视为"收养的德行"(相当于"感性的人道"),而非"真正的德行",而在《道德底形上学》中,他要求我们将这种感性的同情提升为实践的同情,并将此视为一项德行义务(尽管只是间接的)。

现在让我们根据以上的讨论做个总结。早期康德的伦理学思想系从以吴尔夫为代表的理性主义伦理学出发。但到了18世纪60年代,他开始认识到吴尔夫的"圆满性"原则不足以充当真正的道德原则,而乞灵于赫其森的"道德情感"原则与卢梭的"同情"原则。但康德并未完全放弃理性的道德原则,而是承认道德情感与理性原则在道德判断中的本质关联与共同作用。康德似乎一度相信:卢梭的"同情"概念中所包含的"设身处地"之规则可以取代吴尔夫的"圆满性"原则。但后来康德发现:"设身处地"之规则只是"启发的"手段,而无法充当真正的道德原则。到了18世纪60年代末期,康德发现了后来称为"定言令式"的道德法则,他又重新肯定实践理性是道德判断之唯一根据,道德情感退居为道德之践履原则,而同情只是道德之"辅助性本能"。在《道德底形上学之基础》中,康德依然维持这个观点。直到康德晚年,他在《道德底形上学》中重新将同情提升为"实践的人道",而成为一项间接的德行义务。这是康德对"同情"的最后看法。

唐文明在其《隐秘的颠覆——牟宗三、康德与原始儒家》一书中,将康德伦理学视为现代"道德主义"(moralism)之滥觞[①],以对比儒家所主张的"仁"。他写道:

> 在我们现在的文化处境里,对道德主义之实质内涵的表述往往诉诸人的意志或情感,比如纯粹的、普遍的善良意志(good will),或者是对弱者的纯粹同情(sympathy)与怜悯(pity),

---

① 唐文明:《隐秘的颠覆——牟宗三、康德与原始儒家》,读书·生活·新知三联书店2012年版,第1页。

或者是一团和气的普遍善意（kindness），又或者是可以毫无差别地指向所有人、甚至可以扩展到动物、一切生命、乃至无生命的博爱（charity）或普遍的善心（general benevolence）。①

"善良意志"是康德伦理学的标签，"同情"与"怜悯"则是卢梭伦理学的标签，但唐文明却将两者一起归诸所谓的"道德主义"。由此看来，唐文明并未真正了解康德伦理学的基本特色与发展②，以及康德与卢梭的伦理学之微妙区别。本文的讨论已充分证明了这点。

［原文刊于《宗教与哲学》（北京）2017 年第 6 辑，第 17—35 页。］

---

① 唐文明：《隐秘的颠覆——牟宗三、康德与原始儒家》，第 39 页。
② 笔者曾指出唐文明对康德伦理学的误解，参阅李明辉：《再论儒家、康德伦理学与德行伦理学——评唐文明的"隐秘的颠覆"》，载《台湾东亚文明研究学刊》2015 年第 2 期，第 327—349 页；今收入本书。

康德与原罪说

一、耶教传统中的原罪说

多年前笔者曾发表《康德的"根本恶"说——兼与孟子的性善说相比较》①一文。此文之作由秦家懿教授的一篇论文所引发。她在其《中国伦理学与康德》一文中将儒家与康德的伦理学加以对比,特别强调儒家(她以王阳明作为代表)的道德乐观主义与康德对人性的不信任。她在文中写道:

> 对于康德而言,人在本性上是恶的,也就是说,人意识到道德法则,但却经常背离它。康德并不因此而反对自然的爱好,而是表示:这些爱好需要顺服,以与理性相调和。道德的探求基本上是一场奋斗,人类将借此持续地使其感性的本性服从道德法则(定言令式),以便更妥善地决定自己向最高善而趋。对于王阳明而言,人即使具有一种向恶的性癖,在本性上仍是善的。道德的探求成为一个净化的过程,以恢复人原有的善性为目标。这需要抉择和毅力,而非强力。②

这段文字涉及中西人性论之对比。但是笔者认为:这种对比过于简化,不但有碍于我们正确理解康德的伦理学,而且无助于我们了解儒家的人性论。康德的"根本恶"说其实是针对西方传统的原罪说而

---

① 原文刊于《中国文哲研究集刊》,1992年第2期,第325—352页;后收入霍韬晦编:《安身立命与东西文化》,香港法住出版社1992年版;亦收入李明辉:《康德伦理学与孟子道德思考之重建》,台湾"中央研究院"中国文哲研究所1994年版,第117—146页。
② Julia Ching, "Chinese Ethics and Kant", *Philosophy East and West*, Vol. 28 (1978), p. 170.

提出来的，但笔者在该文中并未详细说明这个思想背景。本文之作旨在补充该文未详细说明的思想背景，故本文可视为该文的续篇。

在西方神学中，"原罪"（peccatum originale/original sin/Erbsünde）说无疑是个争议不断的说法。对于非耶教徒而言，"原罪"说是荒谬而难以接受的。不少耶教神学家都注意到：在耶教传入中国的过程中，"原罪"说构成极大的障碍①。例如，在台湾天主教会所编辑的《神学辞典》中，于"原罪"条下便有如下这段话：

> 在中国文化中，原罪的说法常令立志成为圣贤的中国儒者心生反感。因此，如何在中国的文化环境中适宜地解释出恶的事实，而不致有损中国文化中努力追求天地人合一之境的美好氛围，则是本地教会应深思默想之事。②

甚至对于若干耶教徒乃至神学家而言，西方传统的"原罪"说也包含难以克服的理论困难。例如，德国道明会神父温保禄（Paul H. Welte, O. P.）在其《原罪新论》中便质疑道：

> 传统原罪论认为人类染原罪，是由于人类是亚当、厄娃③的后裔，所以借着自然传承，人人有了原罪。虽然如此，传统原罪论又明定原罪是一种真正的罪，即真实罪愆。这种说法与神学中一般的观点相违。在神学上，强调人没有自由，就不能有罪，假使自己犯了罪，也无法推卸到别人身上。亚当、厄娃滥用自由，犯了罪；但是我们却没有参与他们的作为，我们只是他们的后裔，这也不是我们的过错。所以应该究问：因着亚当之罪，我们缺乏圣化恩宠，这怎能说是一个真实的罪愆？尤其德文的"原

---

① 本文所称"耶教"系指 Christianity，包含新教（基督教）、旧教（天主教）及东正教。
② 辅仁神学著作编译会编：《神学辞典》，台湾光启出版社1996年版，第444页。
③ 罗马天主教的译名，即新教翻译的"夏娃"。

罪"（Erb-Sünde——遗传的罪）之概念中此矛盾很明显。①

由于这类质疑，我们有必要稍稍回顾一下原罪说的形成与发展。虽然原罪说的主要文献根据是《旧约·创世记》中有关亚当与夏娃偷吃禁果的故事，以及《新约·罗马书》第五章中保罗有关亚当的言论，但严格而言，在整部《圣经》中并未出现"原罪"一词。事实上，"原罪"的概念是在日后神学家对《圣经》的诠释中形成的，而此说之理论基础则是由神学家奥古斯丁（Aurelius Augustinus, 354—430）所奠定。奥古斯丁在与佩拉纠（Pelagius，生卒年不详）及其同道的辩论中逐步确立了其原罪说。② 奥古斯丁根据《圣经》中的若干经文，提出原罪说。其要旨包含以下的几项要点：第一，亚当的罪及对它的惩罚是会遗传的；第二，婴儿的灵魂是有罪责的；第三，婴儿的罪是真实的、严峻的，是通过生育而遗传的；第四，洗礼是所有人（包括婴儿）得救的必要手段。③

在奥古斯丁的神学系统中，与"原罪"的概念在逻辑上相关联的还有"预定"（praedestinatio）与"恩宠"（gratia/grace/Gnade，或译为"恩典"）两个概念。奥古斯丁认为：由于人的原罪是如此根深蒂固，人的得救与否非人力所能决定，而是由上帝所预先决定的。但是在此出现一个问题：上帝只预定一部分人得救，还是也预定另一部分人因沉沦而被定罪？若只承认前者，便是"单一预定论"；若同时承认后者，便是"双重预定论"。至于奥古斯丁的立场为何，则很难确定。④

---

① 温保禄讲述、李秀华笔录：《原罪新论》，台湾光启出版社1993年版，第21—22页。
② 奥古斯丁关于"原罪"的主要著作已收入Philip Schaff（ed.），*A Select Library of the Nicene and Post-Nicene Fathers of the Christian Church*, Series 1, Vol. 5, Saint Augustin, *Anti-Pelagian Writings*（Grand Rapids/Michigan: Eerdmans, 1956），周伟驰编译的《论原罪与恩典：驳佩拉纠派》（香港道风书社2005年版）系以此英译本为根据。以下引用此中译本时，文字有所修改；为方便读者查核，以方括号附上英译本的页码。温伟驰在这个中译本的《导言》中详述奥古斯丁与佩拉纠等人论战的始末，以及奥古斯丁的"原罪"说。本文有关西方传统"原罪"说的论述主要取材自此书。
③ 周伟驰编译：《论原罪与恩典：驳佩拉纠派》，《中译本导言》，第xxxiiif. 页。
④ 周伟驰编译：《论原罪与恩典：驳佩拉纠派》，《中译本导言》，第xxxixff. 页。

进而言之，上帝预定得救的人会从上帝那里得到协助，这便是"恩宠"。但是"恩宠"的概念有歧义，这涉及奥古斯丁与佩拉纠的争论。奥古斯丁认为：人的每一个善念与善行都是上帝的恩宠之表现，这可称为"内在恩宠"。反之，佩拉纠则认为：上帝的恩宠仅在于赋予人以自由意志、律法、《圣经》及基督这个"榜样"，至于善念之发动与善行之实践则是靠人本身的力量，这可称为"外在恩宠"①。根据奥古斯丁在其《论基督的恩宠》（De gratia Christi）§§5—8的引述，佩拉纠区分人的"能力"（posse）、"意愿"（velle）与"实行"（esse）三者。佩拉纠所理解的"恩宠"主要是指上帝赋予人的"能力"，即自由意志；至于善念（"意愿"）与善行（"实行"），则是基于人的本性中之自由意志，故为人的成就。②

显而易见，佩拉纠的恩宠论在逻辑上与人的自由意志较能相容，而奥古斯丁的恩宠论似乎会导致对人的自由意志之否定。然而，奥古斯丁在其《论恩宠与自由意志》（De gratia et libero arbitrio）中却反复申明："在导向善的生活上，恩宠与自由意志都是必要的。"（§7）③"自由意志与上帝的恩宠是同时被托付的。"（§10）④但奥古斯丁是在一种极其特殊的意义下理解这种与恩宠兼容的"自由意志"。佩拉纠所理解的"自由"是一种选择的自由，即遵奉或违背上帝诫命的自由；换言之，当我们遵奉上帝的诫命时，我们有功劳而应受称赞；当我们违背上帝的诫命，我们有罪愆而应受谴责。这符合一般人对"道德责任"的理解。但奥古斯丁所理解的"自由意志"则大异其趣。

奥古斯丁在《论恩宠与自由意志》§7谈到修士的禁欲生活时，引述《新约·提摩太前书》中保罗规劝提摩太"要保守自己纯洁"（5：22）的话，以及《新约·哥林多前书》中保罗所言："一个人若有坚定的意志不结婚，（不是由于外来的压力，而是出于自己的决

---

① 周伟驰编译：《论原罪与恩典：驳佩拉纠派》，《中译本导言》，第 xliiff. 页。
② 周伟驰编译：《论原罪与恩典：驳佩拉纠派》，第 217—221 [218—220] 页。
③ 周伟驰编译：《论原罪与恩典：驳佩拉纠派》，第 311—312 [446—447] 页。
④ 周伟驰编译：《论原罪与恩典：驳佩拉纠派》，第 314 [448] 页。

心),并且能够自制 [……]"(7:37)①,以证明上帝承认人的自由意志。但他又引述《新约·马太福音》中耶稣与其门徒的一段对话。门徒说:"丈夫和妻子的关系既然是这样,不结婚倒好。"耶稣回答道:"这样的教训并不是人人都能接受的,只有得到上帝特别恩赐的人才能接受。"(19:10—11)对于这段经文,奥古斯丁解释道:

> 那些没被赐予这种力量的人,若非不愿意,就是不履行他们所意愿的事;而那些被赐予了这种力量的人则如此意愿,以致完成了他们所意愿的事。因此,为了使这个说法(这话不是人都能领受的)仍可为某些人所接受,既有上帝的恩赐,又有自由意志。②

由此可见,对于那些过禁欲生活的修士而言,无论其自由意志(意愿守贞),还是遂行此一意愿的能力,均来自上帝的恩宠。这种意义的"自由意志"固然可与"恩宠"的概念兼容,但并不包含选择的自由,因而也违背一般人对"道德责任"的理解。

由此亦反显出:佩拉纠之所以反对奥古斯丁的原罪说,主要是因为它无法说明人的道德责任。伦理学中有一项关于道德责任的基本原则:"应当涵蕴能够。"("Ought implies can.")这就是说:在道德上要求一个人去做超乎其能力的事,是无意义的。佩拉纠便是从这项原则出发,奥古斯丁则是要超越这项原则。故奥古斯丁在《论恩宠与自由意志》§32写道:

> 佩拉纠派认为:当他们断言"上帝不会命令人去做他明知人做不到的事"时,他们就认识了某个伟大的道理。谁会不知道这个道理呢?但上帝命令我们去做一些我们做不到的事,是为了让我们知道我们应当请求他。因为这是信仰本身,而这信仰借

---

① 本文引用《圣经》文本,一律依据联合圣经公会出版的现代中文译本。
② 周伟驰编译:《论原罪与恩典:驳佩拉纠派》,第312 [447] 页。

*祷告完成了律法所命令之事。*①

由此可见，奥古斯丁与佩拉纠的争论涉及信仰与理性之冲突。佩拉纠从理性的立场肯定上述的"道德责任"原则，奥古斯丁则是从信仰的立场超越这项原则。②

在奥古斯丁与佩拉纠的争论中，奥古斯丁的观点得到了教会的支持。在418年的迦太基（Carthage）主教会议及529年的奥伦治③（Orange）主教会议中，奥古斯丁的原罪说虽然得到教会的认可，但仍未完全平息相关的争论。直到1545至1563年的特伦多（Trent）大公会议发表《原罪公告》，始正式确立了奥古斯丁原罪说的正统地位，而判定佩拉纠派为异端。本文所讨论的原罪说仅限于由奥古斯丁所奠基、而为罗马天主教会所认可的这种传统原罪说。至于现代哲学家与神学家——例如巴特（Karl Barth, 1886—1968）、荀能伯格（Piet Schoonenberg, 1911—1999）、里克尔（Paul Ricoeur, 1913—2005）、德雷威尔曼（Eugen Drewermann, 1940— ）——为了克服传统原罪说的理论困难而做的重新解释，由于牵涉过广，且与本文主题无直接的关联，故不在讨论范围之中。

奥古斯丁的原罪说不但成为罗马天主教会的正统教义，而且以更极端的形式为基督新教（特别是路德派与卡尔文派）所继承。路德教派与卡尔文教派在奥古斯丁的原罪说之基础上，将其"预定"与"恩宠"的概念极端化，一方面主张"双重预定论"，另一方面强调人之得救无法凭借己力，而只能凭借上帝的恩宠。康德的父母均属于由路德派分支出来的虔敬派（Pietismus），而他所就读的腓特烈中学也是虔敬派所创办的。可以说，康德从小就在虔敬派的强烈宗教氛围中成长与受教育，这形成康德宗教哲学的直接背景。

---

① 周伟驰编译：《论原罪与恩典：驳佩拉纠派》，第337—338 [457] 页。
② 关于奥古斯丁的原罪说及其中所包含的理论困难，参阅 Helmut Hoping, *Freiheit im Widerspruch. Eine Untersuchung zur Erbsündenlehre im Ausgang von Immanuel Kant* (Innsbruck: Tyrolia-Verlag, 1990), S. 14—27。
③ 此为台湾译法，大陆译为奥兰治。

二、康德的《圣经》诠释学

事实上,虔敬派的宗教教育对康德的宗教观造成了反效果。他在中学受教育的经验使他非常厌恶虔敬派的权威作风与及其宗教仪式,这使他后来终身不上教堂。康德的传记作家库恩(Manfred Kuehn)在介绍其青少年期的生活时便指出:"如果虔敬派毕竟对康德有任何影响的话,它是一种负面的影响。[……]说起来,康德的道德观点与宗教观点透露出一种明确的反虔敬派的倾向。"①

由于对包括虔敬派在内的传统教会的反动,康德的宗教观系以"启蒙"为基础。他以"启蒙"之子自居,他在《答"何谓启蒙?"之问题》一文中便表示:"如果现在有人问道:我们目前是否生活在一个**已启蒙的**时代?其答案为:不然!但我们生活在一个**启蒙**底时代。"② 在他看来,启蒙时代最重要的工作是宗教之启蒙。因此,他在其论启蒙的著名论文中表示:

> 我把启蒙(人类之超脱于他们自己招致的未成年状态)底要点主要放在**宗教事务**上。因为对于艺术和科学,我们的统治者并无兴趣扮演其臣民的监护者;此外,在宗教上的未成年状态也是所有未成年状态中最有害且最可耻的。③

在《纯粹理性批判》第一版《前言》中,他也表示:

> 我们的时代是真正的批判时代,一切都必须受到批判。**宗教**凭其**神圣性**,而**立法**凭其**威严**,通常想要免受批判。但这样一来,

---

① Manfred Kuehn, *Kant: A Biography* (Cambridge: Cambridge University Press, 2001), p. 54.

② I. Kant, "Beantwortung der Frage: Was ist Aufklärung?", in: *Kants Gesammelte Schriften* (Akademieausgabe,以下简称 *KGS*), Bd. 8, S. 40;李明辉译注:《康德历史哲学论文集》,台湾联经出版事业公司2013年版,第33页。

③ I. Kant, "Beantwortung der Frage: Was ist Aufklärung?", *KGS*, Bd. 8, S. 41;李明辉译注:《康德历史哲学论文集》,第34页。

它们就引起对自己的合理怀疑，而且无法要求真诚的敬畏——理性仅同意将这种敬畏给予那能经得起其自由而公开的检验之事物。①

不论是"启蒙"，还是"批判"，都是以理性为最高的判准。在理性的基础上，康德有一套完整的《圣经》诠释学。他在其《人类史之臆测的开端》（"Mutmaßlicher Anfang der Menschengeschichte"）一文中对《旧约·创世记》，在其《万物之终结》（"Das Ende aller Dinge"）一文中对《新约·启示录》提出了他自己的诠释。《创世记》是《圣经》的第一篇，《启示录》是其最后一篇，康德特别诠释这两篇，殆非偶然。此外，他最主要的宗教哲学著作，即1793年出版的《单在理性界限内的宗教》（*Die Religion innerhalb der Grenzen der bloßen Vernunft*，以下简称《宗教》）一书，也可视为诠释《圣经》的著作。特别是其第一卷《论恶的原则与善的原则之共居》（或名《论人性中的根本恶》）（"Von der Einwohnung des bösen Prinzips neben dem guten: oder über das radikale Böse in der menschlichen Natur"）所提出的"根本恶"（das radikale Böse）说，可视为对西方传统原罪说的回应，这正是下文所要讨论的主题。

除了上述对于《圣经》章节的诠释之外，康德还提出一套完整的诠释原则，这见于其《学科之争论》（*Der Streit der Fakultäten*）的第一章《哲学学科与神学学科之争论》（"Der Streit der philosoiphischen Fakultät mit der theologischen"）。《学科之争论》这部书主要是讨论当时德国大学里三门所谓的"高级学科"（神学、法学、医学）与一门"低级学科"（即哲学）之定位与关系。这三门学科之所以称为"高级学科"，是因为它们是为了政府的目的而设，有其特定的功能，并且受到政府的监督。反之，哲学并无特定的功能，似乎是无用之学，故称为"低级学科"。然而，正因为哲学无特定的功能，它反

---

① I. Kant, *Kritik der reinen Vernunft*（以下简称 *KrV*），hrsg. von Raymund Schmidt (Hamburg: Felix Meiner, 1976), A XI Anm. (A = 1781年第一版，B = 1787年第二版)

而具有一项优点:"由于哲学学科必须担保它会接受甚或只是容许的学说之**真理**,就此而言,它就得被认为自由的,并且仅服从理性之立法,而不服从政府之立法。"① 由于哲学学科的这项优点,它具有一种无用之用,即监督三门高级学科②。在这个意义下,哲学反倒应当是真正的"高级学科"。故康德写道:

> 以此方式,有朝一日可能会到达一个地步:最后的成为最初的(低级学科成为高级学科),这固然不是在权力之掌握当中,但却是在对掌权者(政府)的建议当中,而政府将在哲学学科之自由,以及该学科由此获得的解悟中,比在它自己的绝对权威中,找到达成其目的更佳手段。③

就此而言,在哲学与神学的关系中,哲学应当对神学发挥批判与监督的功能。在这个脉络中,康德提到西方中世纪"哲学是神学的婢女"之说,并且幽默地反问道:"这位婢女究竟是在其夫人前面持着火炬,还是在其后面牵着裙裾呢?"④ 根据他为哲学与神学的这种定位,康德提出以下四项诠释原则:

> Ⅰ. 包含某些**理论性的**、被宣告为神圣的,但却**逾越**一切理性概念(甚至道德概念)的学说之经文,**可以**为了实践理性之利而被阐释;但是包含与实践理性相抵牾的命题之经文,则**必须**为了实践理性之利而被阐释。⑤
>
> Ⅱ. 如果《圣经》底学说根本必须通过启示才会被认识,则对它们的信仰本身就不具有**功绩**,并且这种信仰之欠缺,甚至与

---

① I. Kant, *Der Streit der Fakultäten*, KGS, Bd. 7, S. 27.
② I. Kant, *Der Streit der Fakultäten*, KGS, Bd. 7, S. 28.
③ I. Kant, *Der Streit der Fakultäten*, KGS, Bd. 7, S. 35.
④ I. Kant, *Der Streit der Fakultäten*, KGS, Bd. 7, S. 28. 康德在其《永久和平论》中也有同样的说法,参阅 I. Kant, *Zum ewigen Frieden*, KGS, Bd. 8, S. 369;亦可参阅李明辉译注:《康德历史哲学论文集》,第 205 页。
⑤ I. Kant, *Der Streit der Fakultäten*, KGS, Bd. 7, S. 38.

这种信仰相对立的怀疑本身并非**罪过**，而是在宗教之中，一切均系乎**作为**，并且这项终极目标，因而连同一项与它相符的意义，都必须被加诸一切圣经的信仰学说。①

Ⅲ. 作为（Tun）必须被设想为来自人自己对其道德力量的使用，而非被设想为一个外在的最高致动因（人被动地因应它）底影响之结果；因此，我们阐释在字面上似乎包涵后者的经文时，必须设法使之与前一项原理协调一致。②

Ⅳ. 当人自己的作为不足以在他自己的（严格审判的）良心面前为自己辩白之际，理性便有权在必要时凭信仰假定一种对其不完善的正义之超自然的弥补（它甚至毋须决定这种弥补何所在）。③

本文不拟详细讨论这四项诠释原则，而仅简述如下。第一项诠释原则强调：《圣经》诠释不能违背实践理性。康德为第一种情况所举的例子有"三位一体""道成肉身""基督复活"，为第二种情况所举的例子有保罗关于"恩宠底拣选"的学说及魔鬼附身的故事。第二项诠释原则排除启示（Offenbarung）对真实信仰的意义。第三项诠释原则涉及"本性"与"恩宠"的关系，而将"恩宠"的概念理性化。第四项原则似乎为"恩宠底作用"（Gnadenwirkung）——即来自超自然力量（上帝）的协助——留下了余地，但康德随即表示：

这项权限是自明的；因为人依其分命（Bestimmung）应当如何（即符合神圣的法则），他必然也能够如何，而如果他不可能凭自己的力量以自然的方式做到这点，他便可以期望：他会借由上帝之外在协助（不论以什么方式）而做到。④

---

① I. Kant, *Der Streit der Fakultäten*, KGS, Bd. 7, S. 41f.
② I. Kant, *Der Streit der Fakultäten*, KGS, Bd. 7, S. 42f.
③ I. Kant, *Der Streit der Fakultäten*, KGS, Bd. 7, S. 43.
④ I. Kant, *Der Streit der Fakultäten*, KGS, Bd. 7, S. 43f.

所谓"人依其分命应当如何,他必然也能够如何",其实便是"'应当'包含'能够'"之义。他是在这个前提之下为"恩宠底作用"保留一个边缘的位置,而在他看来,这并不违背实践理性之要求。

三、康德的"道德宗教"

康德的《圣经》诠释学与他对"宗教"与"信仰"的看法是相关联的。他一方面坚持根据实践理性的原则来诠释《圣经》经文,另一方面强调"宗教"与"信仰"必须建立在实践理性的基础上,这是一体之两面。

在康德的宗教哲学中有两个关键词,即"理性信仰"(Vernunftglaube)与"道德宗教"(moralische Religion)。康德偶而也将"理性信仰"称为"道德信仰"(moralischer Glaube)。简言之,康德所谓的"理性信仰"或"道德信仰"是指建立在实践理性的基础上之信仰,包含对上帝的信仰与对灵魂不灭(或来生)的信仰。他所谓的"道德宗教"系指建立在实践理性的基础上之宗教,亦可说是"单在理性界限内的宗教"。

再者,由于人的实践理性具有普遍的效力,那么建立在实践理性的基础上之宗教也应当是普遍的。因此,康德认为:真正的宗教只有一种。他在《论永久和平》中谈到"宗教之不同"时,加上了一个脚注:

> **宗教之不同**:一个奇特的说法!就好像人们也谈到不同的道德一样。固然可能有不同的**信仰方式**(它们是历史的手段,不属于宗教,而属于为促进宗教而使用的手段之历史,因而属于"学识"底范围),而且也可能有不同的**宗教经典**(阿维斯塔经、吠陀经、可兰经等)。但是只有一种对所有人、在所有时代均有效的**宗教**。因此,信仰方式可能仅包含宗教底资具,而这种资具可能是偶然的,并且依时代与地点之不同而转移。①

---

① I. Kant, *Zum ewigen Frieden*, KGS, Bd. 8, S. 367;李明辉译注:《康德历史哲学论文集》,第203页。

在《学科之争论》中，他谈到"宗教教派"时，也表达了类似的看法：

> 在真正理应被称为宗教的东西当中，不可能有教派之不同（因为宗教是统一的、普遍的且必然的，因而是不变的），但是在涉及教会信仰的东西当中，不论这种信仰仅以《圣经》为根据，还是也以传统为根据，只要对于纯属宗教底资具的东西之信仰被当作宗教底教义，就可能有教派之不同。①

笔者曾在《从康德的"道德宗教"论儒家的宗教性》② 一文中详细讨论康德构想"理性信仰"与"道德宗教"的过程。为了避免不必要的重复，本文仅概述其要旨。康德的"理性信仰"概念虽然可以上溯到他于1766年出版的《通灵者之梦》③ 一书，但其完整的构想形成于其批判期的著作。康德在其《纯粹理性批判》一书中对西方传统的形而上学进行全面的批判。在此书的《先验辩证论》中，他一方面反驳西方传统"理性心理学"中关于"灵魂不灭"的论证，指出它们均是建立在一种"误推"（Paralogismus），或者说，"言语形式之诡辩"（sophisma figurae dictionis）（B411）之上。另一方面，他全面检讨西方传统"自然神学"中关于"上帝存在"的论证（包括存有论论证、宇宙论论证与目的论论证），指出它们最后都是建立在一种"先验的幻相"（transzendentaler Schein）之上。总而言之，人类借由其思辨理性（spekulative Vernunft），既无法证明灵魂之不灭，亦无法证明上帝之存在。

---

① I. Kant, *Der Streit der Fakultäten*, KGS, Bd. 7, S. 38.
② 此文收入李明辉、林维杰编：《当代儒家与西方文化：会通与转化》，台湾"中央研究院"中国文哲研究所2007年版，第15—70页。亦收入哈佛燕京学社编：《儒家传统与启蒙心态》，江苏教育出版社2005年版，第228—269页；李志刚、冯达文编：《从历史中提取智慧》，四川出版集团巴蜀书社2005年版，第1—49页；以及李明辉：《儒家与康德》，台湾联经出版事业公司2018年版，第233—286页。
③ I. Kant, *Träume eines Geistersehers, erläutert durch Träume der Metaphysik*, KGS, Bd. 2, S. 372f.；康德著、李明辉译：《通灵者之梦》，台湾联经出版事业公司1989年版，第77页。

然而，当人类的思辨理性走到尽头，"山穷水尽疑无路"之际，却透过其实践理性发现"柳暗花明又一村"。这正是康德在《纯粹理性批判》第二版《前言》中所说："我必须扬弃**知识**，以便为**信仰**取得地位。"（BXXX）此处所谓的"信仰"显然便是指"理性信仰"或"道德信仰"。因此，他在《纯粹理性批判》的《先验方法论》中提出一种"道德神学"（Moraltheologie）的构想，此即"一种对于一个最高存有者的信仰，而此种信仰系建立在道德法则之上"（A632/B660, Anm.），并且在这个基础上将我们对于上帝与来世的信仰称为"道德信仰"（A828/B856）。换言之，这种信仰系建立在一种"道德论证"之上。康德坚信：对于灵魂之不灭与上帝之存在，"道德论证"是唯一可能的论证。

康德在1788年出版的《实践理性批判》一书中为上帝之存在与灵魂之不朽提出了完整的"道德论证"。他从"最高善"（即德行与幸福之成比例的结合）的概念出发，一步步推论"设定"（postulieren）灵魂不灭与上帝存在之必要性。最后，他将"灵魂不灭""上帝存在"与"意志自由"并列为纯粹实践理性的三项"设准"（Postulat）。康德在其1786年发表的《何谓"在思考中定向"？》一文中也谈到一种基于实践理性之需求而对上帝存在的"理性信仰"，并且将它称为"理性底设准"。① 因此，我们可以推断："灵魂不灭"与"上帝存在"这两个"纯粹实践理性底设准"即是康德在《何谓"在思考中定向"？》一文中所说的"理性信仰"。

进而言之，建立于"理性信仰"之上的宗教即是"道德宗教"。康德主要在《宗教》一书中讨论"道德宗教"的概念。这个概念包含"道德"与"宗教"（或"信仰"）两项要素，其涵义取决于这两项要素的关系。一言以蔽之，在"道德"与"宗教"之间，"道德"是首出的，是基础。康德一方面说："道德为了自身之故（无论在客观方面就'意欲'而言，还是在主观方面就'能够'而言），决不需

---

① I. Kant, "Was heißt: Sich im Denken orientieren？", *KGS*, Bd. 8, S. 140f.

要宗教，而是由于纯粹实践理性，它是自足的。"① 换言之，道德独立于宗教之外，不需要以宗教为基础。但在另一方面，他又说："道德必然通向宗教。借此，道德扩展到一个在人之外掌权的道德立法者之理念；在这个道德立法者底意志中，（创世底）终极目的就是能够且应当也是人底终极目的的东西。"② 这里所谓的"道德立法者"显然是指上帝。这个命题与上一个命题并无矛盾，因为它不过是表示：我们可以在实践理性的基础上建立对于上帝的"理性信仰"，而在这个意义下，道德可以延伸到宗教的领域。总而言之，道德为宗教的基础，而非宗教为道德的基础。

就是在这个脉络之下，康德提出了"道德宗教"的概念。他写道：

> ［……］我们可以将所有宗教区分为**邀恩底**（纯然礼拜底）宗教与**道德的**宗教，亦即**良好品行底宗教**。就前者而言，人或者自许上帝能（借由赦免其咎责）使他永远幸福，而他却不必**成为一个更好的人**，或者，如果这对他似乎是不可能的，则甚至自许上帝能**使他成为更好的人**，而他自己除了为此而**祈求**之外，不必再做任何事。既然对一个无所不知的存有者而言，祈求不过是**愿望**而已，则祈求根本等于什么都没有做；因为如果单凭愿望就能做到这点的话，那么每个人都会是好人。但是就道德的宗教（在所有存在过的公开的宗教中，唯有耶教属于此类）而言，有一项原则是：每个人得尽其一切力量，以成为一个更好的人；唯有他为了成为一个更好的人，而发挥了其天赋（《路加福音》第19章第12—16节），运用了其向善的原始禀赋之后，他才能期望其能力不及之处会由更高的协助得到弥补。人甚至完全没有必要知道：这种协助存在于何处；或许根本无法避免的是：如果这种协助发生的方式在某一时刻被启示出来，则不同的人在另一时

---

① I. Kant, *Die Religion innerhalb der Grenzen der bloßen Vernunft* (以下简称 Rel.), *KGS*, Bd. 6, S. 3.

② I. Kant, *Rel.*, *KGS*, Bd. 6, S. 6.

刻会对此形成不同的概念，而且是完全出于真诚。但这样一来，以下的原则也能成立："对每个人而言，知道上帝为其至福做什么或做了什么，并非重要的，且因此不是必要的"；反倒是他应当知道：为了要配得这种援助，**他自己做了什么**。①

依康德之见，"道德宗教"才是真正的宗教，而耶教是唯一的"道德宗教"。至于在耶教传统中所谓的"恩宠"，则来自超自然的力量（上帝），并不属于道德宗教的本质因素。康德将这类的超自然因素——"奇迹"（Wunder）、"秘密"（Geheimnis）、"恩宠底作用"（Gnadenwirkung）、"得到恩宠的手段"（Gnadenmittel）——并列为"理性界限内的宗教之补遗（Parerga）"。② 所谓"奇迹"，是指《圣经》中所载耶稣所行的种种超自然能力，如在水上行走、以五饼二鱼喂饱数千人等。所谓"秘密"，是指召唤、救赎、拣选等无法普遍传达之事。所谓"恩宠底作用"，是指凭借上帝之协助而成为善人或得到至福。所谓"得到恩宠的手段"，则是指为获得上帝之特别协助而采取的手段，如祈祷、上教堂、洗礼、领圣餐等。康德承认：这四种"补遗"在历史上发挥过一定的功能，但它们属于"历史的信仰"（historischer Glaube）或"教会底信仰"（Kirchenglaube），而非"纯粹的理性信仰"。③

《旧约·约伯记》常被引述来说明"恩宠"与"善功"（gutes Werk）的关系。约伯是个奉公守法、行为正直的善人，但却在上帝的默许下遭受倾家荡产、家破人亡、身罹恶疾的厄运。这似乎可以证实路德派"善功并不能保证得救，得救唯靠恩宠"的预定论观点。④

---

① I. Kant, *Rel.*, *KGS*, Bd. 6, S. 51f.
② I. Kant, *Rel.*, *KGS*, Bd. 6, S. 52.
③ I. Kant, *Rel.*, *KGS*, Bd. 6, S. 104 & 106.
④ 例如，路德在《奥斯堡信条》中说："我们的善功不能使我们与上帝和好，或配得免罪、蒙恩、称义；这些事单因信而得，就是我们相信因基督的缘故被接入恩宠之中［……］所以凡靠善功博取恩典的，就是藐视基督的功劳和恩典，想不要基督而凭人力可找到往上帝那里去的路［……］"（马丁·路德著作翻译小组编译：《马丁·路德文选》，中国社会科学出版社2003年版，第60—61页。）

但是康德却在《论辩神论中一切哲学性尝试之失败》一文中对约伯的事迹提出如下的诠释：

> 但是借由对其怀疑之一种如此奇怪的化解方式（即单是证明其无知）而在他产生之信仰也只能进入这样一个人底心灵中，即是：他在其最强烈的怀疑当中能说（第27章第5、第6节）："直到我死亡之日，我都要保持我的虔诚"云云。因为他以这种存心证明：**他并非将其道德建立在信仰之上，而是将信仰建立在道德之上**：在这种情况下，不论这种信仰是多么微弱，但唯有它是纯净而真实的，也就是说，它属于那种并不建立**邀恩底宗教**，而是建立**良好品行底宗教**的信仰。①

康德在这里的思路与他在《宗教》一书中有关"道德宗教"的说法完全一致。根据这种思路，"恩宠"成为无关紧要的东西，这与路德式的预定论观点正好相反。

康德也将这种"道德宗教"称为"自然的宗教"（natürliche Religion）。他在《学科之争论》中写道：

> 耶教是一种宗教之理念，这种宗教一般而言必须以理性为依据，而且就此而言，必定是自然的（natürlich）。但是它包含一种将宗教引进人类当中的手段，即《圣经》。《圣经》底来源被当作超自然的，而就《圣经》（不论其来源为何）在公开的传播与内心的振奋方面有利于理性底道德规范而言，它能被视为宗教之资具，而且作为资具，甚至可被假定为超自然的启示。如今，唯当一种宗教将不承认这样一种启示奉为圭臬时，我们才能将它称为**自然主义的**（naturalistisch）。因此，尽管耶教只是一种自然的宗教，但它并不是一种自然主义的宗教，这是由于它并不否认

---

① I. Kant, "Über das Mißlingen aller philosophischen Versuche in der Theodizee", *KGS*, Bd. 8, S. 267. 黑体为笔者所标示。

《圣经》可以是一种超自然的工具，以便引进宗教，并且建立一个公开教导并宣扬宗教的教会，而只是在事关宗教学说时，不考虑这种来源而已。①

康德在此一方面强调"自然的宗教"必须以理性为依据，但另一方面又为《圣经》中的超自然因素（如启示）保留一个余地，以别于"自然主义的宗教"。

但是从他在《宗教》一书第四卷中有关"自然的宗教"的说法来看，这种保留是有限的。他在此一方面将"自然的宗教"对比于"启示的宗教"，另一方面将它对比于"学问的宗教"：

> **宗教**是（从主观方面来看）关于我们一切作为上帝诫命的义务之知识。如果在一种宗教当中，我为了承认某事为我的义务，必须先知道它是上帝底一项诫命，这便是**启示的**（或需要启示的）宗教；反之，如果在一种宗教当中，我必须先知道某事为义务，才能承认它是上帝底一项诫命，这便是**自然的宗教**。②
>
> 如果我们在画分宗教时不根据其最初的来源及内在的可能性（在这种情况下，它被画分为自然的宗教与启示的宗教），而是根据使它**能向外传达**的特性，那么宗教可以有两种：或为**自然的宗教**，每个人凭其理性都会相信它（如果它曾经存在的话）；或为**学问的**（gelehrte）**宗教**，我们只能凭借学识（他人必须在其中接受其指导）使他人相信它。③

在此，作为"自然的宗教"之对立面的"启示的宗教"与"学问的宗教"其实都涉及对《圣经》的诠释。"启示的宗教"凸显《圣经》

---

① I. Kant, *Der Streit der Fakultäten*, *KGS*, Bd. 7, S. 44f.
② I. Kant, *Rel.*, *KGS*, Bd. 6, S. 153f.
③ I. Kant, *Rel.*, *KGS*, Bd. 6, S. 155.

中所记载的超自然力量,"学问的宗教"则涉及《圣经》中所包含的历史因素,其实两者是一回事,因为《圣经》中所记载的超自然力量系借由历史事迹而呈现。

康德在此还进一步区分作为"自然的宗教"之基督宗教与作为"学问的宗教"之基督宗教。康德并未完全否定后者的意义,而是赋予它一种工具性的意义。他将这两者的主从关系规定如下:"[……]在耶教的信仰学说当中之一种自然的宗教里,普遍的人类理性必须被承认且推崇为最高的命令的原则,而为一个教会提供基础、且需要学者作为阐释者与保存者的启示学说,则必须作为纯然的、但却极度珍贵的工具而被珍惜与培养,以便让前者[按:指自然的宗教]可理解(甚至对于无知者)、可传播而且可持久。"① 换言之,在基督宗教中,"学问的宗教"之意义仅在于帮助一般人理解"自然的宗教",并使它能持久流传。

四、"原罪"说与康德的"根本恶"说

上文提到康德在《宗教》一书第一卷,针对西方传统的原罪说而提出"根本恶"之说。此书于1793年首度以完整的形式出版,但其第一卷已于前一年以《论人性中的根本恶》为题在《柏林月刊》(*Berlinische Monatsschrift*)中发表。康德在此对于"根本恶"的说明牵连到其整套道德哲学系统,而且其中有不少夹缠与晦涩之处,一般读者并不容易理解。笔者在本文开头提到的《康德的"根本恶"说——兼与孟子的性善说相比较》一文中曾详细分析康德的"根本恶"概念,并厘清其中的混淆之处。为避免重复,本文仅就它与原罪说的对比略述其义。

在《宗教》一书中,康德明白地反对西方传统的原罪说,而写道:"不论道德之恶在人内部的根源是什么情况,在一切关于'道德之恶在所有繁衍中通过我们的种属底所有成员而散播并延续'之想法当中,最不恰当的想法是将这种'恶'设想为通过**遗传**(Aner-

---

① I. Kant, *Rel.*, *KGS*, Bd. 6, S. 165.

bung）而从始祖传到我们。"① 其理由并不难理解，因为这种原罪说一则违背康德的"自律伦理学"及其中所包含的"道德责任"之义，再则与其"道德宗教"的概念如圆凿方枘，扞格不入。

在讨论"根本恶"的概念之前，我们有必要先说明康德在这个脉络中所理解的"人性"（Menschennatur/Natur des Menschen/menschliche Natur）或"本性"（Natur）究竟何所指。简言之，"人性"或"本性"在此并不属于先天的（a priori）层面，而是属于经验的（或自然的）层面，而依康德的划分，不属于"道德底形上学"（Metaphysik der Sitten），而是属于"实践人类学"（praktische Anthropologie）。② 这点认识至为紧要，否则可能会差之毫厘，失之千里。③

就人性论而言，我们很难简单地说康德是性善论者还是性恶论者，因为他一方面承认人性中有三种"向善的原始禀赋"（ursprüngliche Anlage zum Guten），另一方面又承认人性中有"向恶的自然性癖"（natürlicher Hang zum Bösen）。这三种"向善的原始禀赋"分别为：

（1）关于人（作为一个**有生命的**存有者）底**动物性**的禀赋；

（2）关于人（作为一个有生命且同时**有理性的**存有者）底**人情性**（Menschheit）的禀赋；

（3）关于人（作为一个有理性且同时**能负责的**存有者）底**人格性**（Persönlichkeit）的禀赋。④

---

① I. Kant, *Rel.*, *KGS*, Bd. 6, S. 40. 按"原罪"一词的德文 Erbsünde 明白地包含"遗传"（erben）之义。

② 此一划分参阅 I. Kant, *Grundlegung zur Metaphysik der Sitten*, *KGS*, Bd. 4, S. 388—390。

③ 例如，邹晓东将此处的 Natur 与《中庸》的"天命之谓性"相提并论，并反对李秋零将此词译为"本性"，而建议将它译为"本质"。其实是邹晓东自己误将康德的"根本恶"概念置于"道德底形上学"之层面。邹晓东之说见其《"本质"对"本性"：主体性自由概念下的心灵改善困境》，参阅赵敦华主编：《哲学门》，北京大学出版社 2007 年版，第 237—257 页。李秋零的回应则见其《"本性"还是"本质"？——答邹晓东先生》，同上书，第 277—292 页。

④ I. Kant, *Rel.*, *KGS*, Bd. 6, S. 26. 在康德的实践哲学中，Menschheit 一词通常是指人的道德主体，即人格（Person）。此处的用法比较特别，故译为"人情性"，以资区别。

第一种禀赋包括自我保存的本能、繁衍其种属的本能与社会本能。① 它们是人类最基本的本能，构成其道德实践的下层基础。第二种禀赋是指一种"仅靠与他人相比较来判定自己是幸福还是不幸"的本能，亦即追求平等的意识。② 这种本能是促使人类文化发展与进步的动力，有助于人类的道德实践。第三种禀赋则是"对道德法则的敬畏底感受性"，亦即"道德情感"。③ 依康德之见，这种禀赋是我们对道德法则的意识之主观根据；我们若无这种禀赋，便不会感受到道德法则的强制力而服从它。在此意义之下，这种禀赋是我们的道德实践之直接的主观条件。康德总结道："在人类内部的所有这些禀赋均不仅（在消极方面）是**善的**（它们与道德法则不相抵牾），也是**向善**的禀赋（它们有助于遵守道德法则）。它们均是**原始的**，因为它们使人性成为可能。"④

在讨论"向恶的自然性癖"之前，我们有必要先解释"性癖"（Hang）一词的涵义。此词的字面意义是"斜坡"或"倾向"之义，在此则是指"一般而言的人偶然具有的一种爱好（习惯性的欲望）底可能性之主观根据"⑤。尽管"性癖"和"禀赋"均为人性所固有，但康德指出其间的根本区别："性癖之所以别于禀赋者在于：它固然能是天生的，但**可以**不被当成天生的，而是也能被设想为**修得的**（如果它是善的），或是由人自己**招来的**（如果它是恶的）。"⑥ 人的"禀赋"是人与生俱有的能力，无待于后天的修习。就此而言，它们本身是中性的，本无善恶可言；但是就它们能助成人的道德实践而言，它们可以被视为"向善的原始禀赋"。然而，康德指出："性癖"固然是天生的，但也可被设想为后天修得的，这是什么意思呢？宋明儒学中的"气质"概念可以帮助我们了解此义。在宋明儒学的用法

---

① I. Kant, *Rel.*, *KGS*, Bd. 6, S. 26.
② I. Kant, *Rel.*, *KGS*, Bd. 6, S. 27.
③ I. Kant, *Rel.*, *KGS*, Bd. 6, S. 27f.
④ I. Kant, *Rel.*, *KGS*, Bd. 6, S. 28.
⑤ I. Kant, *Rel.*, *KGS*, Bd. 6, S. 28.
⑥ I. Kant, *Rel.*, *KGS*, Bd. 6, S. 28f.

中,"气质"或称"气禀",是指人天生所禀受之生理及心理的特质,就此而言人之特性,即可说是"气质之性"。但人的"气质之性"可以借由道德工夫而改变,故张载说:"学者先须变化气质。"① 如果人的气质根本不可改变,一切道德工夫都没有用,这便成了"气质命定论"。"气质命定论"意谓对意志自由及道德责任之否定。因此,康德的"性癖"概念属于宋明儒者所说的"气质之性"。

既然如此,我们对于"性癖"之形成便有责任可言。如果性癖涉及道德意义的"善""恶",我们甚至要负道德责任。因此,康德说:

> 既然这种"恶"[按:指道德上的恶]只有作为自由意念底决定,才是可能的,但自由意念只能透过其格律而被判定为善的或恶的,故这种"恶"必须存在于"格律违背道德法则"的可能性之主观根据中。再者,如果这种性癖可被假定为普遍地属于人(因而属于其种属底性格),就被称为人类向恶的一种**自然的性癖**。②

如果在人性中不存在这种"向恶的自然性癖",人类也不可能犯"道德之恶"(有别于"自然之恶"),而"道德之恶"又须预设意念之自由。

在这个脉络下,我们有必要对"意念"一词略做说明。在康德后期的著作中,他虽然偶而会混用"意志"(Wille)与"意念"(Willkür)二词,但已隐然对它们加以区别。直到《道德底形上学》一书,他才明白地道出其间的区别:

> 法则出自意志;格律出自意念。在人之中,后者是一种自由的意念;意志所涉及的无非只是法则,既无法被称为自由的,亦

---

① 张载:《经学理窟·义理》,载《张载集》,中华书局1978年版,第274页。
② I. Kant, *Rel.*, *KGS*, Bd. 6, S. 29.

无法被称为不自由的。因为意志不涉及行为，而是直接涉及对于行为底格律的立法（因而涉及实践理性本身），所以也是绝对必然的，而且甚至没**办法**受到强制。因此，唯有**意念**才能被称为**自由的**。①

在其他的场合，康德本人也就意志的自我立法而言"意志之自由"。但是此处所说的"意念之自由"显然是就意念的抉择能力而言。由此可推知：他所谓"向恶的自然性癖"必须预设意念的抉择能力。就此而言，康德的观点近于佩拉纠，而远于奥古斯丁。

康德进而区分三种不同等级的"向恶的自然性癖"：

> **第一种**是人心在对所采格律的一般而言的遵循中的软弱，或者说人性底**脆弱**；**第二种**是将非道德动机与道德动机相混（甚至在出于善的意图、依据"善"底格律而行之际）的性癖，亦即**不纯**；**第三种**是采取恶的格律之性癖，亦即人性或人心底**邪辟**。②

第三种性癖是程度最高的"恶"。它事实上是一种"人心之颠倒"，即是意念采取"将出于道德法则的动机置诸其他（非道德的）动机之后"的格律。③ 康德论"根本恶"，主要是就这种"向恶的性癖"而言。

由此可知：康德之所以提出"根本恶"，主要是为了说明"道德之恶"的根源。他一方面强调：我们不能将"道德之恶"的根源归诸理性，因为这无异承认人类拥有"一种脱离道德法则的、彷佛是邪恶的理性"，亦即"一种绝对恶的意志"，而把人类看成像魔鬼一

---

① I. Kant, *Metaphysik der Sitten*, *KGS*, Bd. 6, S. 226. 部分学者（如李秋零、邓晓芒）将 Willkür 译为"任意"，这是以通俗语言来翻译哲学术语，令人不知所云，极为不当。
② I. Kant, *Rel.*, *KGS*, Bd. 6, S. 29.
③ I. Kant, *Rel.*, *KGS*, Bd. 6, S. 30.

样的存有者。① 但这是自相矛盾的,因为作为"善"之根据的实践理性其本身不可能同时是"恶"之根据。另一方面,康德也反对像斯多亚学派一样,将"恶"之根源置于感性及自然爱好。因为他认为:"**自然爱好就其自身而观之,是善的**,亦即不可摒弃的;而想要根除它们,不仅是徒然的,也是有害而应受谴责的。"② 总而言之,"道德之恶"的根源既不在于理性本身,亦不在于感性之中。然则,它究竟在何处呢?要了解"根本恶"的涵义,就必须回答这个问题。

在这个问题脉络中,我们得先厘清"根源"(Ursprung)一词的涵义。对此,康德解释道:

> **根源**(最初的根源)是一个结果之源自其最初的原因,亦即这样的原因:它不再是另一个同类的原因之结果。它或者可被当作**理性上的根源**,或者可被当作时间性上的根源来考察。在第一个意义下,只有结果之**存在**被考察;在第二个意义下,结果之**发生**被考察,因而结果作为事件而涉及它**在时间中的原因**。如果这个结果关联到一个依自由底法则与它相联结的原因,就像在"道德之恶"底情况下,则"意念被决定去产生这个结果"一事不被设想为在时间中与其决定根据相联结,而是被设想为仅在理性底表象中与之相联结,并且无法由任何一个**先前的**状态被推衍出来。反之,如果恶的行为作为宇宙中的**事件**而关联到其自然原因,上述的情形就必然发生。因此,将自由的行为当作自由的行为而寻求它们在时间上的根源(彷佛视之为自然底结果),是一项矛盾。因之,只要人底道德特质被视为偶然的,寻求它在时间上的根源也是一项矛盾。因为这个特质表示自由底**运用**之根据,而这个根据(就像一般而言的自由意念底决定根据)只能求诸理性底表象中。③

---

① I. Kant, *Rel.*, *KGS*, Bd. 6, S. 35.
② I. Kant, *Rel.*, *KGS*, Bd. 6, S. 58.
③ I. Kant, *Rel.*, *KGS*, Bd. 6, S. 39f.

康德在此所述，预设他在《纯粹理性批判》中讨论纯粹理性之第三背反时所说的"双重因果性"，即"自然底因果性"（Kausalität der Natur）与"借由自由的因果性"（Kausalität durch Freiheit）①。"自然底因果性"系发生于时间之中，受制于因果律；在此，每一事件（包括人的行为）均为其先前的原因所决定，故无自由可言。反之，"自由底因果性"则预设"先验的自由"（transzendentale Freiheit）（A446/B474），即"自动地开启一个状态的能力，因而其因果性并不再依自然法则而受制于另一个在时间上决定它的原因"（A533/B561）。康德将这两种因果性分别划归于"现象"与"物自身"的层面，以化解两者间的表面矛盾。"先验的自由"可说是"意志之自由"。在"先验的自由"之基础上还有一种"实践意义的自由"，即是"意念之无待于感性底冲动之强制"。这即是上文所说的"意念之自由"（A534/B562）。如果我们要探求"道德之恶"在时间上的根源，就得根据因果律将它置于一个无穷的因果系列中，使它成为被先前的原因所决定的事件。这无异于否定其自由（无论是"先验的自由"还是"实践意义的自由"），使它仅成为"自然之恶"，而非"道德之恶"。因此，所谓"道德之恶"的"根源"便只能指"理性上的根源"，只能求诸"理性底表象"，即"格律"中。这便隐含对传统的原罪说之否定，因为传统的原罪说正是在时间中寻求"道德之恶"的"根源"（人类始祖亚当之犯罪）。康德说："只要人底道德特质被视为偶然的，寻求它在时间上的根源也是一项矛盾。"这就是说，只要我们承认：人在道德上的善、恶并非定然的，亦即，他拥有选择为善或为恶的自由，我们就不能在时间中寻求这种"善"或"恶"的根源。换言之，道德意义的"善""恶"预设人的自由。

到此为止，我们还停留在"道德底形上学"之领域，而如上文所述，"根本恶"是个实践人类学的概念，它能进一步说明什么呢？康德解释说：

---

① I. Kant, *KrV*, A444—451/B472—479, A532—537/B560—565.

康德与原罪说

  由于我们的格律之被采纳底最初根据（这个根据本身总是又得存在于自由的意念中）不会是一个能在经验中出现的事实，故在人之中的"善"或"恶"（关乎道德法则而作为这项或那项格律之被采纳底最初的主观根据）称为天生的，仅仅就这个意义而言：它先于自由之一切在经验中出现的运用（在最早的幼年期回溯至出生时）而被置为基础，且被设想为在出生时已存在于人之中，而不是说：出生就是其原因。①

此处所谓"我们的格律之被采纳底最初根据"，即是指"根本恶"。他说：这"不会是一个能在经验中出现的事实"，很容易引起误解，使人以为"根本恶"像道德法则一样，是"先天的"（a priori）。"先天的"与"天生的"（angeboren）二词的涵义完全不同，不可混为一谈。后者来自拉丁文的 innatus，是个自然概念，而非形而上学概念。"根本恶"既然是个实践人类学的概念，它不可能是"先天的"，而只能是"天生的"。其实，康德在此所说的"经验"并非指一般而言的"经验"，而是特指个人的经验。康德的意思是说：我们的个人经验只能证明"恶"之存在，若要追溯其起源，就得超越个人经验，上溯至我们出生之前。康德说"根本恶"是"天生的"，并非意谓：它是因我们的出生而产生，而是意谓：其起源甚为久远，早在我们个人出生之前已经存在于人类的种属之中。

  讨论至此，我们仍不免会问：如果"根本恶"在我们出生之前早已存在于人类的种属之中，我们如何能为其形成负责呢？其答案见诸以下的一段文字之中：

  当我们说"人在本性上是善的或恶的"时，我们所意指的"人"并非个人（因为这样一来，我们就能假定一个人在本性上是善的，另一个人在本性上是恶的），而是我们有权意指全人类。这点要进而得到证明，就得在人类学的研究中显示：使我们

---

① I. Kant, *Rel.*, *KGS*, Bd. 6, S. 21f.

· 93 ·

有权将两种性格之一当作天生的而归诸一个人的那些理由，令人提不出理由将任何人当作例外，且因此这种性格适合于全人类。①

由此可见，"根本恶"并非指个人的特质，而是指人类共有的普遍特质；换言之，它并非就人的特殊性而言，而是就其普遍性而言。"根本恶"之所以是普遍的，是因为它是人类对于其自由的运用之共同的人类学预设。鉴于道德之恶存在于人类当中的事实，我们可以推断这种"恶"在人性中有其根据，此即"根本恶"。因此，"根本恶"自始便与人类对其自由的运用相伴而生。当人类的远祖亚当开始使用其自由为恶时，"根本恶"便形成了。因此，康德在《人类史之臆测的开端》一文中说："**自然**底历史由'善'开始，因为它是**上帝底作品**；**自由**底历史由'恶'开始，因为它是**人类底作品**。"② 作为亚当的后代，我们的人性中也隐含着这种"向恶的性癖"，所以它可说是"天生的"。但由于我们拥有"实践意义的自由"，这种性癖并无法决定我们的意念。因此，当我们的意念顺着这种性癖而采纳恶的格律时，我们依然要为它负责；而在这个意义下，"根本恶"也可说是"修得的"。

综合以上所述，康德的"根本恶"说与传统的"原罪"说之根本区别在于：前者肯定人的自由，并且能证成"道德责任"的概念，后者无法证成我们通常所理解的"自由"，特别是意念的自由（抉择的自由），并因而使"道德责任"的概念落空。因此，康德有意以"根本恶"说来取代传统的"原罪"说。在《宗教》一书中，康德于解释了其"根本恶"说之后，语重心长地写道：

这与《圣经》所使用的表述方式——即将"恶"底根源描

---

① I. Kant, *Rel.*, *KGS*, Bd. 6, S. 25.

② I. Kant, "Mutmaßlicher Anfang der Menschengeschichte", *KGS*, Bd. 8, S. 115；李明辉译注：《康德历史哲学论文集》，第203页。

述为它在人类种属中的一个**开端**——相当吻合；因为《圣经》在一个故事中说明这个开端，而在那里，依事物底本性（不考虑时间底条件）必须被设想为最初的东西，显现为在时间上最初的东西。根据这种表述方式，"恶"并非始于一种作为基础之向恶的性癖，因为不然的话，"恶"底开端就不会是源于自由，而是源于**罪**（这意指违背作为**上帝诫命**的道德法则）；而人在一切向恶的性癖以前的状态称为**天真**（Unschuld）底状态。道德法则先作为**禁令**而出现，而它对于人（作为一个并不纯粹、而是受到爱好诱惑的存有者）也必然如此（《摩西第一书》第2章第16、第17节）。如今，人并不直截了当地遵循这种法则，作为充分的动机（唯有这种动机是无条件地善的，而在此也不会有进一步的疑虑），而是还寻求其他的动机（第3章第6节）——这种动机只能是有条件地（即是就法则不因此而受到损害而言）善的——并且（如果我们将行为设想为有意识地源于自由）将"并非出于义务，而是或许也出于对其他意图的考虑而遵循义务底法则"当作自己的格律。于是他便开始怀疑诫命（它排除其他一切动机之影响）之严格性，接着借诡辩将对诫命的服从贬抑为对一项工具之一种仅是（在我爱底原则之下）有条件的服从；于是，最后他将感性冲动对出于法则的动机之优势纳入行动底格律之中，且因此犯了罪（第3章第6节）。"只要换个名字，这个故事说的就是你。"（"Mutato nomine de te fabula narratur."）从上文可知：我们每天都做同样的事，因而"在亚当身上所有人都犯了罪"，而且还在犯罪；只是在我们身上已预设了一种逾矩底天生性癖，但是在最初的人身上并未在时间上预设这样一种性癖，而是预设了天真，因此在他身上的逾矩称为一种"**堕落于罪**"（Sündenfall），而在我们身上，逾矩则被表述为由我们的本性之已天生的邪恶所产生。但这种性癖所意指的不过是：如果我们想要对"恶"**在时间上的开端**加以**解释**，我们对于每一次故意的逾矩就得在我们生命底前一段时间回溯其原因，直到理性底运用尚未发展的时刻，因而得回溯"恶"底来源，直到一种向恶的性癖（作为自然的基础），而这种性癖因此称为天生的。在最初的人（他被表述为已拥有运用其理性的完全能力）那里，这是不必要的，也是行不通的；因为不然的话，上述的基础（恶的性癖）甚至必定已是天赋的（anerschaffen）；因此，他的罪直接被呈显为由天真而产生。但是我们不可为一种该由我们负责的道德特性寻求任何时间上的根源——尽管我们想要**解释**这种特性之偶然存在时，这是不可避免的（因此，《圣经》也可能根据我们的这项弱点来说明这种起源）。①

在这段文字中，康德根据其"根本恶"说来诠释《旧约·创世记》中的两段经文：一是第2章第16—17节所言："他命令那人：'园子里任何果树的果子你都可以吃，只有那棵能使人辨别善恶的树所结的果子你绝对不可吃；你吃了，当天一定死亡。'"二是第3章第6节所言："那女人看见那棵树的果子好看好吃，又能得智慧，就很羡慕。她摘下果子，自己吃了，又给她丈夫吃；她丈夫也吃了。""只要换个名字，这个故事说的就是你。"（"Mutato nomine de te fabula narratur."）则出自古罗马诗人荷拉修斯②（Quintus Horatius Flaccus，65—8 B.C.）的《谈话集》[（*Sermones*），I，1，69f.］。在这段话当中，康德借其"根本恶"之说来诠释《旧约》中亚当与夏娃偷吃禁果的故事，使之与人的自由与道德责任不相抵牾，亦即将《圣经》的神话加以理性化。亚当因偷吃禁果而"堕落于罪"，是他运用其自由的结果。亚当原先是处于"天真"的状态，而由这种状态"堕落于罪"，并因此开启了"根本恶"。当我们后人犯了同样的罪时，我们可在时间上将其根源上溯至始祖亚当之"堕落于罪"，故可说我们"在亚当身上犯了罪"，这便是我们的"根本恶"。然而，我们的"根本恶"并非由亚当遗传给我们的，而是基于共同的人性，因为我们与始祖亚当犯了同样的罪，即"将出于道德

---

① I. Kant, *Rel.*, *KGS* Bd. 6, S. 41ff.
② 此为台湾译法，大陆多译作贺拉斯。

法则的动机置诸其他（非道德的）动机之后"。对我们后人而言，既然"根本恶"可以追溯到我们的始祖，故它是天生的；既然它是基于我们的自由意念，故我们必须为它负责。总而言之，康德的"根本恶"说不但未取消人的自由与道德责任，反而预设这两者。这是它与传统的原罪说之最大区别。

（原文刊于黄冠闵、赵东明编《跨文化视野下的东亚宗教传统：理论反思篇》，台湾"中央研究院"中国文哲研究所 2012 年版，第 9—44 页。）

王国维与康德哲学

一、王国维研究康德哲学的历程

多年前,笔者曾发表《康德哲学在现代中国》① 一文,详细讨论中国知识界自 19 世纪末以来吸纳康德(Immanuel Kant, 1724—1804)哲学的历程。在该文中,笔者将康德哲学传入中国的过程分为三个阶段:第一阶段,其传入主要凭借日文书刊之转介,以康有为(1859—1927)、梁启超(1873—1929)、章太炎(1869—1936)等人为代表;第二阶段,中国知识界不再以日文书刊为媒介,而是开始直接阅读德文原典,甚至有人亲赴德国学习康德哲学,其代表有蔡元培(1868—1940)、张君劢(1887—1968)、郑昕(1905—1974)等人。到了第三阶段,现代中国最具影响力的三大思潮——马克思主义、自由主义与新儒学——鼎立之势已形成,它们对康德哲学各持不同的立场。但该文有一项阙漏,即忽略了王国维(1877—1927)对康德哲学的吸纳与评介。本文之作,即是要弥补这项阙漏。

依照这三期的区分,王国维对康德哲学的吸纳介乎第一阶段与第二阶段之间。因为一方面,他像康有为、梁启超、章太炎等人一样,借由日本学者的著作来了解康德哲学。但另一方面,他与康、梁、章不同的是,他可以阅读康德著作的英、日文译本。

王国维通日文及英文,这证诸他所翻译的各种日文及英文著作。

---

① 此文收入黄俊杰编:《中华文化与域外文化的互动与融合》(一),喜玛拉雅研究发展基金会 2006 年版,第 89—134 页;亦收入李明辉:《康德哲学在东亚》,台湾大学出版中心 2016 年版,第 1—42 页。其删节版以《康德哲学与现代中国思潮》为题,刊于北京《世界哲学》,2002 年增刊,第 159—174 页。此文另有德文版 "Kants Philosophie im modernen China", in: Ming-huei Lee, *Konfuzianischer Humanismus. Transkulturelle Kontexte* (Bielefeld: transcript, 2013), S. 53—76.

罗振玉于1898年（光绪二十四年，戊戌）3月在上海创立东文学社，这是近代中国第一所日文专科学校。王国维是该校的第一批学生，当时他22岁。他在该校就读的两年半期间，除了学日文之外，亦学英文。① 1902年（光绪二十八年，壬寅）2月，他在罗振玉的资助下，赴日本东京留学，"昼习英文，夜至物理学校习数学。留东京四五月而病作，遂于是夏归国"②。但是在其传记资料中，迄今并无任何关于他学习德文的证据。因此，我们有理由推断：王国维阅读康德与叔本华（Arthur Schopenhauer，1788—1860）的著作，是根据英译本，并参考日译本。

王国维研究康德哲学的过程并不顺利，而是历经了一番波折。在《静庵文集续编》的《自序一》中，王国维对这个过程有详细的叙述。他谈到他在东文学社的求学生涯时写道：

> 是时社中教师为日本文学士藤田丰八、田冈佐代治二君。二君故治哲学。余一日见田冈君之文集中有引汗德、叔本华之哲学者，心甚喜之。顾文字睽隔，自以为终身无读二氏之书之日矣。［……］留东京四五月而病作，遂于是夏归国。［……］自是始决从事于哲学，而此时为余读书之指导者，亦即藤田君也。次岁春，始读翻尔彭之《社会学》、及文之《名学》、海甫定《心理学》之半。而所购哲学之书亦至，于是暂辍心理学而读巴尔善之《哲学概论》、文特尔彭之《哲学史》。当时之读此等书，固与前日之读英文读本之道无异。幸而已得读日文，则与日文之此类书参照而观之，遂得通其大略。既卒《哲学概论》《哲学史》，

---

① 《静庵文集续编·自序一》云："盖余之学于东文学社也，二年有半，而其学英文亦一年有半。时方毕第三读本，乃购得第四第五读本，归里自习之。日进一二课，必以能解为度，不解者且置之。"（载姚淦铭、王燕编：《王国维文集》，第3卷，中国文史出版社1997年版，第471页）以下引用此书时，简称《文集》，连同卷数及页数，直接标注于引文后面，而不用脚注。王国维的原著无现代标点，故引用时不完全依照《文集》之标点。

② 姚淦铭、王燕编：《王国维文集》，第3卷，第471页。关于王国维赴日的时间，几种传记与年谱的说法互有出入，本文根据袁英光、刘寅生编：《王国维年谱长编（1877—1927）》，天津人民出版社1996年版，第27页。

次年始读汪德之《纯理批评》。至《先天分析论》，几全不可解。更辍不读，而读叔本华之《意志及表象之世界》一书。叔氏之书，思精而笔锐。是岁前后读二过，次及于其《充足理由之原则论》《自然中之意志论》及其文集等。尤以其《意志及表象之世界》中《汪德哲学之批评》一篇，为通汪德哲学之关键。至二十九岁，更返而读汪德之书，则非复前日之窒碍矣。嗣是于汪德之《纯理批评》外，兼及其伦理学及美学。至今年从事第四次之研究，则窒碍更少，而觉其窒碍之处大抵其说之不可持处而已。此则当日志学之初所不及料，而在今日亦得以自慰藉者也。（《文集》，Ⅲ：470—471）

在这段文字中，"汪德"即康德，所提到的著作之作者、原书名及出版资料如下：

"翻尔彭①之《社会学》"：

Arthur Fairbanks（1864—1944），*Introduction to Sociology*. New York, 1896.

"及文②之《名学》"：

William Stanley Jevons（1835—1882），*Elementary Lessons in Logic：Deductive and Inductive*. London, 1870. ③

"海甫定④《心理学》"：

Harald Höffding（1843—1930），*Outlines of Psychology*, translated by Mary E. Lowndes. London：Macmillan, 1891. ⑤ 此书之原文为丹麦文，在作者的共同参与下由 F. Bendixen 根据丹麦文本

---

① 今译费尔班克斯。
② 今译杰文斯。
③ 此书有王国维的中译本，题为《辨学》，于1908年由益森印刷局出版。
④ 今译霍夫丁。
⑤ 此书有王国维的中译本，题为《心理学概论》（上、下册），于1907年由商务印书馆出版。

第二版译为德文，即 *Psychologie in Umrissen auf Grundlage der Erfahrung*（Leipzig：Fues's Verlag，1887），英译本再由此一德文本译出。

"巴尔善①之《哲学概论》"：

Friedrich Paulsen（1846—1908），*Introduction to Philosophy*, translated by Frank Thilly. New York：Henry Holt，1895. 此书之原文为德文，题为 *Einleitung in die Philosophie*（Berlin：Hertz，1892）。

"文特尔彭②之《哲学史》"：

Wilhelm Windelband（1848—1915），*A History of Philosophy*. New York：Macmillan，1893. 此书之原文为德文，题为 *Geschichte der Philosophie*（Freiburg i. Br.，1892）。

王国维自述：他读这些书时，"与日文之此类书参照而观之"。由此我们可推断：他阅读康德与叔本华的著作时，也是将英译本与日译本对照着读。这里提到康德的《纯理批评》③ 与叔本华的《意志及表象之世界》④《充足理由之原则论》⑤《自然中之意志论》⑥。但我们不知道王国维当年阅读康德与叔本华的著作时，用的是哪些英译本与日译本。

根据王国维的这番自述，他前后有四次研究康德哲学。第一次是他就读于东文学社时，由田冈佐代治的著作引发了他对康德哲学的兴趣。但当时他的日文与英文能力均不足，故无法进行研究。第二次是

---

① 今译包尔生。
② 今译文德尔班。
③ 即《纯粹理性批判》（*Kritik der reinen Vernunft*，1781，2. Aufl. 1787）。
④ 即《作为意志与表象的世界》（*Die Welt als Wille und Vorstellung*，1819/1844）。
⑤ 即《论充足理由律的四重根源》（*Über die vierfache Wurzel des Satzes vom zureichenden Grunde*，1813）。
⑥ 即《论自然中的意志》（*Über den Willen in der Natur*，1836）。

他从日本归国后的第二年，即 1903 年①。他开始读康德的《纯粹理性批判》，读到《先验分析论》("Transzendentale Analytik")② 时，完全不能理解。他便改读叔本华的《作为意志与表象的世界》。此书第一册的附录是《对康德哲学的批判》("Kritik der Kantischen Philosophie")。王国维透过这个附录才理解康德哲学。他第三次研究康德哲学，是在他 29 岁时，即 1905 年③。由于透过叔本华对康德哲学的批判，他这次不再感到《纯粹理性批判》之难解。他还提到：除了读《纯粹理性批判》之外，他还"兼及其伦理学及美学"。他第四次研究康德哲学，则是在他写这篇自序时，即 1907 年。由于上一次打下的基础，这次他更能理解康德哲学，窒碍之处更少。

上文提到：王国维在第三次研究康德哲学时，"兼及其伦理学及美学"。究竟他读了康德的哪些伦理学与美学著作呢？对此，王国维本人并未交代，但我们可由一项间接的资料约略推知。《教育世界》第 126 号（1906 年 6 月）刊出一篇未署名的译稿《汗德详传》，文末有译者跋语曰："右英人阿薄德之汗德小传，揭于其所译汗德伦理学上之著作之首者也。"（第 93 页）此篇可断定为王国维所译④，发表之时正是他第三次研究康德哲学之次年。跋语中提到的"阿薄德"系指爱尔兰康德专家 Thomas Kingsmill Abbott（1829—1913），而所谓"其所译汗德伦理学上之著作"则是指他所译的 *Kant's Critique of Practical Reason and Other Works on the Theory of Ethics*。此书的第一版于 1873 年出版。王国维所根据的可能是 1889 年的第四版或 1898 年的第五版，《汗德详传》则是摘译自阿保特（即引文中的"阿薄

---

① 王国维在 1902 年夏季自日本返国。他在上引的《自序一》中，先是说："次岁春，始读翻尔彭之《社会学》〔……〕"，接着说："次年始读汗德之《纯理批评》。"这很容易让人误以为他是在 1904 年开始读康德的《纯粹理性批判》。但在《静庵文集》的《自序》中，他却明白表示："癸卯春，始读汗德之《纯理批评》，苦其不可解。"（《文集》，Ⅲ：469）癸卯年是 1903 年。

② 王国维称之为"先天分析论"，系将 a priori 与 transzendental 二词混为一谈。

③ 王国维在《静庵文集》的《自序》中说："今岁之夏，复返而读汗德之书。嗣今以后，将以数年之力，研究汗德。"（《文集》，Ⅲ：469）此序作于光绪三十一年（1905）。

④ 佛雏：《王国维哲学译稿研究》，社会科学文献出版社 2006 年版，第 207—224 页。

德")置于该书译文前面的"Memoir of Kant"。阿保特的这个译本包含康德下列著作的翻译:

(1)《道德底形上学之基础》(*Grundlegung zur Metaphysik der Sitten*, 1785);

(2)《实践理性批判》(*Kritik der praktischen Vernunft*, 1788);

(3)《道德底形上学》(*Metaphysik der Sitten*, 1797)第 1 部《法权论之形上学根基》:《前言》与《道德底形上学之导论》;第 2 部《德行论之形上学根基》:《前言》与《德行论之导论》;

(4)《单在理性界限内的宗教》(*Die Religion innerhalb der Grenzen der bloßen Vernunft*, 1793)第 1 卷:《论人性中的根本恶》;

(5)《论一项出于人类之爱而说谎的假想的权利》("Über ein vermeintes Recht aus Menschenliebe zu lügen", 1797);

(6)《论俗语"事急无法"》("On the Saying 'Necessity Has No Law'"):这是康德的论文《论俗语所谓:这在理论上可能是正确的,但不适于实践》("Über den Gemeinspruch: Das mag in der Theorie richtig sein, taugt aber nicht für die Praxis", 1791)中的一个注解①,标题是阿保特所定的。

由此我们可以推断:除了相关的日文资料外,王国维对康德伦理学的理解主要来自阿保特的这个英译本。

上文提到,王国维于 1903 年第二次研究康德哲学时,读到《纯粹理性批判》的《先验分析论》,完全不能理解;后来读叔本华《作为意志与表象的世界》一书的附录《对康德哲学的批判》,才找到理解康德哲学的关键。这个问题背景需要略加说明。在《纯粹理性批判》的《先验分析论》中最难理解的是《纯粹知性概念之先验推证》("Tranzendentale Deduktion der reinen Verstandesbegriffe")一节。"纯

---

① I. Kant, *Kants Gesammelte Schriften* (Akademieausgabe, Berlin: Walter de Gruyter, 1902ff., 以下简称 *KGS*), Bd. 8, S. 300 Anm.

粹知性概念"即是范畴。康德在该书的第二版全面重写了这一节。这一节之两个版本间的关系是康德研究中一个最难解决的课题。不过，一般认为，第一版比第二版容易理解。叔本华在《对康德哲学的批判》中提到，他阅读《纯粹理性批判》第二版时，觉得该书充满了矛盾；及至读了第一版，发现这些矛盾都消失了。① 在叔本华的时代，大部分通行的《纯粹理性批判》不像现在一样，两版并陈，而是只刊印第二版的文字。因此，叔本华特别强调：

> 没有人在仅读了《纯粹理性批判》的第二版或其后的任何一版之后，就自以为了解此书，并且对康德的学说有一个清晰的概念；这是绝对不可能的：因为他只读了一个残缺的、变质的、在一个程度上不真实的文本。②

我们可以想见，叔本华阅读《纯粹理性批判》的经验有助于王国维突破其理解障碍。

二、王国维关于康德的著作

在此首先要指出：所谓"王国维的著作"一词可以有不同的涵义。依严格的意义来说，这当然是指他自己所撰且已署名的著作。就哲学著作而言，已收入《静庵文集》（1905年）及《静庵文集续编》（1907年）中的相关论文自然属于这类著作。这些论文大部分均曾刊于《教育世界》。《教育世界》是罗振玉在上海所创办的刊物，从1901年5月创刊，到1908年1月停刊为止，共出刊166期。王国维自始就积极参与该刊的编务，并担任撰稿人，因此他的大部分哲学著作均刊于该刊。佛雏搜集了《教育世界》中王国维署名及未署名的哲学论文而未收入《静庵文集》及《静庵文集续编》者，共有署名

---

① A. Schopenhauer, *Die Welt als Wille und Vorstellung*, in: A. Schopenhauer, *Sämtliche Werke* (Darmstadt: Wissenschaftliche Buchgesellschaft, 1989), Bd. I, S. 586f.

② A. Schopenhauer, *Die Welt als Wille und Vorstellung*, in: A. Schopenhauer, *Sämtliche Werke* (Darmstadt: Wissenschaftliche Buchgesellschaft, 1989), Bd. I, S. 587.

者 4 篇、未署名者 40 篇。他将这些论文编成《王国维哲学美学论文辑佚》（上海：华东师范大学出版社，1993 年）。姚淦铭与王燕所编的《王国维文集》第三卷收录了其中的 43 篇①，周锡山所编的《王国维集》（北京：中国社会科学出版社，2008 年）第一、二册则全部收录。在这 44 篇论文中，有不少是王国维从英文或日文翻译（包括编译与节译）过来的论文，严格说来，不能算是他自己的著作，只能说是译作。这些译作必须与王国维表达自己思想的论文加以区别。

本文不拟讨论王国维的全部哲学论文与译作，而将讨论范围局限于与康德哲学有关的论文与译作。笔者将这些论文与译作分为三类：第一，王国维的译作中与康德哲学有关者；第二，王国维自己的论文中直接涉及康德哲学者；第三，王国维借用康德的概念讨论中国哲学的论文。第一类著作包含：

（1）《汗德之哲学说》（未署名，刊于 1904 年 5 月《教育世界》第 74 号）；

（2）《汗德之知识论》（同上）；

（3）《德国哲学大家汗德传》（未署名，刊于 1906 年 3 月《教育世界》第 120 号）；

（4）《汗德详传》（阿保特原著，译者未署名，刊于 1906 年 5 月《教育世界》第 126 号）；

（5）《哥罗宰氏之游戏论》（未署名，刊于 1905 年 7 月至 1906 年 1 月《教育世界》第 104—106/110/115/116 号）；

（6）《哲学概论》[桑木严翼原著，译者署名，收入《哲学丛书初集》（上海：教育世界社，1902 年）]；

（7）《西洋伦理学史要》[西额维克原著，译者署名，刊于 1903 年 9—10 月《教育世界》第 59—61 号，后收入《教育丛书三集》（上海：教育世界社，1903 年）]。

---

① 未收录的一篇是《哥罗宰氏之游戏论》，原因不详。

第二类著作包含：

(1)《汗德像赞》(收入《静庵文集续编》)；
(2)《汗德之事实及其著书》(未署名，刊于1904年5月《教育世界》第74号)；
(3)《汗德之伦理学及宗教论》(未署名，刊于1905年5月《教育世界》第123号)；
(4)《述近世教育思想与哲学之关系》(未署名，刊于1904年7月《教育世界》第128—129号)；
(5)《叔本华之哲学及教育学说》(刊于1904年4/5月《教育世界》第75/77号，后收入《静庵文集》)；
(6)《古雅之在美学上之位置》(收入《静庵文集续编》)。

第三类著作包含：

(1)《孔子之美育主义》(未署名，刊于1904年2月《教育世界》第69号)；
(2)《论性》(刊于1904年1—2月《教育世界》第70—72号，后收入《静庵文集》)；
(3)《释理》(刊于1904年7—9月《教育世界》第82/83/86号，后收入《静庵文集》)；
(4)《原命》(刊于1906年5月《教育世界》第127号，后收入《静庵文集续编》)。

我们先讨论王国维的第一类著作。根据钱鸥的考证，《汗德之哲学说》与《汗德之知识论》二文均译自日本学者桑木严翼（1874—1946）的《哲学史要》一书［东京：早稻田大学出版部，明治三十五年（1902）］的第6编第1章《カントの理性批判》，而《汗德之知识论》则译自该章第38节《認識の対象》。① 但钱鸥未说清楚的

---

① 钱鸥：《王国维与〈教育世界〉未署名文章》，载《华东师范大学学报》（哲学社会科学版）2000年第4期，第121页。

是:《哲学史要》一书并非桑木严翼自己的著作,而是德国新康德学派哲学家文德尔班(Wilhelm Windelband)的 *Geschichte der Philosophie* (Freiburg i. Br., 1892)一书之译本。桑木严翼曾担任东京帝国大学、京都帝国大学哲学教授,其思想方向继承德国新康德学派之西南学派(巴登学派),文德尔班即属于此派。王国维在《静庵文集续编》的《自序一》中提到,他从东京回国后,读"文特尔彭之《哲学史》"。他所读的,或许便是桑木严翼的日译本。又《德国哲学大家汗德传》一文系根据日本学者中岛力造所编的《列传体西洋哲学史》(下卷)[东京:富山房,明治三十一年(1898)]第5编第2章所撰。《汗德详传》一文之出处,上一节已有说明。

至于《哥罗宰氏之游戏论》一文,"哥罗宰氏"是指意大利教育学家 Giovanni Antonio Colozza(1857—1943)①。此文系译自日本教育学家菊池俊谛(1875—1967)所译的《コロッツァ氏游戲之心理及教育》[东京:育成会,明治三十五年(1902)]一书,而该书列为石川荣司所编的《续教育学书解说》第一册②。事实上,这是哥罗宰③的 *Psychologie und Pädagogik des Kinderspiels*(Altenburg: O. Bonde, 1900)一书的翻译。此书经作者的授权,由乌佛尔(Chr. Ufer)从意大利文译为德文,再由菊池俊谛从德文译为日文。王国维译文的第1篇《自心理学上解释游戏》第8节《游戏之分类》论及康德的游戏说如下:

> 汗德亦尝论及游戏,彼于所著《审美理性批判》中论美术曰:"人以是为游戏,而自视为快乐之作业。"此外就自由而多方之感情的游戏,亦尝论之,而分之为三种:一、关于胜负者;

---

① 自从佛雏在《王国维哲学美学论文辑佚》(第424页)中将哥罗宰误作德国哲学家谷鲁斯(Karl Groos, 1861—1946)之后,其余的研究者多沿袭其错误,且不知菊池俊谛之文系译自哥罗宰之书,人云亦云,一错再错,令人浩叹!又佛雏的《王国维哲学美学论文辑佚》及周锡山的《王国维集》,不知何故,仅收录此文之首章。

② 此书原为单行本,后收入石川荣司所编《教育学书解说》增补改订版[东京:育成会,明治三十九年(1906)]。此译稿之出处承蒙陈玮芬与张季琳女士代为查出,特申谢忱。

③ 今译科洛扎。

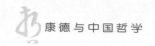

二、关于音乐者；三、关于思考者。汗德本未就游戏之全体，特别研究，故其分类自未完全。然今援举之，亦非无价值之说也。①

所谓"审美理性批判"即是《判断力批判》。哥罗宰所引述的康德之言当是脱胎于该书§43所言："人们将前者［自由的艺术］看成彷佛它只是作为游戏，亦即作为本身就令人适意的活动，而能得出合乎目的的结果（成功）。"② 接着提到的三种游戏即该书§54所谈的"运气游戏"（Glücksspiel）、"音调游戏"（Tonspiel）与"思想游戏"（Gedankenspiel），即赌博、音乐与机智。③

此外，该译文的第2篇《教育史上之游戏》第13节即是《汗德之游戏说》④。此节根据康德的《论教育学》讲义（Über Pädagogik, 1803）介绍康德关于游戏与教育之关系的看法。

桑木严翼的《哲学概论》于明治33年（1900）由东京专门学校出版部出版，王国维随即将它译为中文。此书第5章《哲学の问题：（一）知识哲学》第16节《认识の本质：实在论と观念论》论及康德的知识论，特别是其"物自身"（Ding an sich）的概念，而将此概念视为"汗德之学说中最暧昧者"。此书第6章《哲学の问题：（二）自然哲学》第20节《自然の理想——宗教哲学及美学》亦论及康德美学⑤。

《西洋伦理学史要》是译自英国哲学家西奇威克（Henry Sidgwick, 1838—1900）的 Outlines of the History of Ethics for English Readers（London: Macmillan, 1886）。此书共有四篇，分别为：①《伦理学之概观》；②《希腊及希腊罗马之伦理学》；③《基督教及中世之伦理

---

① 载《教育世界》光绪三十一年（1905）第13期，第51—52页。
② I. Kant, *Kritik der Urteilskraft*, KGS, Bd. 5, S. 304: "Man sieht die erste so an, als ob sie nur als Spiel, d. i. Beschäftigung, die für sich selbst angenehm ist, zweckmäßig ausfallen (gelingen) können."
③ I. Kant, *Kritik der Urteilskraft*, KGS, Bd. 5, S. 331.
④ 载《教育世界》光绪三十一年（1905）第23期，第34—36页。
⑤ 关于桑木严翼此书的内容，参阅佛雏：《王国维哲学译稿研究》，第3—34页。

学》；④《近世之伦理学殊如英国之伦理学》。王国维略去第三篇，仅译出其余三篇。其第四篇论及康德的自由意志论。①

第二类著作系王国维所撰（非译作）。其中，《汗德像赞》是一篇三十六行的四言颂辞，用以赞颂康德。《汗德之事实及其著书》简单介绍康德的生平及著作。《汗德之伦理学及宗教论》简述康德的伦理学与宗教哲学。后两篇论文均是介绍性的文字，当系取材自相关的日文或英文资料，谈不上王国维自己的观点。《述近世教育思想与哲学之关系》介绍近代西方哲学家（包括康德）的教育思想，也谈不上王国维自己的观点。表达王国维自己的观点的是《叔本华之哲学及教育学说》与《古雅之在美学上之位置》二文。

《述近世教育思想与哲学之关系》一文介绍培根（Francis Bacon, 1561—1626，王国维译为"柏庚"）以来西方教育思想的发展，其中有五段介绍康德的教育哲学，所占篇幅最多。

《叔本华之哲学及教育学说》一文固然旨在介绍叔本华的学说，但王国维在此文中系以康德哲学为参照背景，来介绍叔本华的哲学观点。因为王国维认为：

> 自希腊以来，至于汗德之生，二千余年，哲学上之进步几何？自汗德以降，至于今百有余年，哲学上之进步几何？其有绍述汗德之说，而正其误谬，以组织完善之哲学系统者，叔本华一人而已矣。而汗德之学说，仅破坏的，而非建设的。彼憬然于形而上学之不可能，而欲以知识论易形而上学，故其说仅可谓之哲学之批评，未可谓之真正之哲学也。叔氏始由汗德之知识论出而建设形而上学，复与美学、伦理学以完全之系统。然则视叔氏为汗德之后继者，宁视汗德为叔氏之前驱者为妥也。（《文集》，Ⅲ：318）

> 汗德之知识论，固为旷古之绝识，然如上文所述，乃破坏的，而非建设的，故仅如陈胜、吴广，帝王之驱除而已。（《文

---

① 佛雏：《王国维哲学译稿研究》，第73—76页。

集》，Ⅲ：325）

在王国维看来，康德是叔本华的先驱，叔本华则是在康德所奠定的基础上，完成了真正的哲学。

王国维在文中举一例来说明叔本华对康德的这种既继承又批判的关系：

> 于是汗德矫休蒙之失，而谓经验的世界，有超绝的观念性与经验的实在性者，至叔本华而一转，即一切事物，由叔本华观之，实有经验的观念性，而有超绝的实在性者也。故叔本华之知识论，自一方面观之，则为观念论，自他方面观之，则又为实在论，而彼之实在论与昔之素朴实在论异，又昭然若揭矣。（《文集》，Ⅲ：319—320）

"休蒙"即是英国哲学家休谟（David Hume，1711—1776）。康德基于"现象"（Erscheinung）与"物自身"的区别，主张时间、空间与范畴仅适用于现象，不能适用于物自身，故同时具有"经验的实在性"（empirische Realität）与"先验的观念性"（transzendentale Idealität）。因此，他的知识论立场一方面是"经验的实在论"，另一方面是"先验的观念论"。叔本华则将康德认为人类无法认识的物自身等同于意志，因而倒转康德的观点，主张"先验的实在论"，同时即是"经验的观念论"。

《古雅之在美学上之位置》一文则在康德美学的基础上进一步提出"古雅"之说。康德在《判断力批判》中讨论两种审美判断，即关于"美"（das Schöne）的判断与关于"崇高"（das Erhabene）的判断。王国维将"美"与"崇高"分别译为"优美"与"宏壮"。至于"古雅"一词，则是王国维所创，非康德原有的概念。笔者用王国维自己的语言，将其主要观点归纳为以下几点：

（1）"优美"与"宏壮"均是形式之美，"古雅"则是第二层的形式，可谓之"形式之美之形式之美"。

（2）"优美"与"宏壮"均可存在于艺术与自然中，"古雅"则仅存在于艺术中。

（3）关于"优美"与"宏壮"的判断均是先天的，故是普遍的；关于"古雅"的判断则是后天的、经验的，故是特别的、偶然的。

（4）"古雅"一方面是"低度之优美"，另一方面是"低度之宏壮"，但又"在优美与宏壮之间，而兼有此二者之性质"。

（5）康德说："美术是天才之艺术。"但中智以下之人，亦可由修养而创造"古雅"。

这篇论文充分显示出王国维融会康德美学以建立理论的能力。

三、借用康德的哲学概念诠释中国哲学

王国维对哲学的贡献，除了发挥康德的哲学理论之外，主要在于他借用康德的哲学概念来诠释中国哲学。他在《哲学辨惑》一文便明白表示："欲通中国哲学，又非通西洋之哲学不易明矣。［……］异日昌大吾国固有之哲学者，必在深通西洋哲学之人，无疑也。"（《文集》，Ⅲ：5）

在《孔子之美育主义》一文中，王国维一开始便引述康德在《判断力批判》中所述品味判断（Geschmacksurteil）的第一环节（Moment），即在质方面的规定：

> 美之为物，不关于吾人之利害者也。吾人观美时，亦不知有一己之利害。德意志之大哲人汗德，以美之快乐为不关利害之快乐（Disinterested Pleasure）。（《文集》，Ⅲ：155）

但是王国维深具慧识地指出：孔子的美育主义更接近德国诗人席勒（Friedrich Schiller, 1759—1805，王国维译为"希尔列尔"）的观点。他引述文德尔班《哲学史》中的说法：

[……] 如汗德之严肃论中气质与义务对立，犹非道德上最高之理想也。最高之理想存于美丽之心（Beautiful Soul），其为性质也，高尚纯洁，不知有内界之争斗，而唯乐于守道德之法则，此性质唯可由美育得之。（《文集》，Ⅲ：157）①

接着他下一结论：

此希氏最后之说也。故无论美之与善，其位置孰为高下，而美育与德育之不可离，昭昭然矣。（同上）

在康德的伦理学中，人的道德主体是理性主体，它与感性主体之间存在着永远无法消弭的紧张性。故对康德而言，我们人类只能出于敬畏（Achtung）而服从道德法则，而不能自愿服从道德法则（所谓"乐于守道德之法则"）。在这个意义下，"义务"（Pflicht）与"爱好"（Neigung）是对立的。席勒虽不否认理性主体与感性主体间的紧张性，但是他强调：借由道德情感与审美情感之协调，这种紧张性最后会消除，而达到"优美心灵"（schöne Seele，王国维译为"美丽之心"）的境界。此时，"义务"与"爱好"亦统一起来，而成为"对义务的爱好"（Neigung zur Pflicht）②。这其实便是孔子所谓"从心所欲，不逾矩"的境界。王国维就在这种境界中看到孔子与席勒不谋而合的观点：

此时之境界：无希望，无恐怖，无内界之争斗，无利无害，无人无我，不随绳墨而自合于道德之法则。一人如此，则优入圣域；社会如此，则成华胥之国。孔子所谓"安而行之"，与希尔

---

① W. Windelband, *A History of Philosophy* (New York: Harper & Row, 1968, 2nd Edition), p. 602.

② 关于康德与席勒在这个问题上的争论，参阅李明辉：《四端与七情——关于道德情感的比较哲学探讨》，台湾大学出版中心 2005 年版，第 27—48 页；简体字版，华东师范大学出版社 2008 年版，第 20—36 页。

列尔所谓"乐于守道德之法则"者,舍美育无由矣。(《文集》,Ⅲ:157—158)

《论性》一文分析由孔子至陆象山的人性论。特别的是,此文的分析架构与问题意识均来自康德的知识论。王国维写道:

> 今夫吾人之所可得而知者,一先天的知识,一后天的知识也。先天的知识,如空间、时间之形式,及悟性之范畴,此不待经验而生,而经验所由以成立者。自汗德之知识论出后,今日殆为定论矣。后天的知识,乃经验上所教我者,凡一切可以经验之物皆是也。二者之知识皆有确实性,但前者有普遍性及必然性,后者则不然,然其确实则无以异也。今试问:性之为物,果得从先天中或后天中知之乎?先天中所能知者,知识之形式,而不及于知识之材质,而性固一知识之材质也。若谓于后天中知之,则所知者又非性,何则?吾人经验上所知之性,其受遗传及外部之影响者不少,则其非性之本来面目,固已久矣。故断之曰:性之为物,超乎吾人之知识外也。(《文集》,Ⅲ:242—243)

王国维为了证明其"人性不可知"的主张,根据康德的知识论架构设定了一个两难论证。笔者将其论证形式表列如下:

大前提:关于人性的知识或来自先天,或来自后天(经验)。

小前提:关于人性的知识不可能来自先天(因为借由先天的途径,我们只能得到知识的形式,而不及于其材质,而人性却涉及知识的材质),亦不可能来自后天(因为后天知识会受到遗传及外在因素的影响,而无法把握人性的本然状态)。

结　论:我们无法认识人性。

接着,王国维将中国传统的人性论区分为三类:两类基于经验,一类超乎经验。基于经验的人性论面对善、恶对立的经验事实，很容易导致善恶二元论。王国维写道："夫经验上之所谓性，固非性之本，然苟执经验上之性以为性，则必先有善恶二元论起焉。"（《文集》，Ⅲ：243）善恶二元论虽不违背经验上的事实，但无法满足人类知识统一性之要求，故其他的人性论随之而起。王国维写道：

> 故从经验上立论，不得不盘旋于善恶二元论之胯下。然吾人之知识，必求其说明之统一，而决不以此善恶二元论为满足也。于是性善论、性恶论，及超绝的一元论（即性无善无不善之说，及可以为善可以为不善说），接武而起。（《文集》，Ⅲ：243）

王国维将孔子所言"性相近也，习相远也"与"为上智与下愚不移"的观点与告子"生之谓性"的观点同归于"超绝的一元论"。"超绝的一元论"依然是"从经验上推论之，故以之说明经验上之事实，自无所矛盾也"（《文集》，Ⅲ：244）。这种观点虽然能满足知识统一性之要求，但依然要面对经验知识无法认识"性之本来面目"的难题。

至于孟子的性善论与荀子的性恶论，王国维同视之为"超乎经验之外而求其说明之统一"的理论。这种理论的困难在于：

> 至超乎经验之外而求其说明之统一，则虽反对之说，吾人得持其一，然不至自相矛盾不止。何则？超乎经验之外，吾人固有言论之自由，然至欲说明经验上之事实时，则又不得不自圆其说，而复返于二元论。故古今言性者之自相矛盾，必然之理也。（《文集》，Ⅲ：243—244）
>
> 至执性善、性恶之一元论者，当其就性言性时，以性为吾人不可经验之一物故，故皆得而持其说；然欲以之说明经验，或应用于修身之事业，则矛盾即随之而起。余故表而出之，使后之学者勿徒为此无益之议论也。（《文集》，Ⅲ：252）

康德在《纯粹理性批判》的《先验辩证论》中指出：当我们将范畴应用于经验界之外时，就会产生两个相互矛盾的命题，而陷于纯粹理性之"背反"（Antinomie）。在王国维的设想中，性善或性恶之一元论也会遭遇相同的难题，而为了摆脱这理论困境，最后还是不得不回到二元论的立场。

从我们今日的眼光来看，王国维套用康德的知识论架构来诠释中国传统的人性论，未免过于简化而显得生硬，可以商榷之处不少。但要评断此中的是非得失，所牵涉的问题范围过广，超出了本文的目的，故只能就此打住。

《释理》一文从比较的观点进行概念史的分析。他将中国传统哲学的"理"与西方传统哲学的"理性"（logos/ratio/reason/raison/Vernunft）相提并论，进行比较。他的分析预设了叔本华对康德的修正观点。王国维的分析有两个主轴，即"理"之广义与狭义的解释，以及其主观义与客观义。

王国维所谓"理之广义的解释"，是指"理由"之义；所谓"理之狭义的解释"，是指"理性"之义。就"理之广义的解释"而言，他完全接受叔本华在《论充足理由律的四重根源》中所讨论的四种"充足理由律"：

> 至叔本华而复就充足理由之原则，为深邃之研究，曰：此原则就客观上言之，为世界普遍之法则；就主观上言之，乃吾人之知力普遍之形式也。世界各事物，无不入于此形式者，而此形式可分为四种：一、名学上之形式，即从知识之根据之原则者，曰：既有前提，必有结论。二、物理学上之形式，即从变化之根据之原则者，曰：既有原因，必有结果。三、数学上之形式，此从实在之根据之原则者，曰：一切关系由几何学上之定理定之者，其计算之成绩不能有误。四、实践上之形式，曰：动机既现，则人类及动物不能不应其固有之气质而为惟一之动作。此四者，总名之曰"充足理由之原则"。此四分法中，第四种得列诸第二种之形式之下，但前者就内界之经验言之，后者就外界之经

验言之，此其所以异也。要知第一种之充足理由之原则，乃吾人理性之形式，第二种悟性之形式，第三种感性之形式也。(《文集》，Ⅲ：255)

第一种形式表达的是逻辑的必然性，涉及叔本华所谓的"认识之充足理由律"(Satz vom zureichenden Grunde des Erkennens)。① 第二种形式表达的是自然的必然性，涉及叔本华所谓的"变化之充足理由律"(Satz vom zureichenden Grunde des Werdens)，也就是通常所谓的"因果律"。② 第三种形式表达的是数学的必然性，涉及叔本华所谓的"存有之理由律"(Satz vom Grunde des Seins)。③ 第四种形式表达的是道德的必然性，涉及叔本华所谓的"行动之充足理由律"(Satz vom zureichenden Grunde des Handelns/principium rationis sufficientis agendi)，或简称为"动机律"(Gesetz der Motivation)。④ 对于第四种形式，叔本华强调：它所涉及的也是一种因果性，但却是一种特殊的因果性，因为"动机是从内部来看的因果性"。⑤ 正因此故，王国维才说："第四种得列诸第二种之形式之下。"

至于"理之狭义的解释"，王国维首先根据叔本华的观点，将"理性"界定如下：

> 夫吾人之知识分为二种：一、直观的知识；二、概念的知识也。直观的知识，自吾人之感性及悟性得之；而概念之知识，则理性之作用也。直观的知识，人与动物共之；概念之知识，则惟

---

① A. Schopenhauer, *Über die vierfache Wurzel des Satzes vom zureichenden Grunde*, in: A. Schopenhauer, *Sämtliche Werke*, Bd. Ⅲ, S. 173 & 182.

② A. Schopenhauer, *Über die vierfache Wurzel des Satzes vom zureichenden Grunde*, in: A. Schopenhauer, *Sämtliche Werke*, Bd. Ⅲ, S. 48 & 182.

③ A. Schopenhauer, *Über die vierfache Wurzel des Satzes vom zureichenden Grunde*, in: A. Schopenhauer, *Sämtliche Werke*, Bd. Ⅲ, S. 129 & 182.

④ A. Schopenhauer, *Über die vierfache Wurzel des Satzes vom zureichenden Grunde*, in: A. Schopenhauer, *Sämtliche Werke*, Bd. Ⅲ, S. 173 & 182.

⑤ A. Schopenhauer, *Über die vierfache Wurzel des Satzes vom zureichenden Grunde*, in: A. Schopenhauer, *Sämtliche Werke*, Bd. Ⅲ, S. 173.

人类所独有。(《文集》,Ⅲ:256)

这里的"悟性"一词即是康德所谓的 Verstand，如今多译为"知性"。这个定义包含对康德观点的修正，因为康德将直观的知识仅归诸感性，而叔本华则认为："经验直观本质上是**知性**的工作，而感官仅在其感觉中为知性提供大体上贫乏的素材。"①

接着，王国维又根据叔本华的观点批评康德的理性观。他在文中写道：

> 汗德以理性之批评为其哲学上之最大事业，而其对理性之概念，则有甚暧昧者。［……］其下狭义理性之定义也，亦互相矛盾。彼于理性与悟性之别，实不能深知［……］要之，汗德以通常所谓理性者谓之悟性，而与理性以特别之意义，谓吾人于空间及时间中，结合感性以成直观者，感性之事；而结合直观而为自然界之经验者，悟性之事；至结合经验之判断，以为形而上学之知识者，理性之事也。自此特别之解释，而汗德以后之哲学家，遂以理性为吾人超感觉之能力，而能直知本体之世界及其关系者也。［……］至叔本华出，始严立悟性与理性之区别。彼于充足理由之论文中，证明直观中已有悟性之作用存。吾人有悟性之作用，斯有直观之世界；有理性之作用，而始有概念之世界。故所谓理性者，不过制造概念及分合之之作用而已。由此作用，吾人之事业已足以远胜于动物。至超感觉之能力，则吾人所未尝经验也。彼于其《意志及观念之世界》及《充足理由》之论文中，辨之累千万言，然后"理性之概念"灿然复明于世。(《文集》,Ⅲ:256—257)

然后，王国维论及"理"之主观义与客观义。他首先指出：

---

① A. Schopenhauer, *Über die vierfache Wurzel des Satzes vom zureichenden Grunde*, in: A. Schopenhauer, *Sämtliche Werke*, Bd. Ⅲ, S. 100.

> [……]"理"之解释有广狭二义。广义之理,是为理由;狭义之理,则理性也。充足理由之原则,为吾人知力之普遍之形式,理性则知力作用之一种。故二者皆主观的,而非客观的也。然古代心理上的分析未明,往往视理为客观上之物,即以为离吾人之知力而独立,而有绝对的实在性者也。(《文集》,Ⅲ:257—258)

在中西哲学家当中,都有人将这种主观之"理"客观化、实在化,而赋予它以形而上的意涵。在中国传统哲学之中,王国维将朱子的学说归于此类。但在王国维看来,这只是一种"假定","不过一幻影而已"(《文集》,Ⅲ:257,260)。其蔽在于:论者将其由实物抽象而得的概念误认为一个实在之物。在这个脉络中,王国维肯定孟子以"理"为"心之所同然",也盛赞王阳明"心外无理"之说,认为:"我国人之说'理'者,未有深切著明如此者也。"(《文集》,Ⅲ:259)

再者,凡赋予"理"以伦理学意涵者,也是犯了同样的错误,而将伦理学上的理由(即动机)误认为一种客观的性质。因此,王国维在文末总结说:

> 惟理性之能力,为动物之所无,而人类之所独有,故世人遂以形而上学之所谓真,与伦理学之所谓善,尽归诸理之属性。不知理性者,不过吾人知力之作用,以造概念,以定概念之关系,除为行为之手段外,毫无关于伦理上之价值。(《文集》,Ⅲ:265)

总之,王国维否定"理"之客观义,显然呼应叔本华在《作为意志与表象的世界》一书开头所言:"世界即是我的表象。"("Die Welt ist meine Vorstellung.")①

最后,王国维在《原命》一文中讨论中国传统思想中"命"的概念与问题。针对"命"的概念,他区分两种观点:"其言祸福夭寿

---

① A. Schopenhauer, *Sämtliche Werke*, Bd. I, S. 31.

之有命者，谓之定命论（Fatalism）；其言善恶贤不肖之有命，而一切动作皆由前定者，谓之定业论（Determinism）。"（《文集》，Ⅲ：266）接着，他指出："我国之哲学家，除墨子外，皆定命论者也，然遽谓之定业论者，则甚不然。"（同上）他以孟子为例，认为"孟子之为持定命论者，然兼亦持意志自由论"。（同上）Determinism 一词，现在一般译为"决定论"。王国维对这两个语词的用法与目前的一般用法正好相反：目前我们一般将 fatalism 理解为完全否定自由意志的观点，而将 determinism 理解为有可能与自由意志兼容的观点。

王国维还将问题转到西方哲学中关于自由意志与决定论的争论上。在这个脉络中，他谈到康德在《纯粹理性批判》的《先验辩证论》中讨论的第三组背反，即自由与自然底必然性之背反。① 康德借由现象与物自身之区分来化解这组背反：他一方面将先验的自由（transzendentale Freiheit）归诸物自身的领域，而肯定一种"借由自由的因果性"（Kausalität durch Freiheit），另一方面又将自然底必然性归诸现象的领域，而维持因果律的普遍有效性，借此使自由与自然底必然性得以并存。② 就在这个脉络中，康德提出了人的"双重性格"——即"智思的性格"（intelligibler Charakter）与"经验的性格"（empirischer Charakter）——之说，并且以"智思的性格"作为能负道德责任的主体。③

对于康德调停自由意志与决定论的方式，王国维在文中做了大体可靠的介绍：

> 于是汗德始起而综合此二说曰：在现象之世界中，一切事物必有他事物以为其原因，而此原因复有他原因以为之原因，如此递演，以至于无穷，无往而不发现因果之关系。故吾人之经验的品性中，在为因果律所决定，故必然而非自由也。此则定业论之

---

① I. Kant, *Kritik der reinen Vernunft*（以下简称 *KrV*），hrsg. von Raymund Schmidt（Hamburg: Felix Meiner, 1976），A444—452/B472—480（A = 1781 年第一版，B = 1787 年第二版）。
② I. Kant, *KrV*, A532—558/B560—586.
③ I. Kant, *KrV*, A538—541/B566—569.

说真也。然现象之世界外,尚有本体之世界,故吾人经验的品性外,亦尚有睿智的品性。而空间、时间及因果律,只能应用于现象之世界,本体之世界则立于此等知识之形式外。故吾人之睿智的品性,自由的,非必然的也。此则意志自由论之说亦真也。故同一事实,自现象之方面言之,则可谓之必然,而自本体之方面言之,则可谓之自由。而自由之结果,得现于现象之世界中,所谓无上命法是也。即吾人之处一事也,无论实际上能如此与否,必有当如此、不当如此之感。他人亦不问我能如此否;苟不如此,必加以呵责。使意志而不自由,则吾人不能感其当然,他人亦不能加以责备也。今有一妄言者于此,自其经验的品性言之,则其原因存于不良之教育、腐败之社会,或本有不德之性质,或缺羞恶之感情。又有妄言所得之利益之观念,为其目前之动机,以决定此行为。而吾人之研究妄言之原因也,亦得与研究自然中之结果之原因同。然吾人决不因其固有之性质故,决不因其现在之境遇故,亦决不因前此之生活状态故,而不加以责备。其视此等原因,若不存在者然,而以此行为为彼之所自造,何则?吾人之实践理性,实离一切经验的条件而独立,以于吾人之动作中生一新方向。故妄言之罪,自其经验的品性言之,虽为必然的,然睿智的品性不能不负其责任也。此汗德之调停说之大略也。(《文集》,Ⅲ:268—269)

此所谓"经验的品性"即"经验的性格",所谓"睿智的品性"即"智思的性格",所谓"无上命法"即"定言令式"(kategorischer Imperativ)。

对于康德化解第三组背反的方式,以及人的"双重性格"之说,叔本华极为赞赏,誉之为"这位伟大的精神、甚至人类曾经产生之最优美且思想最深刻的东西",是"康德对伦理学最伟大而辉煌的贡献",是"人类的深邃思想之一切成就中最伟大的成就,它与先验感性论同为康德声誉的冠冕上之两颗大钻石"[①]。但是王国维对叔本华

[①] A. Schopenhauer, *Die beiden Grundprobleme der Ethik*, in: A. Schopenhauer, *Sämtliche Werke*, Bd. Ⅲ, S. 621, 704 & 706.

的这番评价显然有所保留。他写道：

> 叔本华亦绍述汗德之说，而稍正其误，谓动机律之在人事界，与因果律之在自然界同。故意志之既入经验界，而现于个人之品性以后，则无往而不为动机所决定。惟意志之自己拒绝，或自己主张，其结果虽现于经验上，然属意志之自由。然其谓意志之自己拒绝，本于物我一体之知识，则此知识，非即拒绝意志之动机乎？则"自由"二字，意志之本体果有此性质否？吾不能知。然其在经验之世界中，不过一空虚之概念，终不能有实在之内容也。（《文集》，Ⅲ：269）

王国维在此将叔本华在《论充足理由律的四重根源》中关于"行动之充足理由律"（动机律）的说法极端化，将人的动机（包含道德动机）亦纳入因果关系中，因而质疑意志之自由。

在此文的结尾，王国维表达了他自己对这个问题的看法：

> 然则吾人之行为，既为必然的，而非自由的，则责任之观念又何自起乎？曰：一切行为必有外界及内界之原因。此原因不存于现在，必存于过去；不存于意识，必存于无意识。而此种原因又必有其原因，而吾人对此等原因，但为其所决定，而不能加以选择。如汗德所引妄言之例，固半出于教育及社会之影响，而吾人之入如此之社会，受如此之教育，亦有他原因以决定之。而此等原因往往为吾人所不及觉，现在之行为之不适于人生之目的也，一若当时全可以自由者，于是有责任及悔恨之感情起。而此等感情，以为心理上一种之势力故，故足为决定后日行为之原因，此责任之感情之实践上之价值也。故吾人责任之感情，仅足以影响后此之行为，而不足以推前此之行为之自由也。余以此二论之争，与命之问题相联络，故批评之于此。又使世人知责任之观念，自有实在上之价值，不必借意志自由论为羽翼也。（《文集》，Ⅲ：269）

王国维显然认为：道德责任与决定论可以兼容，而不必预设意志之自由。这项观点不但与康德的伦理学观点完全对立，也与叔本华的相关观点有出入。在西方伦理学关于自由意志与决定论的讨论中，有的论者主张：道德责任所要求的自由意志与决定论是可以兼容的。这种主张称为"相容论"（compatibilism），相反的观点则称为"不相容论"（incompatibilism）。① 王国维虽未明白否定自由意志，但却将自由意志之说视为不必要，其观点似乎偏向于"不相容论"。

从我们现在的眼光来看，王国维借康德的哲学概念诠释中国哲学之尝试未免仍显得生硬，但是他对康德哲学的理解显然远超过他同时代的康有为、梁启超与章太炎。无怪乎他在《论近年之学术界》中讥评梁启超介绍康德哲学之文②说："如《新民丛报》中之汗德哲学，其纰缪十且八九也。"（《文集》，Ⅲ：37—38）但无论如何，我们对外来文化的吸纳是一个长期的过程，需要诸多世代不断的努力。就中国人对康德哲学的吸纳而言，王国维在他的时代已交出了一份可观的成果。

［原文刊于《中山大学学报》（社会科学版）2009年第6期，第115—126页。］

---

① Derk Pereboom, "Free Will", in: Roger Crisp, eds., *The Oxford Handbook of the History of Ethics* (Oxford: Oxford University Press, 2013), pp. 609—637. "兼容论"的最新例子见 Dana Kay Nelkin, *Making Sense of Freedom & Responsibility* (Oxford: Oxford University Press, 2011)。

② 梁启超曾于1903年至1904年在《新民丛报》第25、26、28、46/47/48号分期发表《近世第一大哲康德之学说》一文。

儒家、康德与德行伦理学

近年来，英语世界出现了一股借西方的"德行伦理学"（Virtue Ethics）①来诠释儒家伦理学之风潮，例如，万百安的《早期中国哲学中的德行伦理学与结果论》②、余纪元的《孔子与亚里士多德的伦理学》③，以及沈美华（May Sim）的《借亚里士多德与孔子来重探道德》④。其后，德行伦理学的提倡者之一斯洛特（Michael Slote）也涉入了此项主题。2008年10月他在台湾政治大学"人文价值讲座"针对"德行伦理学"所发表的系列演讲便属于这类尝试。不过，他所主张的并非亚里士多德式的"德行伦理学"，而是所谓的"情感主义的德行伦理学"（sentimentalist virtue ethics），其主要代表是休谟（David Hume）。他还据此对万百安的上述著作发表了评论。⑤

此趋势之出现无疑是以当代西方德行伦理学之复兴为背景。众所

---

① 在现代中文里，Virtue 一词有"德行""德性""美德"等译法。此词源于希腊文的 areté 及拉丁文的 virtus，包含两种涵义：（1）人的性格中之某种卓越的特质；（2）由于这种特质而表现出来的某种道德行为。前者可译为"德性"，后者可译为"德行"。若要强调这种特质或行为的价值，则可译为"美德"。但为避免行文上的不便，本文一概译为"德行"。

② Bryan W. Van Norden, *Virtue Ethics and Consequentialism in Early Chinese Philosophy* (Cambridge: Cambridge University Press, 2007).

③ Jiyuan Yu, *The Ethics of Confucius and Aristotle* (New York: Routledge, 2007). 此书有林航的中译本：《德性之镜——孔子与亚里士多德的伦理学》，中国人民大学出版社 2009 年版。

④ May Sim, *Remastering Morals with Aristotle and Confucius* (Cambridge: Cambridge University Press, 2007).

⑤ Michael Slote, "Comments on Bryan Van Norden's *Virtue Ethics and Consequentialism in Early Chinese Philosophy*", *Dao: A Journal of Comparative Philosophy*, Vol. 8, No. 3 (September 2009), pp. 289—295; also in his *Essays on the History of Ethics* (Oxford: Oxford University Press, 2010), pp. 53—61. 中文版收入汪文圣编：《汉语哲学新视域》，台湾学生书局 2011 年版，第 533—543 页。

周知，安斯孔①（G. E. M. Anscombe）于1958年发表的论文《现代道德哲学》②引发了复兴德行伦理学的思潮。在这篇论文中，安斯孔将以亚里士多德伦理学为代表的"古代道德哲学"与以康德伦理学与后果论（主要是功利主义）伦理学为代表的"现代道德哲学"强烈对立起来。这个基调在麦金泰尔（Alasdair MacIntyre）的名著《德行之后》（*After Virtue*）中有进一步的发展。自此以后，"德行伦理学"俨然成为"义务论伦理学"（deontological ethics）与"目的论伦理学"（teleological ethics）以外的第三种伦理学类型。

在进一步讨论"德行伦理学"这个概念之前，我想先介绍在最近英语世界有关德行伦理学与儒家思想的讨论中被忽略的两个思想背景。第一个思想背景是当代德国伦理学中的一股思潮，即所谓的"实践哲学之重振"（Rehabilitierung der praktischen Philosophie）。这股思潮是由战后德国的黑格尔研究得到直接的动力。黑格尔提出"道德"（Moralität）与"伦理"（Sittlichkeit）之区别③，并据此批评康德伦理学，认为康德伦理学尚停留在"道德"的阶段，而未进至"伦理"的阶段。在这个意义下，若干德国学者将"实践哲学"——或者黎德尔（Manfred Riedel）所谓的"第二哲学"（die zweite Philosophie）④——上溯至亚里士多德，而将黑格尔视为"实践哲学"在近代的继承者。1960年里特尔（Joachim Ritter）发表《论实践哲学在亚里士多德的奠基》（"Zur Grundlegung der praktischen Vernunft bei

---

① 此为台湾译法，大陆多译作安斯康姆。

② G. E. M. Anscombe, "Modern Moral Philosophy", *Philosophy*, Vol 33 (1958), pp. 1—19; also in: *The Collected Philosophical Papers of G. E. M. Anscombe* (Oxford: Blackwell, 1981), Vol. 3: "Ethics, Religion and Politics", pp. 26—42.

③ 黑格尔的《法哲学大纲》（*Grundlinien der Philosophie des Rechts*）共分为三部，分别讨论"抽象法""道德""伦理"，这三者构成其法哲学的基本架构。

④ Manfred Riedel, *Für eine zweite Philosophie. Vorträge und Abhandlungen* (Frankfurt/M.: Suhrkamp, 1989). 关于黎德尔的"第二哲学"，参阅张鼎国：《黎德尔论"第二哲学"》，载其《诠释与实践》，台湾政大出版社2011年版，第3—26页。

Aristoteles")）一文①,引发了关于"实践哲学之重振"的讨论。其后,黎德尔将观点各异的相关论文编成两巨册的《实践哲学之重振》②,其中不乏知名学者,如史特劳斯③（Leo Strauss）、吕备④（Hermann Lübbe）、伽达默尔（Hans-Georg Gadamer）、阿培尔（Karl-Otto Apel）、伊尔廷（Karl-Heinz Ilting）、波格勒（Otto Pöggeler）、棱克⑤（Hans Lenk）等。尽管德语世界的这股思潮与英语世界的德行伦理学思潮出现于不同的思想脉络之中,但由于这两者均强调回归亚里士多德哲学,故就它们共同面对"康德抑或亚里士多德?"（"Kant or Aristotle?"）这个问题而言,它们却有异曲同工之处。可惜这股德国思潮很少进入英语世界关于德行伦理学的讨论之中,以致英语世界的德行伦理学争论错失了从德语世界吸取相关研究成果的机会。

另一个被忽略的思想背景是当代新儒家借康德哲学诠释儒家思想的进路及其与德行伦理学的关涉。只要是对当代新儒学稍有了解的人都知道:牟宗三借用康德哲学的概念与架构来诠释并分判由先秦至宋明的儒学。在其三巨册的《心体与性体》中,他根据康德的"自律/他律"（Autonomie/Heteronomie）判准,将先秦孔、孟、《中庸》《易传》的伦理学系统判归为自律形态,将荀子判归为他律形态。他又根据这个判准来分判宋明儒学内部的义理系统:北宋的周濂溪、张横渠、程明道三家,其后的陆象山、王阳明一系,以及胡五峰、刘蕺山一系继承孔、孟、《中庸》《易传》的义理方向,代表自律道德;而程伊川、朱子一系则为歧出,代表他律道德。⑥ 所以,他判定朱子是"别子为宗"。在《圆善论》一书（台北:台湾学生书局,1985年）

---

① 原刊于 *Archiv für Rechts- und Sozialphikosophie*, Bd. 46（1960）, S. 179—199;后收入 Manfred Riedel（Hg.）, *Rehabilitierung der praktischen Philosophie*, Bd. 2（Freiburg i. Br.: Rombach, 1974）, S. 479—500.

② Manfred Riedel（Hg.）, *Rehabilitierung der praktischen Philosophie*, 2 Bde.（Freiburg i. Br.: Rombach, 1972/1974）.

③ 此为台湾译法,大陆多译作施特劳斯。

④ 此为台湾译法,大陆多译作吕伯。

⑤ 此为台湾译法,大陆多译作楞克。

⑥ 关于牟宗三对先秦儒学与宋明儒学的分系,特别参阅其《心体与性体》第一册（台湾正中书局1968年版）第一部《综论》前三章。

的前半部,他借康德的"自律"原则来疏解《孟子·告子上》篇的大部分章节及《尽心篇》的若干章节。在此书的后半部,他顺着康德的"最高善"(圆善)问题,来说明儒、释、道三教中的"圆教"型态,借以解决康德在《实践理性批判》中所提出的"德福如何一致"之问题。

如果我们承认康德伦理学是一套义务论伦理学,则根据牟宗三的分析与分判,儒家伦理学基本上也是一套"义务论伦理学"(尽管他并未使用这个术语)。顺着牟宗三的这个思路,笔者曾撰写了一系列论文,收入笔者论文集《儒家与康德》(台湾联经出版事业公司1990年版)之中。由于士林哲学(scholasticism)与亚里士多德哲学间的传统思想渊源,若干具有天主教背景的台湾学者也试图将儒家伦理学诠释为一种"德行伦理学",以与新儒家(尤其是牟宗三)的诠释进路相抗衡,其代表有沈清松、黄藿、潘小慧等人①。笔者曾针对沈清

---

① 其相关著作如下:

(1) 沈清松:《义利再辨——儒家价值层级论的现代诠释》,见其《传统的再生》,台湾业强出版社1992年版,第174—206页;原题为《义利再辨——价值层级论的现代诠释》,载汉学研究中心编:《中国人的价值观国际研讨会论文集》,下册,台湾汉学研究中心1992年版,第959—986页。

(2) 沈清松:《儒家思想与基督宗教的会通》,载其《传统的再生》,第130—150页;原文刊于《哲学与文化》1991年第12期,第1075—1086页。

(3) 沈清松:《德行伦理学与儒家伦理思想的现代意义》,载《哲学与伦理——辅仁大学第三届两岸学术研讨会论文集》,台湾辅仁大学出版社1995年版,第265—297页;亦刊于《哲学与文化》1995年第11期,第975—992页。

(4) 沈清松:《由名学走向儒学之路——陈大齐对台湾儒学的贡献》,载《汉学研究》1998年第2期,第1—27页。

(5) 黄藿:《理性、德行与幸福——亚里士多德伦理学研究》,台湾学生书局1996年版,第1—11页。

(6) 黄藿:《德行伦理学的复兴与当代道德教育》,载《社会文化学报》1999年第9期,第1—17页;亦刊于《哲学与文化》2000年第6期,第522—531页。

(7) 潘小慧:《德行与原则——孔、孟、荀儒家道德哲学基型之研究》,载《文化的传承与发展学术研讨会论文集》,台湾辅仁大学出版社1992年版,第75—87页;亦刊于《哲学与文化》1992年第12期,第1087—1096页。

(8) 潘小慧:《德行伦理学中的人文主义精神——从Virtue Ethics的适当译名谈起》,载《哲学与文化》2006年第1期,第17—29页。

松的说法，澄清他对康德伦理学与儒家伦理学的误解①。

然而，本文开头所提到的三部著作之作者均完全忽略了这个思想背景，不但错失了与中文学界对话的机会，也导致一些误解。譬如，余纪元在其《孔子与亚里士多德的伦理学》一书的开头，将当代新儒家于1958年发表的《为中国文化敬告世界人士宣言》与安斯孔于同年发表的《现代道德哲学》相提并论，分别标志"亚里士多德伦理学的复兴"与"儒学的复兴"，并且强调："实际上，两种复兴的哲学方向是一致的，它们都是一种伦理学的德性论进路。"② 但事实上，这两者所代表的哲学方向完全背道而驰。

交代了上述两个被忽略的思想背景之后，让我们回到"西方伦理学与儒家伦理学的关系"这个问题上。在西方伦理学中，"义务论伦理学"与"目的论伦理学"之划分是一种以二分法为依据的类型学划分（typological distinction），它大体相当于德语世界中"存心伦理学"（Gesinnungsethik）与"功效伦理学"（Erfolgsethik）之划分。简言之，"目的论伦理学"坚持：道德义务或道德价值之最后判准在于其所产生的非道德价值（非道德意义的"善"），如快乐、幸福、功利等。换言之，这类伦理学将道德意义的"善"化约为非道德意义的"善"，或者借用康德的用语来说，将"道德之善"（das moralische Gut）化约为"自然之善"（das physische Gut）。③ 反之，"义务论伦理学"反对将道德意义的"善"化约为非道德意义的"善"，而是坚持：一个行为或行为规则之所以具有道德意义，其最后判准并不在于其所产生的非道德价值，而在于其自身的特性或行为者的动

---

① 李明辉：《存心伦理学、形式伦理学与自律伦理学》，载其《儒家视野下的政治思想》，台湾大学出版中心2005年版，第133—162页；简体字版，北京大学出版社2005年版，第66—108页。

② 余纪元著、林航译：《德性之镜——孔子与亚里士多德的伦理学》，第2—3页；英文本，第2页。其后，他对此说有进一步的发挥，参阅其《新儒学的"宣言"与德性伦理学的复兴》，载中山大学西学东渐文献馆主编：《西学东渐研究》（第1辑），商务印书馆2008年版，第216—233页。

③ I. Kant, *Anthropologie in pragmatischer Hinsicht*, in: *Kants Gesammelte Schriften* (Academieausgabe，以下简称 *KGS*), S. 277.

机。套用西尔柏（John R. Silber）的用语，"义务论伦理学"承认"'善'之异质性（heterogeneity）"①，而"目的论伦理学"则将一切"善"视为同质的。其次，既然对于"义务论伦理学"而言，一个行为的道德价值并非取决于它所产生或可能产生的非道德价值，故其道德价值在于其"道德性"（Moralität），而非其"合法性"（Legalität），换言之，它必须是"出于义务"（aus Pflicht），而不仅是"合于义务"（pflichtmäßig）。

众所周知，《孟子》首章便提出"义利之辨"。"义利之辨"其实便是"道德之善"与"自然之善"的区分，蕴涵"善"之异质性。其实，孔子已有"君子喻于义，小人喻于利"之说（《论语·里仁篇》第16章）。除此之外，孔子在与宰我讨论"三年之丧"的存废时（《论语·阳货篇》第21章），也明确地表达了其义务论的观点。笔者曾有专文详细讨论孔子与宰我在这场对话中所持的伦理学观点及其牵涉到的哲学问题②。宰我要求缩短三年之丧的理由有二：第一是"君子三年不为礼，礼必坏；三年不为乐，乐必崩"；第二是"旧谷既没，新谷既升，钻燧改火，期可已矣"。前者是"后果论"的观点，亦即一种目的论的观点；后者由"实然"（自然规律）去论证"应然"（伦理规范），也预设目的论的观点。反之，孔子要求宰我自问其心安不安，即是将三年之丧的意义建立在行为者的存心之上。这是一种"存心伦理学"的观点，因而蕴涵了义务论的观点。

"义务论伦理学"与"目的论伦理学"之划分既是以二分法为依据，两者便是"既穷尽又排斥"的关系。在此我要特别强调：这两

---

① John R. Silber, "The Copernican Revolution in Ethics: The Good Reexamined", in: Robert Paul Wolff (ed.), *Kant: A Collection of Critical Essays* (Notre Dame: University of Notre Dame Press, 1967), pp. 278—187.

② 李明辉：《〈论语〉"宰我问三年之丧"章中的伦理学问题》，载钟彩钧编：《传承与创新："中央研究院"中国文哲研究所十周年纪念论文集》，台湾"中央研究院"中国文哲研究所1999年版，第521—542页；亦刊于《复旦哲学评论》（第2辑），上海辞书出版社2005年版，第35—50页。此文有德文版 Ming-huei Lee, "Das Motiv der dreijährigen Trauerzeit in *Lunyu* 17.21 als ethisches Problem", in: ders., *Konfuzianischer Humanismus. Transkulturelle Kontexte* (Bielefeld: transcript, 2013), S. 21—41.

种伦理学观点之间存在一种不均衡的对立关系。因为若从目的论伦理学的观点来衡量一个行为的道德价值,则行为者的存心完全无关宏旨,除非它能产生所期望的结果。反之,义务论伦理学虽反对从行为所造成或可能造成的结果去衡量其道德价值,却仍可以承认这类结果具有非道德的价值。以"功利原则"(principle of utility)为例,义务论伦理学虽反对根据它去界定道德价值,但却可能接受它作为衍生的道德原则。例如,康德固然坚持一个行为的道德价值完全无关乎它可能带来的幸福(无论是自己的幸福,还是他人的幸福),却仍将"促进他人的幸福"连同"促进自己的圆满性"一起视为"德行义务"(Tugendpflicht)①;他还进一步由"促进自己的圆满性"这项义务推衍出一项间接的义务,即促进自己的幸福②。不论是自身的幸福,还是他人的幸福,均可归属于"功利原则",故这无异于承认"功利原则"是一个衍生的道德原则。

反之,如果一套"目的论伦理学"多少接受"义务论伦理学"的基本原则,便无异于从"目的论伦理学"的立场撤退。举例而言,当某人面临一项道德抉择,必须在两种行动方案选择其一时,他根据功利原则去衡量这两种行动方案,却发现这两者可能带来的后果太过复杂而难以衡量,或者虽可衡量却难分轩轾。在这种情况之下,如果他在做抉择时将其"存心"的纯粹性(为义务而义务)列入考虑,这便意谓:他已从功利主义的立场撤退,而放弃其观点的一致性。在此,他可能会为自己辩解说:他之所以将存心的纯粹性列入考虑,正是因为这种存心可以带来正面的结果,所以他还是坚守功利主义的立场。但这只是玩弄概念,因为所谓"存心的纯粹性"正是意谓"完全不考虑行为的后果"。因此,只要"目的论伦理学"与"义务论伦理学"的区分是一种严格的理论区分,则在两者之间必然存在一种不均衡的对立关系。在这个意义下,法兰克纳③(William K. Fran-

---

① I. Kant, *Metaphysik der Sitten*, *KGS*, Bd. 6, S. 391ff.
② I. Kant, *Metaphysik der Sitten*, *KGS*, Bd. 6, S. 388. 关于康德伦理学中的德行义务与"幸福"概念,参阅李明辉:《从康德的"幸福"概念论儒家的义利之辨》,载其《儒家与康德》,台湾联经出版事业公司2018年版,第149—197页。
③ 此为台湾译法,大陆多译作弗兰克纳。

kena）所谓"混合的义务论理论"（mixed deontological theory）① 是一个误导的概念。

现在我们便可以开始讨论"德行伦理学"的概念。既然"目的论伦理学"与"义务论伦理学"的区分系建立在一种既"穷尽一切"又"相互排斥"的二分法，在逻辑上便不可能存在第三种伦理学类型，而只可能存在这两种伦理学类型的次级类型，例如，将"德行伦理学"视为"目的论伦理学"的次级类型。当"德行伦理学"的提倡者将"德行伦理学"视为"目的论伦理学"与"义务论伦理学"以外的第三种伦理学类型时，他们便须说明：这种三分法的类型学依据为何？尽管有不少伦理学家试图界定"德行伦理学"的概念，但是这个概念始终含混不清。如果连亚里士多德与休谟如此不同的伦理学立场都可以一起归入这个概念之下，这个概念如何可能不混乱呢？

我们暂且撇开斯洛特所主张的"情感论的德行伦理学"不谈，而将亚里士多德的伦理学当作德行伦理学的主要代表，并且将康德伦理学当作"义务论伦理学"的主要代表，看看两者之间的根本区别何在。我们可以将关于这种区别的流行看法归纳为三点：①义务论伦理学强调"义务"（duty），德行伦理学强调"德行"；②前者强调"原则"（principle）或"规则"（rule），后者强调"性格"（character）；③前者强调"行为"（action），后者强调"行为者"（agent）。

首先，就第一点而言，"义务"（Pflicht）固然是康德伦理学中的重要概念，但"德行"（Tugend）的概念又何尝不重要呢？近年来已有不少学者探讨康德的"德行"概念，以显示这个概念在康德伦理学中的重要地位，例如劳登（Robert R. Louden）②、欧尼尔（Onora S. O'Neill）③、

---

① William K. Frankena, *Ethics* (Englewood Cliffs/NJ: Prentice-Hall, 1973, 2nd edition), pp. 43—45.

② Robert R. Louden, "Kant's Virtue Ethics", *Philosophy*, Vol. 61 (1986), pp. 473—489; also in: Ruth F. Chadwick (ed.), *Immanuel Kant: Critical Assessments* (London: Routledge, 1992), pp. 330—345; Heiner F. Klemme/Manfred Kuehn (eds.), *Immanuel Kant* (Dartmouth: Ashgate, 1999), Vol. II: "Practical Philosophy," pp. 191—207.

③ Onora O'Neill, "Kant after Virtue," *Inquiry*, Vol. 26 (1983), pp. 387—405; idem, "Kant's Virtues," in: Roger Crisp (ed.), *How Should One Live? Essays on the Virtues* (Oxford: Oxford University Press, 1996), pp. 77—97.

强森①（Robert N. Johnson）②、薛尔曼（Nancy Sherman）③、艾瑟（Andrea Marlen Esser）④。贝兹勒⑤（Monika Betzler）编辑的 *Kant's Ethics of Virtue* 一书（Berlin: Walter de Gruyter, 2008）收录了一批相关的论文，颇值得参考。编者在此使用"ethics of virtue"一词，而非"virtue ethics"一词，有其特殊的用意。她在这部论文集的《导论》中表示："此处的论文表示：康德伦理学的确不可被纳入德行伦理学之中。［……］但是康德后期的著作有助于我们了解：德行是其伦理学中的一个核心要素，正因为德行有助于我们尽我们的义务。"（第27页）

众所周知，康德于1797年出版了《德行论之形上学根基》⑥（*Metaphysische Anfangsgründe der Tugendlehre*）一书。在此书中，康德不但对"德行"概念提出详细的说明，还将"促进自己的圆满性"视为一项"德行义务"。根据他自己的说明，这项义务包括：①陶冶自然的圆满性，亦即陶冶我们创造文化的才能；②陶冶我们内在的道德性，亦即陶冶我们的道德情感⑦。笔者完全同意贝兹勒的看法：康德伦理学并不属于以亚里士多德为代表的"德行伦理学"（virtue ethics），但是却包含一套"关于德行的伦理学"（ethics of virtue）。就此而言，以"义务"与"德行"的对比来区分义务论伦理学与德行伦理学，是无意义的。

---

① 此为台湾译法，大陆多译作约翰逊。

② Robert N. Johnson, "Kant's Concept of Virtue", *Jahrbuch für Recht und Ethik*, Bd. 5 (1997), S. 365—387.

③ Nancy Sherman, "Kantian Virtue: Priggish or Passional?" in: Andrews Reath et al. (eds.), *Reclaiming the History of Ethics: Essays for John Rawls* (Cambridge: Cambridge University Press, 1997), pp. 270—296; idem, *Making a Necessity of Virtue: Aristotle and Kant on Virtue* (Cambridge: Cambridge University Press, 1997).

④ Andrea Marlen Esser, *Eine Ethik für Endliche. Kants Tugendlehre in der Gegenwart* (Stuttgart-Bad Cannstatt: Frommann-Holzboog, 2004).

⑤ 此为台湾译法，大陆译作贝茨勒。

⑥ 此书后与《法权论之形上学根基》（*Metaphysische Anfangsgründe der Rechtslehre*）合并为《道德底形上学》（*Metaphysik der Sitten*）一书。

⑦ I. Kant, *Metaphysik der Sitten*, KGS, Bd. 6, S. 386f. & 391f.

就第二点而言，在康德伦理学中，道德原则是指"定言令式"（kategorischer Imperativ），道德规则则是由"定言令式"衍生出来的具体规范。"定言令式"固然是康德伦理学的核心概念，但我们不要忘记：在康德的"自律伦理学"中，定言令式来自道德主体之自我立法，在这个意义下，道德主体是更为根本的。康德在《纯粹理性批判》中谈到人的双重"性格"，即"智思的性格"（intelligibler Charakter）与"经验的性格"（empirischer Charakter）。① "智思的性格"即是道德主体，"经验的性格"则是有待陶冶的质素，包括我们的自然本能、社会习性，乃至道德情感。因此，我们很难说：康德伦理学只重视"原则"与"规则"，而不重视"性格"。澄清了前两点，第三点自然也不难说明。因为在康德伦理学中，道德行为正是道德主体（行为者）的行为，故它不可能只重视"行为"，而不重视"行为者"。

就诠释策略而言，诠释的目的是要使被诠释的对象由不清楚而变得清楚。既然"德行伦理学"的概念如此含混，则借"德行伦理学"来诠释儒家思想的策略只会治丝益棼。举例而言，多年前蔡信安曾发表《论孟子的道德抉择》一文，主张孟子的行为抉择理论是一种"行动功利主义"（act-utilitarianism），但是却以一种"规则义务论伦理学"（rule-deontological ethics）的姿态出现。② 然而，后来他又发表《孟子：德行和原则》一文，认为孟子是一位"德行伦理学家"③，使得孟子的面目更加模糊不清。又如潘小慧一方面承认以孔、孟、荀为代表的儒家伦理学属于"义务论型态，而非目的论型态"，另一方面又强调它不是"一纯粹之义务论型态"，而归结道："以此观孔孟荀儒家的道德哲学，我们发现它基本上正是兼重德行及原则的综合型态，若强为之分辨孰先孰后，吾人以为应理解成以德行为主，

---

① I. Kant, *Kritik der reinen Vernunft*（以下简称 *KrV*），hrsg. von Raymund Schmidt (Hamburg: Felix Meiner, 1976), A444—452/B472—480.（A = 1781 年第一版，B = 1787 年第二版）
② 蔡信安：《论孟子的道德抉择》，载《台湾大学哲学论评》1987 年第 10 期，第 139 页。
③ 蔡信安：《孟子：德行和原则》，载《台湾大学哲学论评》2002 年第 25 期，第 55 页。

兼采义务论伦理之综合型态。"① 如果诚如德行伦理学的提倡者所言，以康德为代表的"义务论伦理学"和以亚里士多德为代表的"德行伦理学"如此针锋相对，她又如何可能在儒家思想中发现这两种伦理学的综合型态呢？

西方学者在借用"德行伦理学"来诠释儒家思想时，也有类似的问题。例如，万百安在其《早期中国哲学中的德行伦理学与结果论》一书中试图界定"德行伦理学"。根据他的说明，"德行伦理学"至少包含四项要素：①对"畅顺的（flourishing）人类生活是什么样子？"的说明；②对"何种德行有助于过这样的生活？"的说明；③对"我们如何获得这些德行？"的说明；④一套解释"人类是什么样子？"的哲学人类学。② 接着，他又提到不同形式的"德行伦理学"：

> 以最温和的形式而言，德行伦理学可被视为对于以后果论或规则义务论看待伦理学的方式之补充，借由为这两种看法之一补上与它相应的、关于人类的德行、畅顺、修养及哲学人类学之说明，而使之完足。然而，以对于德行伦理学之较温和的看法而言，上述的四项要素在逻辑上依待于这种伦理观的后果论侧面或义务论侧面。例如，康德对于上述的四项要素有一套想法，但是它们主要出现于其很少被阅读的《德行论》之中，而且他认为德行帮助人遵循定言令式之义务论约束。以其最极端的表述而言，德行伦理学试图充当一切伦理学之基础，并且完全取代后果论的或规则义务论的基础。③

根据此处所言，"德行伦理学"的涵义广泛到几乎失去标记的作用。

---

① 潘小慧：《德行与原则——孔、孟、荀儒家道德哲学基型之研究》，载《文化的传承与发展学术研讨会论文集》，第81、85页；亦载《哲学与文化》1992年第12期，第1091、1094页。

② Van Norden, *Virtue Ethics and Consequentialism in Early Chinese Philosophy*, pp. 33f.

③ Van Norden, *Virtue Ethics and Consequentialism in Early Chinese Philosophy*, p. 34.

因为就其最极端的形式而言，它与以康德伦理学为代表的义务论伦理学是完全对立的；但是就其较温和的形式而言，连康德伦理学都是一种"德行伦理学"！"德行伦理学"的涵义如此分歧，无怪乎德国学者拉培①（Guido Rappe）在一篇论文中将"古代伦理学的主流"（包括儒家伦理学与亚里士多德伦理学）称为"义务论的德行伦理学"（deontological virtue ethics）！②

尽管康德在其正式出版的著作中并未直接为亚里士多德伦理学定位，但是他在《德行论之形上学根基》的《前言》中却对"幸福主义者"（Eudämonist）提出严厉的批评："［……］如果是 Eudämonie（幸福原则）、而非 Eleutheronomie（内在立法之自由原则）被设定为原理，其结果便是一切道德之 Euthanasie（安乐死）。"③ 这无异是对亚里士多德伦理学的批评。近年来的康德研究已充分显示：康德伦理学并非如许多提倡德行伦理学的人所理解的，与亚里士多德伦理学完全针锋相对，毫无交集，因为它本身也包含一套"关于德行的伦理学"；尽管如此，它毕竟不属于以亚里士多德为代表的"德行伦理学"。而在笔者看来，近年来试图借"德行伦理学"来诠释儒家伦理学的人充其量也只能显示：在儒家伦理学中，我们可以发现"德行"的概念及其相关的特质，但决不足以证明：儒家伦理学属于亚里士多德意义下的"德行伦理学"。

最后，笔者想顺便讨论斯洛特所谓的"情感论的德行伦理学"与儒家伦理学的关系。的确，孟子所说的"四端之心"很容易使人联想到 18 世纪苏格兰的"道德感"（moral sense）伦理学。例如，黄进兴就曾将孟子的"四端之心"理解成一种"具有经验意义的'道德感'"④，并据此而主张："与其说儒家道德哲学与康德哲学相通，

---

① 此为台湾译法，大陆多译作拉佩。
② Guido Rappe, "From Virtue to Virtues: The Development of Virtue Ethics in Ancient Greece and China"，载李明辉、邱黄海编：《理解、诠释与儒家传统：比较观点》，台湾"中央研究院"中国文哲研究所 2010 年版，第 318 页。
③ I. Kant, *Metaphysik der Sitten*, KGS, Bd. 6, S. 378.
④ 黄进兴：《优入圣域——权力、信仰与正当性》，台湾允晨文化出版公司 1994 年版，第 12 页。

毋宁说与康德所反对的赫京生、休谟诸人的学说较为类似，后者咸认为人类具有内在的'道德感'（moral sense）以作为伦理判断的依据。"① 由于康德后期将赫其森②（Francis Hutcheson，即黄进兴所提到的"赫京生"）所说的"道德情感"（moral feeling）归入"他律原则"之列，故黄进兴就此而质疑牟宗三借康德哲学来诠释儒家思想的诠释策略。

针对黄进兴的质疑，笔者曾撰写一系列论文来回应③，甚至发展成《四端与七情——关于道德情感的比较哲学探讨》④ 一书。由于这其中涉及的问题极为复杂，此处无法细论。后期康德之所以反对像苏格兰的"道德感"伦理学那样，以"道德情感"（moralisches Gefühl）作为道德判断的基础，是因为他将一切情感（包括道德情感）均视为感性的，而将它们排除于道德主体的架构之外。尽管如此，在后期康德的伦理学中，道德情感依然保有两项重要的功能，即作为道德动机（道德行为的动力），以及作为道德修养的人类学基础。这两项功能均与其"德行"概念有直接的关联。然而，孟子所说的"四端之心"却不是如黄进兴所言，为一种"具有经验意义的'道德感'"，反而是一种超经验的"情感"，属于现象学伦理学家——如谢勒⑤（Max Scheler，1874—1928）、哈特曼（Nicolai Hartmann，1882—1950）——所说的先天的"价值感"（Wertfühlen）。因此，对孟子而言，道德主体（本心）并不是如康德所理解的，只是一个理性主体，而是带有明显的情感性，并且表现为恻隐、羞恶、辞让、是非四端之情；在此，理性与情感是统一的。

孔子也肯定一个理性与情感统一的道德主体。上文提到：孔子与宰我曾讨论过"三年之丧"的存废问题。在这场对话中，孔子一方面

---

① 黄进兴：《优入圣域——权力、信仰与正当性》，第 14—15 页。
② 此为台湾译法，大陆多译作哈奇森。
③ 这些论文均收入拙著《儒家与康德》之中。
④ 此书于 2005 年由台湾大学出版中心出版，简体字版于 2008 年由华东师范大学出版社出版。
⑤ 此为台湾译法，大陆多译作舍勒。

将"三年之丧"的意义建立在良心之安不安之上("女安则为之"),另一方面又借"报恩原则"(principle of gratitude)来反驳宰我缩短三年之丧的理由("子生三年,然后免于父母之怀。夫三年之丧,天下之通丧也。予也有三年之爱于其父母乎?")。在此,孔子并未像康德那样,将道德主体仅视为一个理性主体,因而剥除其一切情感性。因此,先秦儒家决非如安乐哲(Roger T. Ames)等人所言,将道德判断仅建立在美学的直观,而非对道德原则的反省与运用之上。① 尽管孔子、孟子与康德对道德主体的架构有不同的理解,但这无碍于他们的伦理学同属于"义务论伦理学"。的确,先秦儒家的伦理学包含许多关于"德"的讨论及与此相关的丰富思想资源,但这至多只能证明先秦儒家也有一套"关于德行的伦理学",而不能证明它本身是一套"德行伦理学",因为它不可能同时属于康德式的"义务论伦理学"与亚里士多德式的"德行伦理学"。

(原文刊于《哲学研究》2012年第10期,第111—117页。)

---

① David L. Hall/Roger T. Ames, *Thinking Through Confucius* (Albany: State University of New York, 1987), p. 267.

再论儒家、康德伦理学与德行伦理学
——评唐文明的《隐秘的颠覆》

不久前,笔者发表了《儒家、康德与德行伦理学》①一文,质疑近年来在中西学界流行的以德行伦理学(virtue ethics)来诠释儒家思想之思潮。笔者的质疑主要涉及两点:第一,德行伦理学与康德伦理学的关系;第二,德行伦理学的定义。这两点在逻辑上是相关联的。西方当代的德行伦理学是借由对以康德伦理学为代表的义务论伦理学(deontological ethics)及以功利主义为代表的目的论伦理学(teleological ethics)之批评而被提出的。康德伦理学尤其成为德行伦理学的提倡者之批评对象。批评者极力强调康德伦理学与德行伦理学之差异,借以凸显德行伦理学的特色。在某一意义下可以说,德行伦理学是借由与康德伦理学的对比来界定自己的。如果德行伦理学的提倡者对康德伦理学的诠释有偏差,其自我界定也会受到质疑。近年来在西方出现了一批杰出的康德研究者,如柯尔斯嘉②(Christine M. Korsgaard)、欧尼尔(Onora S. O'Neill)、赫尔曼(Barbara Herman)、贝朗③(Marcia Baron)、薛尔曼(Nancy Sherman)、艾瑟(Andrea Marlen Esser)、贝兹勒④(Monika Betzler)等。他们回应德行伦理学的提倡者对康德伦理学之批评,为康德伦理学提出有力的辩护。

笔者在上述的论文中进而质疑德行伦理学的定义。笔者指出:在

---

① 刊于《哲学研究》(北京)2012年第10期,第111—117页。此文有英文版 Ming-huei Lee, "Confucianism, Kant, and Virtue Ethics", in: Stephen Angle, Michael Slote (eds.), *Virtue Ethics and Confucianism* (New York: Routledge, 2013), pp. 47—55,今收入本书。
② 此为台湾译法,大陆多译作科斯嘉德。
③ 此为台湾译法,大陆多译作巴伦。
④ 此为台湾译法,大陆多译作贝茨勒。

西方伦理学中,"义务论伦理学"与"目的论伦理学"之划分是一种以二分法为依据的类型学划分（typological distinction）。在这种类型学划分中,德行伦理学如何为自己定位呢？它是介乎两者之间呢？还是两者之混合呢？抑或是在两者之外呢？德行伦理学的提倡者最能接受的可能是第三种解释,但是这种解释势必与"义务论伦理学"和"目的论伦理学"之二分相抵牾。对此,德行伦理学的提倡者始终未能提出令人信服的说明。在当代西方伦理学的发展中,德行伦理学的定义与定位已备受争议。可以想见,当如此备受争议的概念被用来诠释儒家思想时,更是治丝益棼。

几乎在笔者发表上述论文的同时,清华大学的唐文明教授出版了其《隐秘的颠覆——牟宗三、康德与原始儒家》（生活·读书·新知三联书店 2012 年版）一书。众所周知,牟宗三援引康德哲学的概念与架构来诠释儒家思想。由于此书旨在批评牟宗三对儒家思想的诠释,势必要涉及康德哲学。此书涉及的范围非常广,它除了讨论牟宗三的道德哲学之外,也论及其政治哲学与历史哲学。当然,它也涉及康德哲学（尤其是康德伦理学）与当代西方哲学（尤其是德行伦理学）。此外,唐文明自己对原始儒家有一套独特的看法。平心而论,唐文明对牟宗三的思想有一定程度的理解。譬如,他在此书第四章《历史的嫁接》中对牟宗三历史哲学的评论显示出他对此一主题并未停留在泛泛的理解层面。本文无意全面评论此书涉及的所有问题,而将评论的重点仅集中于以下两个问题：第一,唐文明对康德伦理学与德行伦理学的理解；第二,唐文明借德行伦理学诠释原始儒家的进路。

先谈第一个问题。唐文明系在康德伦理学与德行伦理学的对比中来界定后者,因此他对康德伦理学的理解非常具关键性。在全书中不断出现的一个语词是"道德主义"（moralism）。唐文明将"道德主义"视为"由康德所肇始的一个不折不扣的现代观念"（《隐秘的颠覆》,第 1 页）。在这个脉络下,唐文明说："从形式的角度上看,道德的根本特征在于理性的自律（autonomy）,尤其是与宗教的信仰—顺从精神相比照而言。"（第 1 页）接着,他指出：

再论儒家、康德伦理学与德行伦理学

> 实际上，无论是诉诸道德情感还是诉诸善良意志，无论是采取义务论（deontology）的形式还是采取效果论（consequentialism）的形式，为他主义（altruism）都是现代道德的要义之一。[……] 道德的这种为他主义倾向有时会通过道德观念的普遍性要求而体现出来，或者是道义的普遍性，或者是功利的普遍性，但隐含在其中的为他主义倾向始终是道德价值的一个实质性要素。（第 2—3 页）

第一章第一节的标题便是"自律与为他：对儒家思想的道德主义解释"，可见他将**理性的自律**与**为他主义**视为"道德主义"的两项主要特征。

由以上的引文可知：唐文明所谓的"道德主义"同时包括义务论（如康德）与效果论（如功利主义）。但是对康德而言，无论是道德情感，还是行为之后果（功利），都是出自"幸福"原则，因而是建立在经验原则之上；两者都属于"他律"（Heteronomie）。① 若如唐文明所言，自律原则与为他主义是"道德主义"的两项主要特征，至少前者就不适用于道德感学派与功利主义。

牟宗三借康德的"自律"概念来诠释孔、孟的道德观，唐文明在其书的第二章《自律的挪用》则全面质疑这点。众所周知，在西方伦理学史中，康德首先借"自律"概念来说明道德的本质。但唐文明对康德的"自律"概念之理解却极为混乱。他引用了麦金泰尔（Alasdair MacIntyre, 1929— ）、黑格尔（Georg Wilhelm Friedrich He-

---

① I. Kant, *Grundlegung zur Metaphysik der Sitten*（以下简称 *GMS*）, in: *Kants Gesammelte Schriften*（Berlin: Walter de Gruyter, 1968, Academieausgabe, 以下简称 *KGS*）, Bd. 4, S. 441f. 康德在此处的正文中虽仅将道德情感归入他律原则，而未谈及功利原则，但在注解中却写道："我把道德情感底原则归入幸福底原则，因为每项经验的兴趣均透过仅由某物带来的适意（不论这种适意之发生是直接而不考虑利益的，还是顾及利益的）而可望对福祉有所帮助。同样地，我们得像赫其森（Francis Hutcheson）一样，将对他人幸福的同情之原则归入他所假定的同一种道德感。"（S. 442）由此可以推断：功利原则亦属于他律原则。此书有笔者的中译本：《道德底形上学之基础》（台湾联经出版事业公司 1990 年版）。此译本之边页附有原书之页码，故读者不难根据其边页找到引文。

gel, 1770—1831)、田立克（Paul Tillich, 1886—1965）、勒维纳斯（Emmauel Levinas, 1906—1996）等人的说法来批评康德的"自律"概念。唐文明认为："自律道德的背后其实是一种律法主义思想，换言之，律法的概念成为这种伦理思想的主导概念。"（第112页）继而又说："康德所提出的绝对命令看起来是人作为理性存在者向自己发出的道德命令，实际上正是对神命论的现代改造，尽管康德在建构自己的义务论体系之时曾非常明确地批评神命论，将神命论排除在道德之外。"（第112—113页）唐文明显然知道康德将神命论归诸道德的他律，但他偏偏要强作解人而说："康德虽然不承认神命论有道德的合理性，但是，他所做的并不是完全推翻神命论，而是通过改造神命论而为神命论找到理性的辩护，也就是为之提供道德的合理性证明。"（第113页，注1）唐文明的说法无异于说：尽管康德反对道德的他律，但他并不是要完全推翻道德的他律，而是要通过对他律的改造而为他律寻求理性的辩护。他的逻辑实在很奇怪。

更离谱的是：唐文明为了要证实他对康德的观点之解读，引述了康德在《道德底形上学之基础》中的一段文字并说：

> 康德又说，道德感概念和一般意义上的完善概念（关联于上帝的神圣意志）尽管都不能为道德奠基，但是二者也不会削弱道德，因此，如果要他在二者之间作一取舍，那么，他"将选择后者，因为它至少使问题的裁决离开感性，并引导到纯粹理性的法庭上。"（第113页，注1）

唐文明在此引述之康德的文字见于该书的第二章末尾。康德在那里列举出四种他律原则之后，对它们加以比较。康德先比较两种经验的他律原则，即自身的幸福与道德情感，并认为后者"较接近道德及其尊严"①。接着，他比较两种理性的他律原则，即"圆满性底形上学

---

① I. Kant, *GMS*, *KGS*, Bd. 4, S. 442.

概念"与"由一个最圆满的神性意志推衍出道德的那个神学概念"①。他认为前者尤胜于后者,因为虽然前者的内容是空洞的,而难以避免概念上的循环,但后者若非陷于概念上的恶性循环之外,则"我们对于上帝底意志还能有的概念(出于荣耀狂和支配欲底特性,且与权力和报复底恐怖表象相结合)必然构成一个与道德正好相反的道德系统底基础"②。根据康德在《实践理性批判》中的说明,"圆满性底形上学概念"系指吴尔夫③(Christian Wolff, 1679—1754)与斯多亚学派的"圆满性"原则,"神学概念"则是指克鲁修斯(Christian August Crusius, 1715—1775)与其他神学的道德家所诉诸之"上帝意志"④。随后,康德写道:

> 但是如果我必得在道德感底概念和一般而言的圆满性底概念(尽管这两者均完全不适于作为道德底基础来支持它,但至少不损害道德)之间作个选择,我将取后者。因为既然后者至少使这个问题底裁决摆脱感性,而诉诸纯粹理性底法庭,则尽管它在这方面也无所决定,却真实地保存(一个自身即善的意志之)不确定的理念,以待进一步的决定。⑤

从上下文可以清楚地看出:康德在这段文字中比较的是赫其森⑥的"道德感"概念与吴尔夫等人的"圆满性"原则,而认为后者更为可取。唐文明竟然误以为这里所谓的"一般而言的圆满性底概念"是"关联于上帝的神圣意志",从而将这段文字误解为康德对神命论的某种肯定,可谓张冠李戴。

唐文明又引述田立克的说法,即将神律理解为自律与他律的统一

---

① I. Kant, *GMS*, *KGS*, Bd. 4, S. 443.
② I. Kant, *GMS*, *KGS*, Bd. 4, S. 443.
③ 此为台湾译法,大陆多译作沃尔夫。
④ I. Kant, *Kritik der praktischen Vernunft*, *KGS*, Bd. 5, S. 40.
⑤ I. Kant, *Kritik der praktischen Vernunft*, *KGS*, Bd. 5, S. 443.
⑥ 此为台湾译法,大陆多译作哈奇森。

（第113页），并指摘牟宗三说："就此而言，牟宗三将基督教的神律道德归于他律道德，并非持平之论而有轻率之嫌。"（第113页，注3）但问题是：在康德的系统中，自律与他律是互相排斥的，如何能统一？而牟宗三将神律道德归诸他律道德，系根据康德的观点，何轻率之有？康德的"自律"原则不是不可批评，但是像唐文明这样，不顾康德文本的涵义与脉络，随便援引一些反对康德伦理学的说法来批评康德的观点，实在没有多大的说服力，这才是轻率。

接着我们可以讨论为他主义的问题。在谈到为他主义是道德主义的要义时，唐文明引述尼采在《快乐的科学》（*Die fröhliche Wissenschaft*）中的说法："尼采曾概括说，根据这种流行的现代道德风尚，'道德行为的本质特征在于无私、自我牺牲，或者是同情和怜悯'。"（第2页）但问题是：唐文明在此却完全曲解了尼采的意思。尼采的完整说法如下：

> 这些道德史学家（尤其是英国人）无足轻重；他们自己通常仍轻信地遵从一套特定的道德之命令，不自觉地充当其持盾牌的扈从与追随者——比方说耶教欧洲之那种迄今仍如此忠实地被传布的民间迷信：道德行为的特征在于无私、自制、自我牺牲，或是在于同感、同情。①

从这段较完整的引文可知：尼采在此所谈论的，根本不是"现代道德风尚"，而是传统的耶教道德观。唐文明居然将尼采对古代耶教道德观的批评移花接木，嫁接到包含康德思想在内的现代道德观之上。

再者，将康德的道德观化约为"为他主义"，也是大有问题的。在其1797年出版的《德行论之形上学根基》（*Metaphysische Anfangsgründe der Tugendlehre*，以下简称《德行论》）一书中，康德

---

① Friedrich Nietzsche, *Die fröhliche Wissensnschaft*, Buch 5, §345, in: Friedrich Nietzsche, *Sämtliche Werke* (Berlin: Walter de Gruyter, 1980, dtv, Kritische Studienausgabe), Bd. 3, S. 578.

的确将"促进他人的幸福"视为一项"德行义务"(Tugendpflicht),但他也同时将"促进自己的圆满性"视为另一项"德行义务"。① 后者包括:①陶冶自然的圆满性,亦即陶冶我们创造文化的才能;②陶冶我们内在的道德性,亦即陶冶我们的道德情感。② 此外,他还进一步由"促进自己的圆满性"这项义务推衍出一项间接的义务,即促进自己的幸福。③ 在《德行论》中,康德在谈到"仁慈底义务"时写道:

> 我意愿其他每个人都对我仁慈(Wohlwollen/benevolentiam);因此,我也应当对其他每个人都仁慈。但既然除了我之外的所有**其他人**不会是**所有人**,因而格律不会具有一项法则底普遍性,但这种普遍性对于责成却是必要的,故仁慈底义务法则将在实践理性底命令中把我当作仁慈底对象而包括进来;并非彷佛我因此而会有责任爱我自己(因为没有义务法则,我也不可避免地会爱自己,且因而对此并无责成可言),而是立法的理性(它在其一般而言的"人"底理念中包含整个种属,因而也包含我)而非人,作为普遍法则之制定者,在相互仁慈底义务中根据平等原则,将我与我以外的其他所有人一起包括进来,并且在"你也愿意善待其他每个人"的条件下,**容许**你对你自己仁慈;因为唯有如此,你的(施惠底)格律才有资格制定普遍的法则,而一切义务法则均以此为依据。④

康德甚至说:"如果我们使'牺牲自己的幸福(其真正的需求),以促进他人底幸福'这项格律成为普遍法则,这将是一项自相矛盾的

---

① I. Kant, *Metaphysik der Sitten*(以下简称 *MS*),*KGS*, Bd. 6, S. 391ff. 此书有笔者的中译本:《道德底形上学》(台湾联经出版事业公司 2015 年版)。此译本之边页附有原书之页码,故读者不难根据其边页找到引文。
② I. Kant, *Metaphysik der Sitten*(以下简称 *MS*),*KGS*, Bd. 6, S. 386f. & 391f.
③ I. Kant, *MS*, *KGS*, Bd. 6, S. 388.
④ I. Kant, *MS*, *KGS*, Bd. 6, S. 451.

格律。"① 因此，康德的伦理学既不属于为我主义（egoism），亦不属于为他主义，而是将我与他人共同纳入道德法则的适用范围内。由此可见，唐文明对康德伦理学的了解是多么片面！

唐文明对康德伦理学的误解还见诸以下的一段话：

> 如果说仁与道德主义的善良意志或同情心都包含着对他人的某种关怀的话，那么二者之着意则是迥异的。道德主义的善良意志或同情心乃是因弱者之处境而发，而仁则是指向特别的个人。这就是说，道德主义只是一种普泛的意愿或情感，对于所施加之对象为谁是无所谓的，实际上是着意于他人不幸落入的某种苦弱处境。而仁则不然，仁作为一种基于人伦之理的差等之爱是因对象的不同而有所不同。故而，仁爱之差等不仅表现在程度上，同时也表现在方式上。对父、母、兄、妹的爱与对师、友乃至对国人的爱不仅在程度上有差异，而且在方式上也有差异，而方式上的差异也正是来自于爱者与被爱者的特殊关系。（第39—40页）

唐文明在这里将儒家的"仁"与他所谓的"道德主义"对立起来。他又将善良意志与同情心相提并论。"善良意志"显然是就康德而言。至于"同情心"，是何所指，则不清楚。在康德以前，以同情为基本的道德原则的是卢梭（Jean Jacques Rousseau, 1712—1778），在康德之后，则是叔本华（Arthur Schopenhauer, 1788—1860）。

在18世纪60年代前半叶，康德曾被卢梭的同情伦理学所吸引，而深受其影响。唐文明所不知道的是：不久之后，康德便放弃了卢梭的观点。唐文明说："道德主义只是一种普泛的意愿或情感，对于所施加的对象为谁是无所谓的，实际上是着意于他人不幸落入的某种苦弱处境。"他所不知道的是：就在一段出自18世纪60年代的文字中，康德也对"普遍的人类之爱"提出了类似的批评。其文如下：

---

① I. Kant, *MS*, *KGS*, Bd. 6, S. 393.

再论儒家、康德伦理学与德行伦理学

> 普遍的人类之爱在人类身上具有某种高贵之物,但它是妄想的。当人们趋向于它时,他们习惯于以渴望和平凡的愿望来欺骗自己。只要他们自己太过依待于事物,他们就无法关切他人的幸运。①

30多年之后,康德在《德行论》中再度表达了类似的看法:

> 如今,在对人的普遍之爱中的仁慈固然在**范围**上最大,但在**程度**上却最小;再者,如果我说:我只是根据对人的普遍之爱而关心此人底安康,则我在此所怀有的关心是可能的关心中最小的。我对其安康只是并非无所谓而已。②

由于唐文明对康德伦理学只有片面的理解,他将康德早已批评过的看法硬是塞给康德,可说对康德极不公平。

至于同情心,康德在《德行论》中固然以"人道"(Menschlichkeit/ humanitas)之名将同情感视为一种义务,但他明白区别两种不同意义的"人道":

> **同甘**(Mitfreude)与**共苦**(Mitleid)[sympathia moralis(道德的同情)]诚然是对于他人之喜悦与痛苦底状态的一种愉快或不快[因此可称为感性的(ästhetisch)]底感性情感(同感、同情的感觉),而自然已在人之中赋予对于这些情感的感受性。但是利用这些情感作为促进实际的且理性的仁慈之手段,在"**人道**"(Menschlichkeit/humanitas)底名义下仍是一项特殊的(尽管只是有条件的)义务;因为在这里,人不仅被视为有理性者,也被视为禀有理性的动物。如今,人道可被置于**彼此互通情感**的**能力**与**意志**[humanitas practica(实践的人

---

① I. Kant, *Bemerkungen zu den Beobachtungen über das Gefühl des Schönen und Erhabenen*, KGS, Bd. 20, S. 25. 这是康德为其拥有的《关于美与崇高之情的考察》一书所作之眉批,出自1764/1765年。

② I. Kant, *MS*, *KGS*, Bd. 6, S. 451.

道）］之中，或是仅被置于对喜悦或痛苦底共通情感的**感受性**（这是自然本身所赋予的）［humanitas aesthetica（感性的人道）］之中。前者是**自由的**，且因此被称为**同情的**（teilnehmend）［communio sentiendi liberalis（自由的感通）］，并且以实践理性为根据；后者是**不自由的**［communio sentiendi illiberalis, servilis（不由的、奴性的感通）］，并且可称为**传播的**（mitteilend）（如温度或传染病之传播），也可称为共情（Mitleidenschaft）；因为它以自然的方式在比邻而居的人当中扩散。只有对于前者才有责任可言。①

康德在这里提到的"对于他人之喜悦与痛苦底状态的一种愉快或不快"其实便是唐文明所谓的"着意于他人不幸落入的某种苦弱处境"之"普泛的意愿或情感"。康德将这种情感视为感性的，因而是不自由的，并将它与"以实践理性为根据"之"实践的人道"严格区别开来。对康德而言，后者才是一种义务。

再者，唐文明将"道德主义的善良意志或同情心"视为"因弱者之处境而发"的"普泛的意愿或情感"，而将儒家的"仁"视为"指向特别的个人"且"基于人伦之理的差等之爱"。然而，这种对比并不能成立。《论语·雍也篇》第30章记载：

> 子贡曰："如有博施于民而能济众，何如？可谓仁乎？"子曰："何事于仁，必也圣乎！尧、舜其犹病诸！夫仁者，己欲立而立人，己欲达而达人。能近取譬，可谓仁之方也已。"

《孟子·离娄下》第29章亦载孟子之言曰："禹思天下有溺者，由己溺之也；稷思天下有饥者，由己饥之也，是以如是其急也。"这些话都不是指向特别的个人，而是指向所有的人。根据唐文明对儒家之"仁"的看法，儒家的伦理观是一种特殊主义（particularism）。这也

---

① I. Kant, *MS*, *KGS*, Bd. 6, S. 456f.

是社会学家韦伯（Max Weber, 1864—1920）与霸生斯①（Talcott Parsons, 1902—1979）的看法。但是已故的林端教授在讨论韦伯对儒家伦理学的诠释时，则特别强调：儒家的"仁"是"普遍主义与特殊主义之综合"②。因此，他将儒家与清教之对比理解为"脉络化的普遍主义"与"去脉络化的普遍主义"之对比。③ 在这个意义下，唐文明仅强调儒家之"仁"是"一种基于人伦之理的差等之爱"，仅是一偏之见。

在另一方面，康德伦理学固然是一种普遍主义的伦理学，但这决非意谓它完全不考虑人际关系的具体脉络。这种考虑具体地见诸康德在《德行论》中提出的"德行义务"（Tugendpflicht）概念。根据康德的说明，"德行义务"是一种"宽泛的义务"，因为它仅规范行为之格律，而非行为本身，故在义务之遵循方面留下回旋的余地。④ 康德将"爱底义务"——包括慈善、感恩与同情之义务——均归诸"德行义务"。以"慈善底义务"为例，如果我身上带了一笔钱要去买药治我儿子的病，在路上碰到一个需要帮助的乞丐。假设我身上的钱刚好只够买药，我可以不给他钱。如果我身上有多余的钱，我可以考虑给这个乞丐一部分钱。我也可以不买药而将全部的钱给他。总而言之，为了履行"慈善底义务"，我的抉择有很大的弹性。我的抉择端视我对具体情境的考虑而定。在这个意义下，"慈善底义务"是宽泛的义务。

在这个脉络下，康德谈到对其他人的"爱底义务"，并且写道：

> 但是一个人却比另一个人对我更为亲近，而且我在仁慈中是

---

① 此为台湾译法，大陆多译作帕森斯。

② Duan Lin, *Konfuzianische Ethik und Legitimation der Herrschaft im alten China. Eine Auseinandersetzung mit der vergleichenden Soziologie Max Webers* (Berlin: Duncker & Humblot, 1997), S. 44—56.

③ Duan Lin, *Konfuzianische Ethik und Legitimation der Herrschaft im alten China. Eine Auseinandersetzung mit der vergleichenden Soziologie Max Webers* (Berlin: Duncker & Humblot, 1997), S. 56—58.

④ I. Kant, *MS*, *KGS*, Bd. 6, S. 390.

对我最为亲近的人。如今,这如何与"爱你的**邻人**(你的同胞)如爱你自己"这项程序相吻合呢?如果(在仁慈底义务中)一个人比另一个人对我更为亲近,因而我有责任对一个人比对另一个人有更大的仁慈,但是我公认对我自己比对其他任何人更为亲近(甚至就义务而言),则我似乎无法说:我应当爱每个人如爱我自己,而不与我自己相矛盾;因为我爱(Selbstliebe)底标准不会在程度上容许任何差异。人们立即了解:这里所指的,不单是**愿望**中的仁慈——它其实只是对其他每个人底安康的一种惬意,而甚至可以对此毫无贡献(人人为己,上帝为我们所有人)——而是一种主动的、实践的仁慈,亦即使他人底安康与福佑成为自己的**目的**(施惠)。因为在愿望中,我能对所有人同等仁慈,但是在作为中,程度却可能依所爱者(其中一个人比另一个人与我的关系更为亲近)之不同而极其不同,而无损于格律之普遍性。①

康德虽然未像儒家一样,具体讨论五伦的关系,但至少讨论过亲子、夫妇、朋友三伦,也像儒家一样,提出"爱有差等"的观点,并且强调这种差别待遇无损于其格律之普遍性。在这个意义下,康德的伦理学可说也包含对脉络性的考虑,而与儒家之"脉络化的普遍主义"相去不远。根据以上所述,唐文明对儒家之"仁"与康德之"道德主义"所做的对比可说完全站不住脚。

关于儒家之"仁"与现代"道德主义"的区别,唐文明还有如下一段令人费解的话:

仁与道德主义的善良意志或同情心之间的巨大差异还表现在后者是以虚无主义的态度对待自身与他人的。道德主义的精神旨趣就在于纯粹自觉自愿的为他主义倾向,在这种精神氛围中,无论自我,还是他人,都因其作为纯粹的道德主体而被赋予人格的

---

① I. Kant, *MS*, *KGS*, Bd. 6, S. 451f.

尊严和高贵性。这样，无论自我还是他人，实际上都是被当作潜在的弱者而看待；而将对于自我与他人之本真性至关重要的人伦之理弃之一旁而罔顾。所以，道德主义实际上是以虚无主义的态度来看待人的，其背后的精神实质就是虚无主义。（第40页）

关于康德伦理学与为他主义的关系，前面已讨论过了，此处不再赘述。这段文字包含四个主要命题：

命题一：道德主义具有为他主义的倾向。

命题二：因此，道德主义对于自我与他人，都因其作为纯粹的道德主体而赋予人格的尊严和高贵性。

命题三：因此，道德主义实际上将自我与他人都当作潜在的弱者来看待。

命题四：因此，道德主义是以虚无主义的态度对待自身与他人。

表面看来，唐文明的逻辑是跳跃的，这四个命题之间的逻辑关联并不清楚。但其实，它们预设了尼采的道德观。尼采从"权力意志"（Wille zur Macht）出发，批判耶教的"奴隶道德"（Sklavenmoral）。唐文明归诸"道德主义"的几项特征——为他主义、人格尊严、虚无主义——都是耶教在"上帝死亡"之后所残留下来的。

但问题是：从尼采的观点来诠释儒家传统，是适当的吗？尼采与儒家的距离远远超过康德与儒家的距离。就"人格尊严"的问题而言，尼采严厉批评"人格尊严"之说①，但孟子却肯定人有尊严。在孟子，相当于"尊严"的概念是"良贵"："人人有贵于己者，弗思耳矣。人之所贵者，非**良贵**也。赵孟之所贵，赵孟能贱之。"（《告子上》第17章）这也就是他所谓的"所欲有甚于生者"（《告子上》

---

① Stefan Lorenz Sorgner, *Menschenwürde nach Nietzsche. Die Geschichte eines Begriffs* (Darmstadt: Wissenschaftliche Buchgesellschaft, 2010), S. 109—211.

第10章)。在同一章中,孟子还提到:"一箪食,一豆羹,得之则生,弗得则死。呼尔而与之,行道之人弗受;蹴尔而与之,乞人不屑也。"为的就是尊严。① 依唐文明的说法,孟子岂不也是"以虚无主义的态度对待自身与他人"?

现在让我们看看唐文明如何界定"义务论伦理学"与"德行伦理学"(唐文明译为"美德伦理学")。他将两者的对比归纳为以下三点:

> 首先,义务论与功效主义(Utilitarianism)一样,对行动的关注甚于对作为行动者的人的关注;而美德伦理学则相反,对作为行动者的人的关注甚于对行动的关注。换言之,前者着意于行事之规矩,后者则着意于成人之教导;前者关注行为之正当与不当,后者关注人格之美善或丑恶。(第114—115页)
>
> 其次,义务论与美德伦理学的根本性差异表现在基本术语的不同上。义务论的基本术语是正当与不当、职责与义务,美德伦理学的基本术语则是美善与丑恶、有德与缺德。(第120页)
>
> 再次,义务论与美德伦理学对于伦理或道德生活中行为动机的解释很不相同。前者认为,道德行为的动机在于对义务的遵从,也就是义务感;后者则认为,与践行者自身之所是密切相关的欲望和目的乃是行为之动机所在。(第123页)

在所谓"德行伦理学的复兴"(revival of virtue ethics)之前,西方伦理学的教科书通常区分两种伦理学的类型,即"义务论伦理学"与"目的论伦理学"。例如,法兰克纳②(William K. Frankena, 1908—1994)在其1963年初版的《伦理学》③ 一书中,便将伦理学

---

① 关于孟子对人性尊严的肯定,参阅 Heiner Roetz, "The 'Dignity within Oneself': Chinese Tradition and Human Rights", in: Karl-Heinz Pohl (ed.), *Chinese Thought in a Global Context* (Leiden: Brill, 1999), pp. 236—261; Irene Bloom, "Mencius and Human Rights", in: Wm. Theodore de Bary/Tu Weiming (eds.), *Confucianism and Human Rights* (New York: Columbia University Press, 1998), pp. 94—116.

② 此为台湾译法,大陆多译作弗兰克纳。

③ W. K. Frankena, *Ethics* (Englewood Cliffs/N. J.: Pentice-Hall, 1963).

理论区分为"义务论理论"与"目的论理论"两种。直到此书于1973年出第二版时,书中才出现"关于德行的伦理学"(ethics of virtue)一词。但"关于德行的伦理学"显然不等于"德行伦理学"(virtue ethics),因为法兰克纳并未将"关于德行的伦理学"视为"义务论理论"与"目的论理论"之外的第三种伦理学理论。

借由上述的对比,唐文明似乎像当代"德行伦理学"的提倡者一样,将"德行伦理学"理解为"义务论伦理学"与"目的论伦理学"①之外的第三种伦理学类型。依法兰克纳,目的论的理论主张:一事之所以在道德上是对的、错的或当为的,其基本的或终极的判准或标准是它所产生的非道德价值②。反之,义务论的理论则主张:要判定一行为或规则是对的或当为的,除了要考虑其结果之好坏(即它所产生的价值)之外,还要考虑该行为本身的某些特质。③ 基本上,这种区分是建立在二分法(dichotomy)之上的。问题是:在这个类型学的(typological)划分当中,"德行伦理学"的系统位置何在?若以亚里士多德伦理学来代表"德行伦理学",其伦理学的终极目标是"幸福"(eudaimonia),则将它视为一套目的论伦理学,似乎是顺理成章之事。但唐文明与当代"德行伦理学"的多数提倡者显然都不会同意这点,而倾向于将"德行伦理学"理解为"义务论伦理学"与"目的论伦理学"之外的另一套独立的伦理学,而以三分法来取代二分法。但问题是:这种三分法的类型学依据何在?对此,唐文明与当代"德行伦理学"的提倡者从未提出充分的说明。④

前几年,克罗地亚学者拉迪克(Stjepan Radié)出版了《当代哲

---

① 在晚近西方的伦理学讨论当中,"后果论"("consequentialism")一词往往取代"目的论伦理学"一词。
② W. K. Frankena, *Ethics* (Engelwood Cliffs/N. J.: Pentice-Hall, 1963, 2nd edition), p. 14.
③ W. K. Frankena, *Ethics*, p. 15.
④ 当代德行伦理学的重要代表赫斯特豪斯(Rosalind Hursthouse)便抱怨:人们不要求义务论者与功利主义者为义务论与功利主义提出明确的定义,唯独要求德行伦理学的提倡者为德行伦理学提出简明的定义,这是过分的期待;参阅其 *On Virtue Ethics* (Oxford: Oxford University Press, 1999), p. 4。关于"德行伦理学"的定义,可参阅 Christine Swanton, "The Definition of Virtue Ethics", in: Daniel C. Russell (ed.), *The Cambridge Companion to Virtue Ethics* (Cambridge: Cambridge University press, 2013), pp. 315—338。

学中德行伦理学之复振：伦理学中的当代理论之一个必要的补充》①一书。在此书中他讨论了古典的德行伦理学（如亚里士多德与圣多玛斯）与当代的德行伦理学［如麦金泰尔与傅特（Philippa Foot）］，也以一节的篇幅讨论康德的德行观。拉迪克虽不否认德行对于道德生活的重要性，但他谈到一种"纯粹的或激进的德行伦理学"——即主张：一个行为的道德性无法根据规范、原则或规则，而只能根据行动主体的道德状态（德行）来证成。他认为：由于拒绝规范面，这种德行伦理学对我们的道德生活是不充分的，它会沦于相对主义与失去方向。② 他套用康德的名言说：若无规范与法则，价值态度与德行是盲目的；而若无价值态度与德行，规范与法则是空洞的。③ 因此，拉迪克归结说："一套纯粹的德行伦理学不能是一套独立的道德理论，且因此也不能如其所求，取代现行的道德理论。"④ 换言之，德行伦理学并非在义务论与后果论之外的另一套独立的道德理论；它不能取代义务论或后果论，充其量只能补充它们⑤。

德国学者波尔切尔斯⑥（Dagmar Borchers）在其《新的德行伦理学——在激愤中倒退？分析哲学中的一项争论》一书中也得到了类似的结论。她虽然承认德行伦理学在伦理学讨论中是不可或缺的，但是却否认它可以作为关于道德之一套独立的理论。⑦ 她甚至明白地表

---

① Stjepan Radié, *Die Rehabilitierung der Tugendethik in der zeitgenössischen Philosophie. Eine notwendige Ergänzung gegenwärtiger Theorie in der Ethik* (Münster: Lit, 2011).
② Stjepan Radié, *Die Rehabilitierung der Tugendethik in der zeitgenössischen Philosophie. Eine notwendige Ergänzung gegenwärtiger Theorie in der Ethik*, S. 172.
③ Stjepan Radié, *Die Rehabilitierung der Tugendethik in der zeitgenössischen Philosophie. Eine notwendige Ergänzung gegenwärtiger Theorie in der Ethik*, S. 173f.
④ Stjepan Radié, *Die Rehabilitierung der Tugendethik in der zeitgenössischen Philosophie. Eine notwendige Ergänzung gegenwärtiger Theorie in der Ethik*, S. 172.
⑤ Stjepan Radié, *Die Rehabilitierung der Tugendethik in der zeitgenössischen Philosophie. Eine notwendige Ergänzung gegenwärtiger Theorie in der Ethik*, S. 173f.
⑥ 此为台湾译法，大陆多译作波切斯。
⑦ Dagmar Borchers, *Die neue Tugendethik-Schritt zurück im Zorn？Eine Kontroverse in der Analytischen Philosophie* (Paderborn: Mentis, 2001), S. 317.

示:"德行伦理学不能是义务论与后果论之另外选项。"① 她并且建议:"一套德行伦理学的理论最好能在一个后果论的框架中,作为关于道德之一套多元论的整体构想之部分而有意义且有成果地被继续推进。"② 换言之,德行伦理学的理论可以被整合进后果论伦理学之中。大陆学者徐向东也有类似的看法。他在分析了"德行伦理学"(他译为"美德伦理学")的优点与缺点之后,归结道:"总的来说,我们应该把美德理论看作是一个伦理学理论的一部分,而不是把它视为一个本身就已经很完备的理论,因而构成了对其他伦理理论的一个'取舍'。"③

对笔者而言,拉迪克、波尔切尔斯与徐向东的分析颇有说服力。如果我们同意他们对德行伦理学的看法,唐文明对儒家伦理学的说明势必会受到质疑,因为他坚持,"只能将儒家伦理思想归入美德伦理学而非义务论"(第130页)。唐文明的坚持预设德行伦理学是义务论之外的另一套独立的道德理论。若根据拉迪克、波尔切尔斯与徐向东对德行伦理学的看法,我们或许可以承认儒家思想中包含一套德行理论,但同时将儒家伦理学理解为一套义务论伦理学,正如康德伦理学一样。

以孔、孟为代表的儒家伦理学的确具有明显的义务论特征。首先,义务论伦理学之所以有别于目的论伦理学的特征之一是:前者承认"善"之异质性,即分别道德意义的"善"与非道德意义的"善"——以康德的用语来说,即是"道德之善"(das moralische Gut)与"自然之善"(das physische Gut)。④ 孟子的"义利之辨"便是分辨"道德之善"与"自然之善"。其实,孔子早已有"君子喻于义,小人喻于利"之说(《论语·里仁篇》第16章)。但最明显地表

---

① Dagmar Borchers, *Die neue Tugendethik-Schritt zurück im Zorn? Eine Kontroverse in der Analytischen Philosophie*, S. 317.

② Dagmar Borchers, *Die neue Tugendethik-Schritt zurück im Zorn? Eine Kontroverse in der Analytischen Philosophie*, S. 346.

③ 徐向东:《自我、他人与道德——道德哲学导论》,下册,商务印书馆2007年版,第648页。

④ I. Kant, *Anthropologie in pragmatischer Hinsicht*, KGS, S. 277.

现出义务论的特征的是孔子与宰我关于三年之丧存废的辩论(《论语·阳货篇》第 21 章)。① 宰我要求缩短三年之丧的理由有二:第一是"君子三年不为礼,礼必坏;三年不为乐,乐必崩";第二是"旧谷既没,新谷既升,钻燧改火,期可已矣"。前者由行为的结果去证成其道德性,显然是一种目的论的观点;后者由"实然"(自然规律)去论证"应然"(伦理规范),也预设一种目的论的观点。反之,孔子要求宰我自问其心安不安,即是将三年之丧的合理性建立在行为者的存心之上。这是一种"存心伦理学"(Gesinnungsethik)的观点,因而蕴涵了义务论的观点。在这场师生间的辩论中,孔子也提出"子生三年,然后免于父母之怀"的理由为三年之丧的合理性辩护。这是诉诸"感恩原则"(principle of gratitude),而此一原则又预设了"报偿性正义"(retributive justice)的原则。由此可见,唐文明一再强调"在儒家思想中,'德'的概念远比'法'的概念更为重要"(第 114 页),是多么无谓! 儒家根本不需要在德行与规范之间做"非此即彼"的选择。康德的自律伦理学也是一种义务论伦理学,同时也包含一套德行理论。② 因此,牟宗三借用康德的"自律"概念来诠释儒家思想,殆非偶然。

在唐文明的论述中,与他所谓的"道德主义"形成对比的是原始儒家。他在诠释原始儒家时,特别强调两点:一是它与原始宗教的

---

① 关于这场辩论涉及的哲学问题,参阅李明辉:《〈论语〉"宰我问三年之丧"章中的伦理学问题》,载钟彩钧编:《传承与创新:"中央研究院"中国文哲研究所十周年纪念论文集》,台湾"中央研究院"中国文哲研究所 1999 年版,第 521—542 页;亦刊于《复旦哲学评论》,第 2 辑,上海辞书出版社 2005 年版,第 35—50 页。此文有德文版 Ming-huei Lee, "Das Motiv der dreijährigen Trauerzeit in *Lunyu* 17.21 as ethisches Problem", in: Ming-huei Lee, *Konfuzianischer Humanismus. Transkulturelle Kontexte* (Bielefeld: transcript, 2013), S. 21—41.

② 康德研究者赫尔曼(Barbara Herman)在其《道德判断的实践》[*The Practice of Moral Judgment* (Cambridge/Mass.: Harvard University Press, 1993)]一书的最后一章《摆脱义务论》("Leaving Deontology Behind")中质疑将康德伦理学归诸"义务论"的主张,但她所意指的"义务论"是"一套不以一种'价值'观念作为其基本理论概念的道德理论"(p. 208)。但就狭义的"义务论"(它是一套关于价值的论旨)而言,她承认康德伦理学是义务论的(p. 210, footnote 5)。因此,她的说法涉及对"义务论"一词的不同理解,未必与本文的观点直接冲突。

关联,二是它与人伦的关联。先论第一点。徐复观在《中国人性论史·先秦篇》中根据周初文献中出现之"敬"的观念提出"忧患意识"之说。根据徐复观的解释,"敬"的观念之出现代表中国古人由原始宗教向人文精神的转化①。"忧患意识"之说后来为牟宗三所采纳,以对照于佛教的"苦业意识"与耶教的"恐怖意识"②。对牟宗三而言,"忧患意识"是道德意识,后两者则是宗教意识。

对于徐复观与牟宗三的"忧患意识"之说,唐文明很不满。对此,他批评说:

> 很显然,把忧患意识中的"自觉"理解为现代道德主义意义上的、以为他主义为根本的精神旨趣的"道德自觉",实在是牵强附会的。忧患意识中的"自觉"其实就是"自觉地"服从于神灵的权威而已,而且这种"自觉"还是在害怕惩罚的心理动机的驱使下产生的,也就是说,实际上是在神灵的强力之下被迫产生的。(第13—14页)

基于同样的理由,唐文明又说:

> 虽然周人的"敬"的观念与宗教意义上的虔敬意趣不同,但其仍然是一种宗教性情感,而非道德情感。周人的"敬"实际上就是对神灵的敬畏,而且,其中的"敬"正是来自于"畏",也就是说,"敬"的情感仍然来自于恐惧,来自对外在的、更高的神灵之强力的恐惧。(第14页)

其实,徐复观并不否认唐文明所描述之周人的宗教性情感,只是徐复观将这种情感归诸尚未经过人文精神之转化的周人,而唐文明却完全

---

① 徐复观:《中国人性论史·先秦篇》,台湾商务印书馆1969年版,第二章《周初宗教中人文精神的跃动》。
② 牟宗三:《中国哲学的特质》,载《牟宗三先生全集》,第28册,台湾联经出版事业公司2003年版,第12—14页。

否认这种转化。因此,唐文明认为:主张儒家的忧患意识可导向道德自律的观点是"立足于现代人本主义立场而得出的似是而非的结论"(第17页)。

再论原始儒家与人伦的关联。如上文所述,唐文明强调儒家之"仁"是一种有差等的爱,这就暗示儒家之"仁"是以人伦为基础的。因此,他说:

> 如果说仁意味着人人皆有的一种卓越能力的话,那么,人伦就是仁的能力施为、发用的坚实地基。质言之,仁并不是无差别地指向所有人的一项绝对命令,而是基于**本真的**人伦之理的一种美德。(第34页)

这段引文中的黑体为笔者所标示。唐文明的书中不断出现"本真的"或"本真性"一词,可能是来自现代性之批判者泰勒(Charles Taylor)习用的 authenticity 一词。①

唐文明进而将原始儒家与原始宗教的关联及其与人伦的关联结合起来,来界定人的"本真性"。他说:

> 用我们现在熟悉的话来说,以天命的人伦之理为基础、从而强调差等之爱的仁也关联于人对自我之本真性(authenticity)的领会。正是人与上天之间的终极真理规定了人的本真性,换言之,人正是通过领会天命之理去领会自我之本真性、去回答"我是谁"的问题的。既然对自我之本真性的领会在某种意义上就是对天命之理的领会,那么,人领会自我之本真性也就是领会自我之天命在身。关联于实际生活经验而言,人天生就是伦理的动物,但重重复杂的伦理网络不仅构成人实际的生活处境,而且也规定了人的本真性。(第37页)

---

① Charles Taylor, *The Ethics of Authenticity* (Cambridge/Mass.: Harvard University Press, 1991).

故对他而言，既然脱离了这两种脉络的伦理学无法把握人的本真性，故必然沦为虚无主义。

唐文明对原始儒家的诠释有两项特点，笔者分别称之为"原教旨主义"与"脉络主义"。所谓"原教旨主义"是说：唐文明在诠释儒家思想时强调要回到其原初的历史根源，即是以天命为依归的原始宗教与以血缘身份为基础的封建制度。这两个历史根源同时也是儒家之所以形成的历史脉络，故"原教旨主义"与"脉络主义"是一体之两面。因此，唐文明批评牟宗三的儒学诠释，认为这是一套脱离历史脉络的诠释。《隐秘的颠覆》一书的四个章节标题分别是"道德的化约""自律的挪用""良知的僭越"与"历史的嫁接"，都明显透露出作者对普遍主义的不满与对脉络主义的坚持。既然唐文明如此重视思想之所以产生的历史脉络，我们不免要问：就历史脉络而言，难道他认为亚里士多德所谓的 aretē 就是儒家的"德"吗？唐文明自己也承认："儒家与亚里士多德代表着中西美德伦理学的两大传统，二者之间存在着深刻的差异。"（第 130 页，注 1）果真如此，唐文明对牟宗三借康德诠释儒家的进路之质疑方式便会回到他自己身上。而在笔者看来，这种质疑用在唐文明身上，无疑更有说服力。

其实，牟宗三从未否认孔子所开创的儒家传统脱胎于先前的原始宗教，也从未否认儒家的学说在人伦关系中的根源。但如果只是这样，我们要如何去理解孔子的开创性角色呢？笔者在拙作《从康德的"道德宗教"论儒家的宗教性》中曾指出：透过他的学说与道德实践，孔子一方面将周文中之**外在的**礼乐秩序，另一方面将《诗》《书》中作为人格神之**超越的**"天"或"上帝"，一起**内在化**于人的本性及其道德实践之中，而内在化之关键便在道德主体所体现的"仁"。① 换言之，孔子并未否定原始宗教的"天命"概念与礼乐所规范的人伦秩序，而是透过"仁"的概念来点化这两者，重新赋予它们以生命。由于不了解这种点化，唐文明所理解的"仁"基本上

---

① 李明辉：《从康德的"道德宗教"论儒家的宗教性》，载其《儒家与康德》，台湾联经出版事业公司 2018 年版，第 233—286 页。

是没有生命的。

唐文明强调：儒家论"仁"往往关联着人伦秩序，这固然不错。但这并非意谓：儒家之"仁"不能超越人伦秩序。朱熹在《四书集注》注解《论语·学而篇》第二章有子的"孝弟也者，其为仁之本与？"一语时，将它解释为："为仁，犹曰行仁。［……］孝弟乃是为仁之本。"换言之，孝弟是行仁之本，而非仁之本。这意谓：孝弟是"行仁"的入手处，而非意谓：孝弟是"仁"的基础。换言之，儒家论"仁"时，孝弟是思考的起点，而非终点。①

儒家传统如果不能超越中国早期的自然宗教与周代的人伦秩序，就无法脱离黑格尔在讨论基督宗教时所谓的"实定性"（Positivität）②，更谈不上人的"本真性"。如果耶稣当年执着于犹太教的律法与宗派主义，耶教就不可能发展成普世宗教。这种超越，正如孔子对中国原始宗教的转化一样，都意谓某种"去脉络化"（de-contextualization）。这种"去脉络化"与"脉络化"之间虽有一定的张力，但却非对立。牟宗三在阐释儒家之"仁"时便充分把握了这种思想特色。例如，他在谈到儒家的"道德之情与道德之心"时写道：

> 这种心、情，上溯其原初的根源，是孔子浑全表现的"仁"：不安、不忍之感，恻怛之感，悱启愤发之情，不厌不倦、健行不息之德等等。这一切转而为孟子所言的心性：其中恻隐、羞恶、辞让、是非等是心、是情，也是理。理固是超越的、普遍的、先天的，但这理不只是抽象地普遍的，而是即在具体的心与情中见，故为具体地普遍的；而心与情因其即为理之具体而真实的表现，故亦上提而为超越的、普遍的、亦主亦客的，不是实然层上的纯主观，其为具体是超越而普遍的具体，其为特殊亦是超

---

① 关于这个问题，可参阅林启屏：《理分——血缘关系架构中的"仁义"观》，载《中国文哲研究集刊》2014 年第 44 期，第 143—171 页。
② 依黑格尔，如果一种宗教的教条或一套法律的法条是由一种权威强制地加诸人，这便是这种宗教或法律的"实定性"。参阅 Peter Jonkers, "Positivität", in: Paul Cobben u. a. (Hg.), *Hegel-Lexikon* (Darmstadt: Wissenschaftliche Buchgesellschaft, 2006), S. 361.

再论儒家、康德伦理学与德行伦理学

越而普遍的特殊，不是实然层上纯具体、纯特殊。这是孟子盘盘大才的直悟所开发。①

"具体的普遍"是黑格尔习用的词语。它所表达的正是林端所谓的"脉络化的普遍主义"。当代新儒家则习于以"内在而超越"来表达此义。因此，唐文明将牟宗三乃至当代新儒家的儒学诠释理解为脱离生活脉络与历史脉络之所谓的"现代道德主义"，并非持平之论。

综而言之，唐文明的儒学诠释系以他所谓的"现代道德主义"作为对照，而康德伦理学被归入其中。因此，在唐文明的眼中，牟宗三的儒学诠释只是将这种"现代道德主义"强加于儒家传统的结果。但问题是：唐文明对康德伦理学的理解受限于长期以来流行于西方学界的成见，当代德行伦理学的提倡者如麦金泰尔亦不能免于这种成见。由于当代德行伦理学的刺激，近年来西方的康德研究者（如本文开头所提到的几位）极力发掘康德伦理学中的德行理论，尤其是其《德行论》中丰富的思想资源，在一定程度上修正了"康德伦理学尖锐对比于德行伦理学"的夸张图像。例如，唐文明以义务论对"行动"（action）的关注对比于德行伦理学对"行动者"（agent）的关注。但是英国的康德研究者欧尼尔在探讨了康德的德行理论之后，归结道："他［康德］的立场是以行动为中心的，并且能容许以行动者为中心的思考方式；但是它的基本架构并非明确地以行动者为中心的。"② 从而将"行动/行动者"的僵硬模式相对化了。英国学者贝朗甚至认为：主张康德伦理学的主要关切是"行动"而非"性格"的观点是错误的③。这也凸显出引发"德行伦理学之复兴"的英国学者安斯孔④（G. E. M. Anscombe, 1919—2001）所预设的"现代道德哲

---

① 牟宗三：《心体与性体》（一），载《牟宗三先生全集》，第5册，台湾联经出版事业公司2003年版，第131—132页。

② Onora O'Neill, *Constructions of Reason: Exploration of Kant's Practical Philosophy* (Cambridge: Cambridge University Press, 1989), p. 162.

③ Marcia W. Baron, "Kantian Ethics", in: Marcia W. Baron/Philip Pettit/Michael Slote, *Three Methods of Ethics: A Debate* (Malden: Blackwell, 1997), p. 34.

④ 此为台湾译法，大陆多译作安斯康姆。

学/古代道德哲学"的二元思想架构只是对问题的过度简化。可惜这些最新的研究成果几乎都未曾进入唐文明的视野之中。就问题意识而言,唐文明对"原始儒家"的诠释其实也暗中预设了"现代道德哲学/古代道德哲学"的二元思想架构。因此,他对原始儒家的诠释、对康德伦理学的批评,以及对牟宗三的批评,都是问题重重、值得商榷的。

(原文刊于《台湾东亚文明研究学刊》2015年第2期,第327—349页。)

牟宗三误解了康德的"道德情感"概念吗?
——与方旭东教授商榷

一

2015年6月底,笔者到北京大学儒学研究院出席该院成立五周年学术研讨会,在会中遇到方旭东教授。承蒙他的好意,获赠其刚出版的新著《原性命之理》(华东师范大学出版社2015年版)。笔者随即翻阅该书,发现书中有一篇论文《道德情感是能力吗?论牟宗三对康德"道德情感"概念的误读》,它特别引起笔者的注意,因为在牟先生对儒学的重建中,他借由重新诠释康德的"道德情感"概念来分判孔、孟与康德的心性论观点之异同,并主张"道德情感"可以"上下其讲",以解决康德的"道德情感"理论之困境。① 笔者当年也受到牟先生对"道德情感"的诠释之启发,决定到德国深入研究康德的"道德情感"理论,而完成了博士论文《康德伦理学发展中的道德情感问题》。② 如果牟先生真如方教授所言,"误读"了康德的"道德情感"概念,则牟先生对儒家心性论的诠释也会受到根本的质疑,此事实非同小可。故笔者迫不及待地拜读方教授此文。拜读之后,笔者松了一口气,因为笔者发现:方教授所谓牟先生的"误读"其实是基于方教授自己对康德的"道德情感"概念之"误读"。以下让我们来检讨方教授对牟先生的质疑。

众所周知,牟先生系透过康德著作的英译本来研究康德哲学。不

---

① 李明辉:《再论牟宗三先生对孟子心性论的诠释》,载其《孟子重探》,台湾联经出版事业公司2001年版,第111—131页。

② Ming-huei Lee, *Das Problem des moralischen Gefühls in der Entwicklung der Kantischen Ethik* (Taipei: The Institute of Chinese Literature and Philosophy, Academia Sinica, 1994).

可讳言，这对于理解康德哲学难免会隔了一层，而且有一定的风险。因为当年剑桥大学出版社的康德著作英译本尚未问世，牟先生所依据的几种英译本未必完全理想，有可能造成他的误读。方教授就是借由检讨牟先生对相关文本的翻译，指出牟先生的"误读"。他说："除了一些明显的技术错误之外，牟译的问题主要来自他对康德哲学的了解不够。"① 方教授显然学过德文，因为他在文中也引用了德文版的康德著作。但是笔者无法判定方教授的德文理解能力究竟达到了什么水平。须知康德使用的是18世纪的德文，仅了解现代德文而对康德哲学欠缺深入了解的一般读者未必能准确地理解康德的德文文本。

方教授的检讨有点烦琐，所幸他在文末将牟先生的所谓"误读"归纳为以下三点：

> 首先，在康德那里，道德情感属于一种先天的心灵禀赋，牟宗三不了解这一点，将道德情感归为"能力"一类范畴，失却康德原意。其次，在康德那里，与道德情感相对的是道德认识（moralischer Sinn），前者主观，后者客观，牟宗三不了解这一点，将后者译为"道德感取"，认为那仍是一种感性作用，从而未能真正认识道德情感的特性。再次，在康德那里，道德情感作为一种感受，其对象是自由意志的由理性法则推动的运动，牟宗三不了解这一点，错误地以为道德情感是对自由意志受法则推动这件事的感受。（第73页）

方教授在其论文的第一至三节提出这三点批评。以下笔者将逐项讨论方教授对牟先生的翻译与诠释之批评。

二

首先，方教授质疑牟先生将康德所说的"道德情感"理解为一

---

① 方旭东：《原性命之理》，华东师范大学出版社2015年版，第72—73页。以下引用此文时，直接将页码标注于引文之后，而不另加脚注。

牟宗三误解了康德的"道德情感"概念吗？

种"能力"，这点质疑甚至见诸其论文的标题："道德情感是能力吗？"方教授引述康德在《道德底形上学》（*Metaphysik der Sitten*）中谈到"道德情感、良心、对邻人的爱与对自己的尊敬（自重）"时的一段文字：

> （1）Sie sind insgesammt **ästhetisch** und vorhergehene, aber natürliche Gemüthsanlagen（praedispositio）durch Pflichtsbegriffe afficiert zu werden［…］①
>
> 笔者译：它们均是**感性的**（ästhetisch）与预存的、但却自然的心灵禀赋（Gemüthsanlage/praedispositio），即为义务概念所触动的心灵禀赋。②

对于这段文字，方教授指摘牟先生将 Gemüthsanlagen 误译为"能力"，而且略去括号中的拉丁文对应词 praedispositio。他认为：这种做法"关系重大"（第61页），因为："如果道德情感相当于禀赋，是可以将其归为道德品质范畴的。不然，如果将道德情感理解为能力，再认为它属于道德品质，那就说不通了。"（第62页）牟先生根据的应当是爱尔兰康德专家阿保特（Thomas Kingsmill Abbott）的英译本 *Kant's Critique of Practical Reason and Other Works on the Theory of Ethics*。此书的第一版于1873年出版，以后一再重印或再版。牟先生使用的究竟是哪个版本，如今已不得而知。在英译本中，阿保特将 Gemüthsanlagen 译为 capacities of mind（praedispositio），并未略去拉丁文的对应词。牟先生将此词译为"能力"，显然是采取 capacities 之义。③

---

① I. Kant, *Die Metaphysik der Sitten*（以下简称 *MS*）, in: *Kants Gesammelte Schriften*（Akademieausgabe, 以下简称 *KGS*），Bd. 6, S. 399. 以下引用此书时，直接将页码标注于引文之后，而不另加脚注。为了便于讨论，笔者将康德的引文均加上编号。

② 此书有笔者的中译本：《道德底形上学》（台湾联经出版事业公司2015年版）。由于此一中译本在边页附有德文原版的页码，读者不难找到相对应的文字，故本文不另外注明中译本的页码。

③ 牟宗三：《康德的道德哲学》，载《牟宗三先生全集》，第15册，台湾联经出版事业公司2003年版，第501页。以下引用此书时，直接将页码标注于引文之后。

当然，就翻译而言，将 Gemüthsanlagen 译为"心灵禀赋"，更能贴合原文，较诸简化为"能力"，显然更为恰当。但牟先生将此词译为"能力"，是否会造成严重的"误读"呢？恐怕未必。因为当我们说：人具有某种"禀赋"时，这显然包含"他具有某种能力"之义。例如，当我们说：人具有判断道德是非的"禀赋"（孟子所说的"是非之心"）时，这显然包含"他有能力判断道德是非"之义。因此，说道德情感是一种"心灵禀赋"，与说道德情感是一种"能力"，两者之间并无矛盾。事实上，康德也曾明白地将道德情感视为一种"能力"。例如，他在《实践理性批判》中谈到"道德的兴趣"时，就将"道德情感"界定为"对法则感到这样一种兴趣的能力（Fähigkeit）"[1]。因此，牟先生将 Gemüthsanlagen 译为"能力"，虽未完全贴合原文，但基本上也未违背康德的意思，更没有"说不通"之处。

方教授接着说明上述的引文（1）之涵义：

> natürlich（自然的）是说道德情感是自然而然的，不是后天的习惯；vorhergehend（先的）是说道德情感先行于道德义务；而 ästhetisch（感性的）则是强调道德情感与 theoretisch（抽象的）相对。将道德情感简单地翻译为能力，就很难理解道德情感所具有的这些丰富特质。（第62—63页）

首先，方教授将 ästhetisch 译为"感性的"，并指出：英译本将它译为 sensitive，而认为牟先生据此将它译为"敏感的"，是不对的。平心而论，在这一点上，方教授是对的。但方教授在这段说明中犯了几个错误。首先，方教授说："道德情感是自然而然的，不是后天的习惯。"而在文末又说："在康德那里，道德情感属于一种先天的心灵禀赋。"（第73页）换言之，他将"自然的"等同于"先天的"。我们有理由相信：方教授所说的"先天的"是指 a priori，因为它是相

---

[1] I. Kant, *Kritik der praktischen Vernunft*, KGS, Bd. 5, S. 80.

对于"后天的"（a posteriori）而言。若是如此，他的误解可就严重了。因为如果道德情感是感性的（ästhetisch），它便是后天的，而不可能是"先天的"。方教授可能是混淆了 a priori 与 angeboren 二词。后者可译为"天生的"，它依然属于经验的领域，因而是后天的。至少对后期的康德而言，先天的情感，即使是道德情感，都是不可能的。这也是日后的现象学伦理学家谢勒①（Max Scheler，1874—1928）质疑康德之处②，也正是牟先生主张"道德情感"可以"上下其讲"之故。

其次，方教授将 vorhergehend 译为"先在的"，认为这意谓"道德情感先行于道德义务"。就翻译而言，将此词译为"先在的"，不能算错，但他的解释却可能引起严重的误解。因为"道德情感先行于道德义务"之说很容易让人以为道德情感是道德义务的基础，或是道德情感产生道德义务，但这两点都是康德所反对的。因此，笔者将 vorhergehend 译为"预存的"，以表示：道德情感是我们对于道德义务的**意识**之主观条件，或者说，我们若无道德情感，便不会**意识**到我们的义务。但这决不等于说：道德情感是道德义务的基础，或是道德情感产生道德义务。

最后，方教授将 theoretisch 译为"抽象的"，并强调"道德情感与 theoretisch（抽象的）相对"，也犯了严重的错误。由于这是方教授在其论文的第二节讨论的重点，故笔者在下一节一并讨论。

三

方教授对牟先生的第二点批评涉及《道德底形上学》中的一段具关键性的文字：

（2）Dieses Gefühl einen moralischen **Sinn** zu nennen ist nicht

---

① 此为台湾译法，大陆多译作舍勒。
② 李明辉：《四端与七情——关于道德情感的比较哲学探讨》，台湾大学出版中心 2005 年版，第 60—64 页；简体字版，华东师范大学出版社 2008 年版，第 45—48 页。

schicklich; denn unter dem Wort Sinn wird gemeiniglich ein theoretisches, auf einen Gegenstand bezogenes Wahrnehmungsvermögen verstanden; dahingegen das moralische Gefühl (wie Lust und Unlust überhaupt) etwas blos Subjectives ist, was kein Erkenntniß abgiebt. — Ohne alles moralische Gefühl ist kein Mensch; denn bei völliger Unempfänglichkeit für diese Empfindung wäre er sittlich todt, und wenn (um in der Sprache der Ärzte zu reden) die sittliche Lebenskraft keinen Reiz mehr auf dieses Gefühl bewirken könnte, so würde sich die Menschheit (gleichsam nach chemischen Gesetzen) in die bloße Thierheit auflösen und mit der Masse anderer Naturwesen unwiederbringlich vermischt werden. (S. 400)

笔者译：将这种情感称为一种道德的**感觉**（Sinn），并不恰当。因为"感觉"一词通常意指一种理论性的、牵涉到一个对象的知觉能力；反之，道德情感（如同一般而言的愉快或不快）却是纯然主观之物，它并不提供任何知识。没有人完全不具有道德情感；因为一个人若对这种感觉完全无动于中，他在道德上便等于死了；而且如果（以医生底用语来说）道德的生命力不再能对这种情感产生刺激，则"人"（彷佛按照化学定律）将化为纯然的动物性，而与其他自然物底群类泯然无分了。

方教授指出牟先生在这段文字的中译文中有两个小错误。一是牟先生将 Ärzte 误译为"物理学家"，显然是将阿保特英译文中的 physicians 误解为"物理学家"。二是将 Naturwesen 误译为"物理存有"，显然是根据阿保特的英译 physical beings 而译的。方教授的这两点批评是有道理的。如上所示，笔者将 Naturwesen 译为"自然物"。不过，方教授也承认："就整体文意而言，这两处误译并无大碍，但如果从德文本直译或者后用德文本覆校，这类错误应当是可以避免的。"（第 69 页）

在这段文字中出现 theoretisch 一词，如上一节末尾所说，方教授将此词译为"抽象的"。基于这种理解，他又将 moralischer Sinn 译为

"道德认识"。他的理由是:

> 道德情感是一个有关苦乐之情的概念。认识到这一点对理解康德的想法非常重要。因为,正是这一点决定了道德情感是主观性的(Subjektiv)概念,从而不同于通常总是与一个对象(Gegenstand)相关的道德认识。依康德,后者提供知识(Erkenntnis),而前者则否;前者是主观性的(Subjektiv),而后者则与理论抽象有关(theoretisch)。因此之故,康德反对将道德情感与道德认识混为一谈。这个区别在英译中多少还能看出,前者被译作 moral feeling,后者被译作 moral sense。可是一旦被中译为"道德情感"与"道德感觉",它们的差别就不是那么明显了。(第 64—65 页)

这里提到的 moralischer Sinn 一词是苏格兰哲学家赫其森①(Francis Hutcheson, 1694—1747)的核心概念 moral sense 之德文翻译。康德早年在 18 世纪 60 年代曾深受赫其森的道德哲学之影响。将 moral sense 译为 moralischer Sinn,并无问题,中文可译为"道德感"。但无论是英文的 sense,还是德文的 Sinn,都有歧义。依赫其森,moral sense 是一种情感,它是道德之"证成理由"(justifying reason)。但是 sense 一词也有"感觉"之义,例如视觉的英文说法是 the sense of sight。这种感觉涉及一个对象,因而具有知识意义。由于这种歧义,康德担心 moralischer Sinn 一词可能使人误解它是一种具有知识意义的"感觉"。

方教授将 theoretisch 译为"抽象的",是一个极其严重的错误。在德文里,与"抽象的"一词相对应的是 abstrakt。Theoretisch 通常译为"理论(性)的",牟先生有时亦译为"知解的"或"观解的"。它是相对于"实践的"(praktisch)而言,是具有知识意涵的。所以康德说:"'感觉'一词通常意指一种理论性的、牵涉到一个对

---

① 此为台湾译法,大陆多译作哈奇森。

象的知觉能力。"在这句话中,"牵涉到一个对象"是对"理论性的"一词之进一步说明。由于感觉为我们的经验知识提供材料,因此"感觉"一词具有知识意涵。方教授将 theoretisch 译为"抽象的",可是康德明明说"感觉"是一种"知觉能力","知觉能力"怎么是"抽象的"或"与理论抽象有关"呢?由于不了解这一点,方教授才会坚持将它译为"道德认识"。在德文里,与"认识"相对应的是Erkenntnis,而不是 Sinn。

牟先生别出心裁,以"感取"来翻译 Sinn,而将 moralischer Sinn 译为"道德感取",并且解释说:它是"道德方面的感性作用,一般笼统地说为道德感觉,更简单地说为道德感"(第 502 页)。对此,方教授质疑道:

> 除非牟宗三所说的"感性作用"也能提供知识,否则"感取"这样的译名终究还是不能契合康德对 Sinn(sense)的设定:指向某个对象(bezogen auf einen Gegenstand)、提供知识。(第66页)

> 感觉就是感觉,它和抽象有什么关系?同样,作为"感性作用"的感取又怎么会是一种知解性的知觉之力量?难道"感性作用"里还包括了"知解"的成分在其中?(第67页)

牟先生将 Sinn 译为"感取",将 theoretisch 译为"知解的"或"观解的",是否恰当,这是见仁见智的问题。但他说"感取"是一种"感性作用",并无问题;而说这种"感性作用"会"牵涉到一个对象",而提供知识,也没有问题。我们只要阅读《纯粹理性批判》的《先验感性论》部分,都可以确定这一点。艾斯勒(Rudoif Eisler)在《康德辞典》中解释道:"'理论性的知识'是这样一种知识:'借由它,我认识现存之物。'"("Die 'theoretische Erkenntnis' ist eine solche, 'wodurch ich erkenne, was da ist.'")① 可见它不限于抽象的

---

① Rudolf Eisler, *Kant-Lexikon* (Hildesheim: Georg Olms, 1977), S. 534.

知识，也包括关于感性对象的知识。方教授质疑道："感觉就是感觉，它和抽象有什么关系？"这显然是由于他自己误解了 theoretisch 一词的涵义。至于他质疑说："作为'感性作用'的感取又怎么会是一种知解性的知觉之力量？"则是误解加上望文生义的结果。

方教授还有一个翻译上的错误。他将 pathologisches Gefühl 译为"生理性的情感"（第64页）。关于 pathologisch 一词，邓晓芒与李秋零一贯都译为"病理学的"。这些都是误译。让我们看看艾斯勒对 pathologisch 一词的解释："以一种承受、忍受为基础的，以感性为条件的。"（"auf einem Leiden, Erleiden beruhend, sinnlich bedingt."）①因此，笔者将它译为"感受的"。日文的《カント事典》（东京：弘文堂，1997年）也用汉字将它译为"感受的"（第49页）。

四

方教授对牟先生的第二点批评涉及《道德底形上学》中的另一段文字，这段文字紧接着引文（2）而出现：

（3）Wir haben aber für das (Sittlich-) Gute und Böse eben so wenig einen besonderen **Sinn**, als wir einen solchen für die **Wahrheit** haben, ob man sich gleich oft so ausdrückt, sondern **Empfänglichkeit** der freien Willkür für die Bewegung derselben durch praktische reine Vernunft (und ihr Gesetz), und das ist es, was wir das moralische Gefühl nennen. (S. 400)

笔者译：但是我们对于（道德上的）"善"与"恶"并不具有一种特殊的**感觉**，正如我们对于**真理**并不具有这样一种感觉（尽管我们经常如此表达），而是我们具有自由意念对于"它自己为实践的纯粹理性（及其法则）所引动"的**感受性**，而这便是我们所谓的道德情感。

---

① Rudolf Eisler, *Kant-Lexikon* (Hildesheim: Georg Olms, 1977), S. 409.

在这段文字当中，方教授批评的焦点集中于"Empfänglichkeit der freien Willkür für die Bewegung derselben durch praktische reine Vernunft（und ihr Gesetz）"一语的翻译与诠释。方教授先引述阿保特的英译："We have a susceptibility of the free elective will for being moved by pure practical reason and its law."。方教授评论道："可是句意却并没有因此而显豁，反而因为主词 we 的出现而使句子成分变得更加复杂，尤其是'for being moved'中的 for 究竟何解？"（第 70 页）其实，阿保特在此补上 we have，只是顺着前文补上省略的主词，根本没有增加什么内容，何至于"变得更加复杂"？至于 for being moved，也是贴近原文的翻译，其涵义下文再讨论。

接着，方教授引述牟先生的翻译："但是我们关于自由选择的意志对其为'纯粹实践理性以及纯粹实践理性之法则'所推动这一点，却有一种感受。"（第 503 页）对此，方教授评论道：

> 虽然从英译而来，但牟甩开了英译所补的主词 we（我们），而将意志作为真正的主词，从而摆脱了语义缭绕，使整个句子结构明朗起来。经过这样疏通，康德的意思变成：自由选择的意志对于它受实践的纯粹理性（praktische reine Vernunft）（及其法则）推动这一点自有一种感受，而这种感受就是道德情感。（第 71 页）

为了佐证他的解读，他又引述牟先生自己的说明："它［道德情感］只是'自由选择的意志'当为理性法则所推动时，所有的一种感受。"（第 503 页）但方教授随即强调：

> 这种理解及由此而来的翻译并不符合康德的本意。康德本意是说，我们感受到自由意志的运动，这个运动是受理性法则推动的。众所周知，自由意志是康德道德学说的根基，是道德律的存在理由，而这个理由之所以存在，就是因为我们感受到自由意志的运动。这种感受是道德义务的根基所在。所以，感受的对象是自由意志的由理性法则推动的运动，不是自由意志受法则推动这

牟宗三误解了康德的"道德情感"概念吗？

件事。（第72页）

基于这种理解，方教授建议将这段文字翻译为："（我们拥有）……一种对于自由选择意志的感受性，即一种对于由实践的纯粹理性及其法则推动的自由选择意志的运动的感受性。"（第72页）

方教授认为牟先生的翻译与理解方式违背康德的原意，因为：

> 按照康德，当我们自由选择的意志之决定是从义务之法则而来时，主体的感受就是一种纯净的快乐之感。反之，当自由选择的意志与纯粹实践理性及其法则相违，那么主体就有一种不快乐的感受。
>
> 如果像牟宗三理解的那样，道德情感是自由选择的意志为理性法则推动时的一种感受，读者从中就很难了解康德想要表达的"道德情感是与义务法则相关的苦乐之情"那样的意思。（第72页）

以上笔者已尽可能忠实地重述了方教授对牟先生的批评，现在让我们检视方教授的批评是否有道理。

首先，方教授说："这种感受是道德义务的根基所在。"这等于是说：道德情感是道德义务的根基所在。这完全违背康德的基本观点，因为这是赫其森的观点，而为康德所反对。其次要指出的是：方教授误读了牟先生的翻译。在牟先生所说的"我们关于自由选择的意志……"一语中，主词仍是"我们"，"关于自由选择的意志"必须连读，"自由选择的意志"是 the free elective will 的翻译，而后者又译自德文的 freie Willkür。用英文来表达，方教授将牟先生的翻译误读为 our will to free selection。因此，牟先生根本没改变阿保特英译的句子结构。

但是真正造成方教授的困惑的，并非这个句子的结构，而是他对德文 Willkür 一词的严重误解。在《道德底形上学》中，康德对 Wille 与 Willkür 明确地加以区别。笔者分别以"意志"与"意念"来翻译这两个词汇。① 方教授忽而将 freie Willkür 译为"自由选择的意志",忽而将它译为"自由意志",可见他根本不知道康德对 Wille 与 Willkür 所做的区别。阿保特将 Willkür 译为 the free elective will,牟先生将它译为"自由选择的意志",虽嫌累赘,但并非没有根据。其根据便在康德自己的说明。

在《道德底形上学》中,康德先后有两次说明 Wille 与 Willkür 的区别,其文如下:

> (4) Das Begehrungsvermögen nach Begriffen, sofern der Bestimmungsgrund desselben zur Handlung in ihm selbst, nicht in dem Objecte angetroffen wird, heißt ein Vermögen **nach Belieben zu thun oder zu lassen**. Sofern es mit dem Bewußtsein des Vermögens seiner Handlung zur Hervorbringung des Objects verbunden ist, heißt es **Willkür** [⋯] Das Begehrungsvermögen, dessen innerer Bestimmungsgrund, folglich selbst das Belieben in der Vernunft des Subjects angetroffen wird, heißt der **Wille**. Der Wille ist also das Begehrungsvermögen, nicht sowohl (wie die Willkür) in Beziehung auf die Handlung, als vielmehr auf den Bestimmungsgrund der Willkür zur Handlung betrachtet, und hat selber vor sich eigentlich keinen Bestimmungsgrund, sondern ist, sofern sie die Willkür bestimmen kann, die praktische Vernunft selbst. (S. 213)

笔者译:依乎概念的欲求能力,就其行动之决定根据见诸它自身之中,而非在对象中而言,称为**任意作为或不为**的能力。就它与其产生对象的行为能力之意识相结合而言,它称为**意念**(Willkür)[……]。如果欲求能力之内在的决定根据、因而甚至意愿都见诸主体底理性之中,它便称为**意志**(Wille)。因此,意

---

① 李秋零主编的《康德著作全集》第 6 卷(中国人民大学出版社 2007 年版)收入张荣所译的《道德形而上学》。张荣按照字典上的意义将 Willkür 译为"任性",这是非常不恰当的。因为在康德的著作中,Willkür 一词是个专门术语,而非日常语言。张荣将 freie Willkür 译为"自由任性",实在令人觉得不知所云。

志之为欲求能力，并非（像意念一样）着眼于它与行为相关联，而毋宁着眼于它与意念底行动之决定根据相关联；而且它本身根本没有任何决定根据，而是就它能决定意念而言，它就是实践理性本身。

（5）Von dem Willen gehen die Gesetze aus; von der Willkür die Maximen. Die letztere ist im Menschen eine freie Willkür; der Wille, der auf nichts Anderes, als bloß auf Gesetz geht, kann weder frei noch unfrei genannt werden, weil er nicht auf Handlungen, sondern unmittelbar auf die Gesetzgebung für die Maxime der Handlungen (also die praktische Vernunft selbst) geht, daher auch schlechterdings nothwendig und selbst keiner Nöthigung fähig ist. Nur die Willkür also kann frei genannt werden. (S. 226)

笔者译：法则出自意志；格律出自意念。在人之中，后者是一种自由的意念；意志所涉及的无非只是法则，既无法被称为自由的，亦无法被称为不自由的。因为意志不涉及行为，而是直接涉及对于行为底格律的立法（因而涉及实践理性本身），所以也是绝对必然的，而且甚至没**办法**受到强制。因此，唯有**意念**才能被称为**自由的**。

为了避免不必要的枝蔓，并便于接下来的讨论，我们可以将这两段文字的要点归纳如下：

（1）由意志产生法则（客观原则），由意念仅产生格律（主观原则）。

（2）意志不直接涉及行为，意念才能直接涉及行为。

（3）意志为立法能力，故无所谓自由或不自由；意念为抉择能力，始有自由可言。

（4）意志本身无任何决定根据，但可决定意念，并透过意念来决定行为；就此而言，意志就是实践理性本身。

阿保特将 Willkür 译为 the free elective will，牟先生将它译为"自由选择的意志"，就是根据第三点。

此外，在其《道德底形上学》一书的初稿中，康德对"意志"与"意念"之区别有进一步的说明。他以"理体"（Noumenon）与"事相"（Phänomenon）的关系来解释"意志"与"意念"的关系。他写道：

> （6）Die Freyheit der Willkühr in Ansehung der Handlungen des Menschen als Phänomenon besteht allerdings in dem Vermögen unter zwey entgegengesetzten（der gesetzmäßigen und gesetzwiedrigen）zu wählen und nach dieser betrachtet sich der Mensch selbst als Phänomen. – Der Mensch als Noumen ist sich selbst so wohl theoretisch als praktisch gesetzgebend für die Objecte der Willkühr und so fern frey aber ohne Wahl.①
>
> 笔者译：的确，就作为事相的人底行为而言，意念底自由在于就两个相反的行为（合乎法则与违反法则的行为）作抉择的能力，而且人根据这种自由将自己视为事相。——作为理体的人不仅在理论方面，而且在实践方面，均是为意念底对象自我立法者，且就此而言，有自由而无抉择。

在康德的用法中，"理体"与"事相"之区分约略相当于"物自身"（Ding an sich）与"现象"（Erscheinung）之区分。②

"意志"与"意念"之区别对于我们理解引文（3）中那个有争议的句子极具关键性。在"Empfänglichkeit der freien Willkür für die

---

① I. Kant, *Vorarbeiten zu Die Metaphysik der Sitten. Erster Teil Metaphysische Anfangsgründe der Rechtslehre*, *KGS*, Bd. 23, S. 248.

② 李明辉：《牟宗三哲学中的"物自身"概念》，载其《当代儒学之自我转化》，台湾"中央研究院"中国文哲研究所1994年版，第28—30页；简体字版，中国社会科学出版社2001年版，第25—26页。关于"意志"与"意念"之区别，参阅李明辉：《孟子的四端之心与康德的道德情感》，载其《儒家与康德》，台湾联经出版事业公司2018年版，第116—119页。

Bewegung derselben durch praktische reine Vernunft（und ihr Gesetz）"这个句式当中，derselben 是指 freie Willkür（自由意念），durch 表示被动之意。因此，"die Bewegung derselben durch praktische reine Vernunft（und ihr Gesetz）"意谓"自由意念为实践的纯粹理性（及其法则）所引动"一事，自由意念所感受的即是此事。笔者为了便于中文读者的理解，稍稍改变句法，将此句译为："我们具有自由意念对于'它自己为实践的纯粹理性（及其法则）所引动'的感受性。"而牟先生将此句译为："它［道德情感］只是'自由选择的意志'当为理性法则所推动时，所有的一种感受。"意思也大体无误。

方教授之所以不接受牟先生的翻译与诠释，主要是由于他自己将"自由意念"误解为"自由意志"。既然对康德而言，意志是立法能力，因而是决定者，方教授便将"die Bewegung derselben durch praktische reine Vernunft（und ihr Gesetz）"简化译为"自由意志的由理性法则推动的运动"。按照这样的翻译，die Bewegung derselben 便意谓"自由意志的运动"，运动是由自由意志所产生的，而全句则意谓：自由意志借由实践的纯粹理性（及其法则）所产生之运动。这样的翻译在文法上固然说得通，但在义理上却说不通。因为 derselben 不是指"自由意志"，而是指"自由意念"，而根据康德自己的说明，意念属于直接涉及行为的"事相"，是被道德法则或感性对象所决定的。因此，当我们的自由意念为理性法则（道德法则）所引动时，自由意念对此事便会感受到一种愉快，这便是道德情感。反之，当我们的自由意念为感性对象所引动时，自由意念对此事便会感受到一种不快，这是一种负面的道德情感。根据这样的诠释，我们并不会如方教授所担心的，"很难了解康德想要表达的'道德情感是与义务法则相关的苦乐之情'那样的意思"。反之，如果依方教授的诠释，这种感受性便是"自由意志的感受性"；但依康德的说明，自由意志属于不直接涉及行为（包括"运动"）的"理体"，如何会有感受性呢？可见他对 freie Willkür 的误解导致"一着错，全盘皆错"的严重后果。

方教授在其论文的末段评论道："作为有自己观点的哲学家，牟宗三与康德的看法容有不同，只是，他在译注康德时受自身观点的干扰未能准确地传达对方意旨。"（第73页）然而，根据以上的讨论，我们固然发现牟先生受限于英文译本或疏忽，他的确有若干误译之处，但情节并不严重，基本上无碍于他对康德思想的把握。故大体而言，牟先生并未误解康德的"道德情感"概念。反之，方教授虽然在语文条件上优于牟先生，但由于他对康德思想的隔阂，反而严重误解康德的"道德情感"概念。方教授在文末又说道："反省前人是为了总结经验教训，无论如何，用中文消化康德学，道路既阻且长。"（第73页）看来这句话更适于用在他身上。

（原文刊于《现代哲学》2016年第2期，第29—35页。）

康德的"物自身"概念何以有价值意涵?
——为牟宗三的诠释进一解

"物自身"(Ding an sich)是康德哲学中的一个重要概念,但也是引发最多争议的一个概念。德国新康德主义哲学家文德尔班(Wilhelm Windelband, 1848—1915)在其《哲学史教本》中,于介绍了康德的批判哲学之后,特别以一个专节讨论"物自身"问题在德国哲学之后续发展中引发的争论。①

众所周知,牟宗三耗费一生的精力研究康德哲学,并且根据英译本翻译康德的三大批判及《道德底形上学之基础》。他对康德的"物自身"概念有一个很特别的诠释,即是认为这个概念具有价值意涵。牟宗三屡屡提及此义,以下笔者仅举出其《现象与物自身》一书中的六段文字以为佐证:

(1)[……]依康德,物自身之概念似乎不是一个"事实上的原样"之概念,因此,也不是一个可以求接近之而总不能接近之的客观事实,它乃是根本不可以我们的感性和知性去接近的。因此,它是一个超绝的概念。②

(2)如果"物自身"之概念是一个价值意味的概念,而不是一个事实概念,则现象与物自身之分是超越的,乃始能稳定得住,而吾人之认知心(知性),之不能认知它乃始真成为一超越

---

① Wilhelm Windelband, *Lehrbuch der Geschichte der Philosophie* (Tübingen: J. C. B. Mohr, 1935), S. 483—497, §41.
② 牟宗三:《现象与物自身》,载《牟宗三先生全集》,第21册,台湾联经出版事业公司2003年版,第7页。

问题,而不是一个程度问题。①

(3)［……］康德亦实**未明朗地**决定说物自身是一个价值意味底概念,他说物自身常是与事实问题不分的。②

(4)我们由康德的随文点示好像已**朦胧地知道**他所说的"物自身"之概念不是一个认知上所认知的对象之"事实上的原样"之事实概念,而是一个高度价值意味的概念。③

(5)问题底关键似乎是在:这"物自身"之概念是一个事实问题底概念呢,抑还是一个价值意味底概念呢?这点,康德**并未点明**,是以读者惑焉。④

(6)康德所说的物自身自应是一个价值意味底概念,而不是一个事实底概念。问题是在他的系统不足以充分而显明地证成这价值意味的物自身,**只隐约地把它烘托出**是如此,故我们须如此视之而已。⑤

这类说法在《现象与物自身》一书中随处可见,此处自然无法俱引。牟宗三早年在《中国哲学的特质》中曾将 transzendent 译为"超越的",以对反于"内在的"(immanent)⑥。但我们要注意:在此处的第一段引文中,"超绝的"是指 transzendent,而在第二段引文中,"超越的"则是指 transzendental。

牟宗三对康德"物自身"概念的这种诠释很早就有人提出质疑。1990年12月第一届"当代新儒学国际研讨会"在台北举行时,邝芷人在会中发表论文《"物自身""智的直觉"与"新外王"》。他在文

---

① 牟宗三:《现象与物自身》,载《牟宗三先生全集》,第21册,第7页。
② 牟宗三:《现象与物自身》,载《牟宗三先生全集》,第21册,第12页。黑体为笔者所标示。
③ 牟宗三:《现象与物自身》,载《牟宗三先生全集》,第21册,第8页。黑体为笔者所标示。
④ 牟宗三:《现象与物自身》,载《牟宗三先生全集》,第21册,第3页。黑体为笔者所标示。
⑤ 牟宗三:《现象与物自身》,载《牟宗三先生全集》,第21册,第14页。黑体为笔者所标示。
⑥ 牟宗三:《现象与物自身》,载《牟宗三先生全集》,第21册,第22页。

中讨论康德的"物自身"（牟宗三有时译为"物之在其自己"）概念在德意志理念论（Deutscher Idealismus）中之后续发展，而归结说："无论康德本人或是当时参与讨论的德国哲学［家］，皆没有把'物之在其自己'视为具有价值意味的概念。"①

邝芷人的观点其实是片面的。因为"物自身的概念具有价值意涵"之说并非牟宗三首先提出的，早就有德国学者提出类似的看法。例如，新康德学派的卡西勒（Ernst Cassirer, 1874—1945）就曾指出："**伦理学**才使物自身的概念之真正根源及其所指向的目标完全清晰地凸显出来。"②

此外，新黑格尔学派的克隆纳（Richard Kroner, 1884—1974）也曾指出：

> 康德的物自身毋宁越过知识论，而指向伦理的主体主义。只有在其中，它才有其原乡，而从中取得其力量。这个无法认识的、超越自然的对象对我们展现为客观的知识目标——与之对应的不再是仅仅认知的主体，而是同时意欲的主体。以此在自然底王国之旁开启一个新的王国，即自由底王国，而意志在其中发现其活动之领域。在此，一种新的客观性发生作用，此即意欲之客观性、义务之客观性。③

> 此处所探讨的概念［按：指"物自身"的概念］之真实意义决非知识论的。它是以自然与自由间的伦理学对比为依据，并且由这个道德根源撷取其力量。［……］物自身之客观性并非展现为一个新的知识对象之客观性，而是展现为义务——意志的对象——之客观性。④

---

① 邝芷人：《"物自身"、"智的直觉"与"新外王"》，载刘述先等著：《当代新儒学论文集：外王篇》，台湾文津出版社1991年版，第373页。

② Ernst Cassirer, *Das Erkenntnisproblem in der Philosophie und Wissenschaft der neueren Zeit* (Darmstadt: Wissenschaftliche Buchgesellschaft, 1974), Bd. 2, S. 759.

③ Richard Kroner, *Kants Weltanschauung* (Tübingen: J. C. B. Mohr, 1914), S. 73f.

④ Richard Kroner, *Kant's Weltanschauung*, trans. by John E. Smith (Chicago: The University of Chicago Press, 1956), pp. 92f.；参阅 Richard Kroner 著、关子尹译：《论康德与黑格尔》，台湾联经出版事业公司1985年版，第137—138页。此书虽是其德文原版之英译，但却是非常自由的翻译，等于改写。

他更直截了当地说："物自身是人的道德探索之目标。"① 牟宗三在提出"物自身的概念具有价值意涵"之说时，大概不知道卡西勒与克隆纳已有类似的说法。他的看法应是从阅读康德的文本所推得的。

为了厘清这个问题，笔者于1992年特别发表了《牟宗三哲学中的"物自身"概念》② 一文。此文也被大陆的一些网站转载。但奇怪的是，它似乎没有发挥笔者所期待的厘清作用。杨泽波于2007年及2008年先后发表了《牟宗三何以认定康德的物自身不是一个事实的概念?》③ 及《康德的物自身不是一个事实的概念吗？——牟宗三关于康德物自身概念之诠释质疑》④ 二文，对牟宗三的诠释提出质疑。这两篇论文的内容颇多重复之处。在前一文中，杨泽波归结说："康德的物自身既含有价值的内容，又含有事实的内容；既不完全是一个事实的概念，又不完全不是一个事实的概念。所以贸然断定康德的物自身不是一个事实的概念，在理论上不够准确，有失严密。"（第36页）因此，在后一文中，他总结说："牟宗三否认物自身是一个事实的概念，显然是以偏概全。"（第34页）唐文明在其《隐秘的颠覆——牟宗三、康德与原始儒家》一书中也说："在我看来，将康德的物自身理解为'一个高度价值意味的概念'，是一个很有见地的误解，或者说是一个包含着错误的洞见。"⑤

此外，以康德研究而知名的学者邓晓芒也发表了一系列论文，来批评牟宗三对康德哲学的"误解"，其中包括《牟宗三对康德之误读举要（之三）：关于"物自身"》。在这篇论文中，邓晓芒全面批评牟宗三对康德"物自身"概念的"误读"。该文涉及许多诠释方面的问

---

① Richard Kroner, *Kant's Weltanschauung*, p. 95；参阅 Richard Kroner 著、关子尹译：《论康德与黑格尔》，第139页。

② 此文于1992年7月首先在慕尼黑"国际中国哲学会第七届国际会议"中宣读，其后刊登于《中国文哲研究集刊》1993年第3期，第547—574页。最后收入李明辉：《当代儒学之自我转化》，台湾"中央研究院"中国文哲研究所1994年版，第23—52页；简体字版，中国社会科学出版社2001年版，第20—47页。

③ 刊于《云南大学学报（社会科学版）》2008年第3期，第22—34页。

④ 刊于《哲学研究》2007年第11期，第31—36页。

⑤ 唐文明：《隐秘的颠覆——牟宗三、康德与原始儒家》，生活·读书·新知三联书店2012年版，第195页。

康德的"物自身"概念何以有价值意涵？

题，笔者无意一一讨论，仅集中于"康德的'物自身'概念是否为一个具有价值意味的概念"这个问题。对此问题，邓晓芒有明确的表态。他认为：

> 康德的物自身概念的根本立足处在于事实方面，即一切认识对象之所以可能的条件（或"事实"之所以可能的条件），而不在价值方面，价值方面的含义只是在事实方面已经确立起物自身的地盘以后才得以合理地生长起来。①

邓晓芒将牟宗三的"误读"归咎于以下的原因：

> 牟宗三对康德提出的指责是没有道理的，这种指责毋宁说反映了牟氏自己的某种诱导的意向，即把问题引向两种实指的对象，一种是事实对象，一种是价值对象；进一步就是取消事实对象而转向价值对象，从而与中国哲学的唯价值立场挂起钩来。②
>
> 牟宗三对康德哲学的核心概念之一"物自身"的理解存在着诸多误读［……］这些误解不仅表明牟宗三对康德哲学的解读缺乏耐心和细心，表明他过于执着于自己的先入之见和既定伦理信念，急于用康德来"证成"他自己的东西。③

简言之，在邓晓芒看来，牟宗三挪用康德的"物自身"概念，是为了证成他自己对中国哲学的观点，而不惜扭曲这个概念在康德哲学中的原意。

但奇怪的是，杨泽波、唐文明与邓晓芒的上述论文都未提到笔者

---

① 邓晓芒：《牟宗三对康德之误读举要（之三）：关于"物自身"》，载《学习与探索》2006 年第 6 期，第 3 页。
② 邓晓芒：《牟宗三对康德之误读举要（之三）：关于"物自身"》，载《学习与探索》2006 年第 6 期，第 1—2 页。
③ 邓晓芒：《牟宗三对康德之误读举要（之三）：关于"物自身"》，载《学习与探索》2006 年第 6 期，第 6 页。

的论文《牟宗三哲学中的"物自身"概念》,因而错失了与笔者切磋的机会。直到 2014 年杨泽波出版五卷的《牟宗三儒学思想研究:贡献与终结》,才在第三卷《存有论》中提到笔者的这篇论文。不过,他在此依然坚持:牟宗三不该否定"物自身"是一个事实的概念,而认为"这种以偏概全的看法很难说是准确的",并对笔者与其他学者(郑家栋、王兴国)未能充分注意这一点而感到遗憾。①

杨泽波指摘牟宗三将康德的"物自身"概念诠释为一个具有价值意味的概念,而非一个事实概念,是"以偏概全",其实毫无道理。因为翻译过《纯粹理性批判》的牟宗三岂会不知道康德在该书中对"物自身"概念的说明会使人将它视为一个事实概念呢?既然知道这点,他依然强调"物自身的概念具有价值意涵",自然不会没有理由。邓晓芒也强调康德的"物自身"概念主要是个事实概念,其价值意涵则是由这个事实概念引申出来的。他甚至比杨泽波更强调"物自身"概念的事实意涵。

或许牟宗三当时已意识到有人可能会质疑他对"物自身"概念的诠释,故他在《现象与物自身》一书的《序》中特别强调:他在此书中的工作是"依义不依语,依法不依人"②,直接道出了其中的关键。牟宗三本人从不讳言,他借用康德的哲学概念与架构,是为了诠释中国哲学(特别是儒家哲学)。至于这种借用,究竟是"误读"还是"创造性的诠释",恐须另外从方法论的层面来进一步思考。③但是这个问题可以与"'物自身'的概念在康德哲学中之真正意涵为何"这个问题分开来讨论。在下文,笔者将跳脱中国哲学的脉络,直接就康德言康德,看看牟宗三对"物自身"概念的诠释是否可以在康德本人的著作中得到证实。

---

① 杨泽波:《牟宗三儒学思想研究:贡献与终结》,第 3 卷《存有论》,上海人民出版社 2014 年版,第 307 页。

② 牟宗三:《现象与物自身》,载《牟宗三先生全集》,第 21 册,第 10 页。

③ 笔者基本上认为这是"创造性的诠释",参阅李明辉:《牟宗三先生的哲学诠释中之方法论问题》,载《中国文哲研究集刊》1996 年第 8 期,第 175—196 页;后收入李明辉编:《牟宗三先生与中国哲学之重建》,台湾文津出版社 1996 年版,第 21—37 页;亦刊于《北京大学研究生学志》1999 年第 1 期,第 28—36 页。

康德的"物自身"概念何以有价值意涵？

一般康德诠释者之所以会将"物自身"的概念理解为一个事实概念，主要是根据康德在《纯粹理性批判》中所做的说明。《纯粹理性批判》的《先验逻辑》末尾有一章题为《论将所有一般而言的对象区分为事相与理体的理由》。尽管康德并未明白地交代，但是从他在不同著作中的用法，我们大致可以断言："事相"（Phaenomenon）与"理体"（Noumenon）之区分相当于"现象"（Erscheinung）与"物自身"（Ding an sich）之区分。例如，康德在此章的一处便将"理体"界定为"一个事物，它决不当被设想为感觉底对象，而当（仅借由一种纯粹的知性）被设想为一个物自身"①。关于"事相"与"理体"（或"现象"与"物自身"）之区分，笔者在《牟宗三哲学中的"物自身"概念》一文中已有详细的讨论，故此处仅略述其要点。

首先，康德区分"理体"一词的消极意义与积极意义：就理体"并非我们的感性直观底对象"而言，这是其**消极意义**；若就理体是"一种非感性直观底对象"而言，这是其**积极意义**。② 这里所谓的"非感性直观"系指"智性直观"（intellektuelle Anschauung），但康德立刻指出："这种直观方式非我们所有，而我们甚至无法理解其可能性。"③ 换言之，我们人类只能理解"理体"概念的消极意义，而无法理解其积极意义。依此，对我们而言，"理体"仅意谓人类知识之界限，也就是说，人类知识至此而穷。在这个脉络中，康德又说："理体底概念只是个**界限概念**，用以限制感性之僭越，且因此只有消极的运用。"④ 综合言之，尽管"理体"无法成为我们人类的知识对象，但是它对人类的知识形成限制，并且以这种方式与人类的知识发生关联；故它与人类的知识之间并无矛盾。在这个意义下，康德将

---

① I. Kant, *Kritik der reinen Vernunft*（以下简称 *KrV*）, hrsg. von Raymund Schmidt (Hamburg: Felix Meiner, 1976), A254/B310.（A = 1781 年第一版，B = 1787 年第二版）

② I. Kant, *KrV*, A253/B307. 其实，从康德在其他著作中的用法，我们很自然地会将"事相"与"理体"之区分等同于"现象"与"物自身"之区分。

③ I. Kant, *KrV*, A253/B307.

④ I. Kant, *KrV*, A255/B310f.

"理体"的概念称为"或然的"(problematisch)。①

与"事相"与"理体"之区分平行的还有另一组概念之区分，即"感性世界"(Sinnenwelt)与"知性世界"(Verstandeswelt)之区分。② 后一组概念实即相当于拉丁文里的 mundus sensibilis 与 mundus intelligiblis③。Mundus intelligiblis 在德文里的对应词是 intelligible Welt（可译为"智思世界"）。康德特别强调：虽然有人以 intellektuelle Welt（可译为"智性世界"）取代 intelligible Welt，但前一词汇是不恰当的，因为 intellektuell 涉及知识，intelligibel 才涉及对象。④ 尽管如此，康德在《道德底形上学之基础》中的一处还是将 intellektuelle Welt 当作 intelligible Welt 的同义词来使用。⑤ 因此，"事相"与"理体"之区分蕴涵"双重世界"的理论。

无论就"理体"（"物自身"）的消极意义，还是就其为"界限概念"或"或然的"概念而言，康德都未从正面说明其意义。他虽然提到此概念的积极意义，但由于这并不在我们人类的知识范围之内，故只是虚说。一般研究者之所以将"物自身"（或"理体"）的概念当作一个"事实上的原样"之概念，并且将"现象"与"物自身"之区分理解为一项知识论的区分，主要就是根据这一章的说明。康德的后辈雅科比（Friedrich Heinrich Jacobi, 1743—1819）对其"物自身"概念提出一个有名的质疑："**没有**那项预设［按：指物自身］，我无法进入［康德的］系统，而**有了**那项预设，我无法停留于其中。"⑥ 如果我们将康德的"物自身"概念理解为一个事实概念，雅科比的质疑便很难回应。在此，我们不免想起克隆纳的另一段话：

---

① 康德说："若一个概念不包含矛盾，并且与其他知识相关联，而对既有的概念形成一种限制，但其客观实在性决无法被认知，我便称之为或然的。"（*KrV*, A254/B310.）

② I. Kant, *KrV*, A255/B311.

③ I. Kant, *KrV*, A256f./B312. 康德在其 1770 年发表的教授就职论文"De mundi sensibilis atque intelligiblis forma et principiis"之标题中就使用了这组概念。

④ I. Kant, *KrV*, B312 Anm.

⑤ I. Kant, *Grundlegung zur Metaphysik der Sitten*（以下简称 *GMS*）, in: *Kants Gesammelte Schriften*（Akademieausgabe, Berlin: Walter de Gruyter, 1902, 以下简称 *KGS*）, Bd. 4, S. 451.

⑥ Friedrich Heinrich Jacobi, *David Hume über den Glauben, oder Idealismus und Realismus*（Breslau: Gottlieb Loewe, 1787）, S. 223.

知识论最后成为康德的伦理世界观之一个领域。多数康德诠释者都相信知识论是康德哲学之中心、基础和本质,并相信他的伦理学只代表一种附属的冒险、一项附录,或只是其思想中与其他部分并存的一个部分。所有这些诠释者都忽略了整体之内在结构。①

如上所述,牟宗三在《现象与物自身》一书的《序》中提到"依义不依语,依法不依人"的佛教诠释原则。在佛教的"四依"说中,还有"依智不依识,依了义经不依不了义经"。牟宗三显然认为:作为事实概念的知识论的"物自身"并非此概念之"了义"。我们要了解:康德在阐释其哲学概念时,常有从"不了义"推进至"了义"的开展过程。若非如此去理解康德的"物自身"概念,而是依杨泽波所言,认为它"既含有价值的内容,又含有事实的内容",这将是个奇怪而矛盾的概念。

从"不了义"推进至"了义"的开展过程,不独见诸其"物自身"概念,还特别见诸其"自由"概念。我们当会同意:康德的"自由"概念基本上是一个伦理学的概念。但是康德在《纯粹理性批判》中,却是从**宇宙论**的脉络提出这个概念。在此书的《先验辩证论》部分中,康德提出由于纯粹理性之僭越使用而出现的四组"背反"(Antinomie)。"自由"的概念便出现于第三组背反,它包含两个状似矛盾的命题:

> 正论:依乎自然底法则的因果性并非唯一的因果性,而世界底诸现象都能从它被推衍出来。为了解释这些现象,还有必要去假定一种借由自由的因果性。
>
> 反论:并无自由存在,而是世界中的一切均仅依自然底法则

---

① Richard Kroner, *Kant's Weltanschauung*, p. 84f.;参阅 Richard Kroner 著、关子尹译:《论康德与黑格尔》,第 124 页。

而发生。①

在这两个命题中,反论主张自然底因果律之普遍性,正论则主张自由之存在。反论是一个决定论的观点,它坚持因果律之普遍有效性,即一切事象皆有其原因,毫无例外。但是这个观点必须面对因果系列无穷后退的难题。为了避免这项难题,我们势必要预设一个"第一因"(causa prima),这即是正论中提出的"自由"。然而这样一来,因果律之普遍有效性就有了例外。于是理性陷入左支右绌的尴尬局面,亦即"背反"。

然而,"背反"并非"矛盾"。因为在矛盾关系中的两个命题只能是一真一假,但在背反关系中的两个命题却可能同为真,或同为假。康德指出:构成这第三组"背反"的两个命题都是真的,故不构成矛盾。化解这项矛盾的关键就在于从"物自身"与"现象"的双重观点来理解这两个命题,亦即将它们分别归属于"物自身"与"现象"(或者说"智思世界"与"感性世界"),因而承认双重因果性,即"自然底因果性"(die Kausalität der Natur)与"借由自由的因果性"(die Kausalität durch Freiheit)②。既然这两个命题不属于同一层面,它们自然就不会构成矛盾。在这个意义之下,"借由自由的因果性"超脱于"自然底因果性"。康德将这种自由称为"先验的自由"(transzendentale Freiheit)③。对于这种自由,康德解释说:"我依宇宙论的意义将自由理解为**自动地**肇始一个状态的能力。因此,其因果性不再依自然法则而受制于另一项原因(这项原因依时间来决定它)。"④ 由此可明白地看出:"先验的自由"至此完全是一个作为"第一因"的**宇宙论**概念。

但是康德接着提出"实践意义的自由",也就是"意念之无待于感性底冲动之强制"。康德在此使用"意念"(Willkür)一词,系相

---

① I. Kant, *KrV*, A444f. /B472f.

② I. Kant, *KrV*, A532—557/B560—585.

③ I. Kant, *KrV*, A445—447/B473—475.

④ I. Kant, *KrV*, A533/B561.

对于"意志"(Wille)而言,有其特殊的涵义。笔者在他处已讨论过这两个概念的确切涵义①,此处姑且略过不谈,以免枝蔓。康德自己解释说:

> 人类的意念固然是一种感性的意念(arbitrium sensitivum),但不是动物的(brutum),而是自由的(liberum),因为感性不使其行为成为必然的,而是人具有一种能力,无待于感性冲动之强制而自动地决定自己。②

更重要的是,康德接着强调:"取消先验的自由,会同时消除一切实践的自由。"③ 换言之,实践的自由必须预设先验的自由。这就为"自由"的概念取得了伦理学的意义。

此外,康德还将"物自身"与"现象"的双重观点应用于人身上,而主张:人除了具有"经验的性格"(empirischer Charakter)之外,还具有"智思的性格"(intelligibler Charakter),并将后者归属于"物自身",借它来说明道德责任之归属。④ 这便是人的"双重身份"之说。这也赋予"自由"的概念以一种伦理学的意义。

由上述的讨论可知,在康德的哲学系统中,"自由"的概念居于由"现象"过渡到"物自身"的关键地位。在《道德底形上学之基础》第三章,康德提到"自由"概念的消极意义:"**意志**是有生命者底一种因果性(就这些有生命者是理性的而言),而**自由**便是这种因果性能无待于其外在的**决定**原因而产生作用的那项特质〔……〕"⑤ 这便是前面提过的"借由自由的因果性",亦即"先验的自由"。但他接着表示:这种消极意义的"自由"概念"无助于理解其本质"⑥。

---

① 李明辉:《孟子的四端之心与康德的道德情感》,载其《儒家与康德》,台湾联经出版事业公司2018年版,第107—148页。
② I. Kant, *KrV*, A534/B562.
③ I. Kant, *KrV*, A534/B562.
④ I. Kant, *KrV*, A254—556/B582—584.
⑤ I. Kant, *GMS*, *KGS*, Bd. 4, S. 446.
⑥ I. Kant, *GMS*, *KGS*, Bd. 4, S. 446.

因此，他进而提出积极意义的"自由"概念。对此，他说："除了自律——亦即'意志对于自己是一项法则'的这项特质——之外，意志底自由还可能是什么呢？"① 由此可知："自由"概念之"了义"（究竟义）并非"先验的自由"，而是"自律"。就此而言，"自由"的概念根本是一个伦理学的概念，而康德在《纯粹理性批判》中依宇宙论意义提出的"先验的自由"只是"自由"概念之"非了义"或"权说"。若依杨泽波的逻辑而坚持说，将康德的"自由"视为一个伦理学的概念，是"以偏概全"，"在理论上不够准确，有失严密"，真正的康德专家必然会认为很无谓。

这种由"非了义"过渡到"了义"的诠释策略同样见诸"物自身"的概念。上文提过，康德说"理体"的概念只是个"或然的概念"。他接着强调：

> 这个概念是必要的，以使感性直观不致伸展到物自身，且因而限制感性知识底客观有效性。（因为感性直观所达不到的其余事物之所以称为理体，正是为了让我们借此指出：感性知识无法将其领域延伸到知性所思的一切事物。）而最后，这样的理体底可能性决无法理解，而且在现象领域以外的范围（对我们而言）是空的。②

在这个意义下，康德将"理体"视为一个"界限概念"。因此，"物自身"（或理体）的概念正如"先验的自由"之概念一样，只是个消极的概念，借以显示人类知识之界限。但是越过了这个界限，便开启另一个界域，即道德世界。积极意义的"自由"与"智思的性格"都属于这个世界。因此，"物自身"（或理体）的概念所开启的，便是一个道德世界。劳思光曾很恰当地借"穷智见德"一词来表述这

---

① I. Kant, *GMS*, *KGS*, Bd. 4, S. 446f.
② I. Kant, *KrV*, A254f. /B310.

康德的"物自身"概念何以有价值意涵？

种由"现象"至"物自身"的转折。① 牟宗三也准确地把握此义，如他所言：

> 我们对于自由无限心底意义与作用有一清楚而明确的表象，则对于"物之在其自己"之真实意义亦可有清楚而明确的表象，物之在其自己是一朗现，不是一隐晦的彼岸。②

这种转折非常清楚地见诸《道德底形上学之基础》一书。康德在此书的论证系由我们一般人未经反思的道德意识（康德称之为"通常的理性知识"）出发，通过反思去分析出"道德底最高原则"，即"自律"。在"通常的理性知识"之中隐含"道德法则"（定言令式）的概念。在此书的第二章，康德于分析"定言令式"（kategorischer Imperativ）的过程中，提出"目的自身"（Zweck an sich selbst）的概念。所谓"目的自身"即是指所有的有理性者，他们因具有人格，而不能仅被当工具来使用。③ 换言之，"目的自身"即是能在道德上自我立法的道德主体。由"目的自身"的概念又衍生出"目的王国"的概念。康德解释说：

> 由此便产生有理性者借共同的客观法则所形成之一个有秩序的结合，亦即一个王国——由于这些法则正是以这些存有者间互为目的和工具的关系为目标，这个王国可称为一个目的底王国（当然只是一个理想）。④

这里所说的"共同的客观法则"便是指道德法则。因此，所谓的

---

① 劳思光：《致唐君毅先生》，载其《书简与杂记》，时报文化出版公司1987年版，第214—221页；劳思光：《论"穷智见德"》，载其《儒学精神与世界文化路向》，台湾时报文化出版公司1986年版，第226—231页。笔者2017年5月在香港中文大学主办的"文化理性的批判与哲学理性的辩护——劳思光教授九十冥寿学术会议"中发表主题演讲《"穷智见德"——劳思光先生的思想纲领》，详细阐述此说的意涵（今收入本书）。
② 牟宗三：《现象与物自身》，载《牟宗三先生全集》，第21册，第8页。
③ I. Kant, *GMS*, *KGS*, Bd. 4, S. 428.
④ I. Kant, *GMS*, *KGS*, Bd. 4, S. 433.

"目的王国"便是由有理性者依道德法则组成之理想的道德世界。

在这个脉络中,康德明白地表示:

> 如今,一个有理性者底世界[mundus intelligibilis(智思世界)]以这种方式作为一个目的王国而有可能性,而这是由于一切作为其成员的人格之自我立法而然。①

在这句话中,康德将"智思世界"等同于"有理性者底世界"与"目的王国",正是牟宗三所言"物自身的概念是一个价值意味的概念"之直接证据,而且这是"物自身"概念的"了义"。在本文开头的几段引文中,牟宗三说,康德"并未点明""未明朗地决定说""只隐约地把它烘托出""好像已朦胧地知道"此义,恐怕是太过保守的说法。因为康德在此已明白而直接地表达此义。

在《道德底形上学之基础》第三章,康德进一步说明此义。如上所述,在此书的前二章中,康德借"分析的途径"从一般人未经反思的"道德法则"(定言令式)之意识分析出"道德底最高原则",即"自律",而"自律"即是积极意义的"自由"。在此书的第三章中,康德进而借"综合的途径"由积极意义的"自由"去说明"定言令式如何可能"。康德知道:这个论证过程可能引发循环论证的疑虑。② 为了厘清这种疑虑,他表示:

> 但是我们还剩下一个办法,即是去探讨:当我们透过自由设

---

① I. Kant, *GMS*, *KGS*, Bd. 4, S. 438.

② 关于康德此书的论证结构与方法论问题(特别是第三章的论证结构),迄今依然不断引起讨论。最新的文献有 Heiko Puls (Hg.), *Kants Rechtfertigung des Sittengesetzes in Grundlegung III. Deduktion oder Faktum?* (Berlin: de Gruyter, 2014); Heiko Puls, *Sittliches Bewusstsein und kategorischer Imperativ in Kants Grundlegung. Ein Kommentar zum dritten Abschnitt* (Berlin: de Gruyter, 2016); Dieter Schönecker (Hg.), *Kants Begründung von Freiheit und Moral in Grundlegung III; Neue Interpretationen* (Münster: Mentis, 2015). 笔者在拙著《康德伦理学与孟子道德思考之重建》(台湾"中央研究院"中国文哲研究所1994年版)中对康德的诠释策略有完整的阐释,特别是第四章。

康德的"物自身"概念何以有价值意涵?

想自己是先天的致动因时所采取的观点,是否与我们依据我们的行动(作为我们眼前所看到的结果)设想自己时所采取的观点不同?①

这里提到的双重观点即是"物自身"与"现象"的观点。

接下来的一段文字很长,但由于它对了解康德的"物自身"概念非常具有关键性,笔者必须将全文引述于下:

> 有一项省察,其进行不太需要精微的思虑,反而我们可假定:最通常的知性也可能作这项省察(虽然是按照它自己的方式,借着它称作"情感"的判断力底一项模糊分别)。这项省察即是:一切非因我们的意念而来的表象(如感觉底表象)使我们认识的对象,只是触动我们的那些对象,而在此我们仍不知道这些对象自身可能是什么;因此,就这种表象而论,纵使知性加上最大的注意力和明晰性,我们以此方式仍只能得到**现象**底知识,决非**物自身**底知识。这项分别或许只是缘于我们注意到由他处所给与我们的表象(在此我们是被动的)与我们单凭自己产生的表象(在此我们表现我们的活动)间的差异。一旦我们做了这项分别,其自然的结果便是:我们得承认且假定在现象背后还有某个不是现象的东西,即物自身——尽管我们自然会知道:既然我们决无法认识物自身,而永远只能认识它们触动我们的方式,则我们决无法更接近它们,并且知道它们本身是什么。这必然提供一项感性世界与知性世界之区别(虽然是粗糙的);其前者依各种宇宙观察者内的感性之差异,也能有极大的差异,但是作为前者底基础的后者却始终保持不变。甚至对于自己,人也不可依据他由内在感觉所得到的自我认识,自以为认识他自己的本来面目。因为既然他的确并未彷佛创造自己,且并非先天地、而是经验地得到关于他自己的概念,则他甚至能透过内感——且因

---

① I. Kant, *GMS*, *KGS*, Bd. 4, S. 428.

而仅透过其本性底现象,以及其意识被触动的方式——搜取关于他自己的讯息,乃是自然之事。但除了他自己的主体之这种纯由现象所组成的特性外,他还必然假定另一个作为基础的东西,即他的自我(如它自身的可能情况一般)。因此,就纯然的知觉及对感觉的感受性而言,他得将自己归入**感性世界**;但就可能在他之内作为纯粹活动的东西(它决不经由感觉之触动、而是直接进入意识中)而言,他得将自己归入**智性世界**(intellektuelle Welt),但他对这个世界无进一步的认识。①

这段文字包含非常重要的讯息,因为它透露:"现象"与"物自身"的区别并非哲学家的理论建构,而是包含于一般人的道德意识之中。康德说:"最通常的知性也可能作这项省察。"这里所谓的"最通常的知性"有其特殊的含义,相当于康德著作中经常出现的"通常的人类理性"(gemeine Menschenvernunft)、"通常的人类知性"(gemeiner Menschenverstand)、"健全的人类理性"(gesunde Menschenvernunft)、"健全的人类知性"(gesunder Menschenverstand)等用语。它们均源自英文中的 common sense,指一般人未经哲学反思——或者说,"百姓日用而不知"——的认知或意识。康德认为:在思辨哲学中,"通常的人类知性"是靠不住的;但在实践哲学中,它却是极可靠的。② 因此,这里所谓的"最通常的知性"系就一般人的道德意识而言。但是一般人的道德意识只是模糊地隐含"现象"与"物自身"之区别,就好像情感一样。这项区别源自我们模糊地意识到两种表象——我们被动地由对象引发的表象与我们自发地产生的表象——之不同:前者是经验的表象,后者是道德的概念。然而,在素朴的道德意识中,我们隐约地感觉到"感性世界"与"知性世界"(或"智性世界")之区别,我们可以认知前者,但却无法认知

---

① I. Kant, *GMS*, *KGS*, Bd. 4, S. 450f.。
② 李明辉:《康德论"通常的人类知性"——兼与杜维明先生的"体知"说相比较》,载陈少明编:《体知与人文学》,华夏出版社 2008 年版,第 214—227 页。

康德的"物自身"概念何以有价值意涵？

后者，而假定后者是在前者背后作为其基础。用在我们的主体上，我们则分别以现象与物自身的身份归属于"感性世界"与"知性世界"。所以，康德说："若一个人对他可能遇到的一切事物加以思考，必然得到这样的结论。这样的结论甚至可能见诸最通常的知性中。"①

不过，这种素朴的道德意识有一个盲点，即是容易将"物自身"的概念实在化。康德说：

> 众所周知，最通常的知性极易在感觉底对象背后还期待某个自行活动的无形之物；但由于它立刻又使这个无形之物可为其感性所把握，亦即想使之成为直观底对象，它再度破坏这个无形之物，而且并未因此变得更聪明一点。②

这段文字的重要意义在于：它明白地否定"物自身"是一个事实概念。如果我们只是将"物自身"视为一个"界限概念"，问题不大，但如果我们要将它实在化，视之为直观底对象，便是无根据的。

康德进而指出："现象"与"物自身"其实是我们人类看待自己的两个**观点**。他说：

> 一个有理性者必须将自己视为**智性体**（因此不从其低级力量之一面来看），并非属于感性世界，而是属于知性世界。因此，他具有两个观点，他可从这两个观点来看自己，并且认识其力量底运用之法则，因而认识其一切行为之法则：**首先**，就他属于感性世界而言，他服从自然法则（他律）；**其次**，就他属于智思世界而言，他服从不受自然所影响、而仅以理性为基础的非经验法则。③

---

① I. Kant, *GMS*, *KGS*, Bd. 4, S. 451f.
② I. Kant, *GMS*, *KGS*, Bd. 4, S. 452.
③ I. Kant, *GMS*, *KGS*, Bd. 4, S. 452.

这里所谓的"低级力量"是指感性,所谓的"非经验法则"则是指道德法则。从这两个观点来看我们的主体,我们具有双重身份,即作为物自身的我(智性体)与作为现象的我。这对应于康德在《纯粹理性批判》中所说的"智思的性格"与"经验的性格"。

再者,我们人类看待自己的双重观点并非哲学家才有的观点,而是一般人都会不自觉地采取的观点。康德有一段话生动地表明此义:

> 通常的人类理性之实践运用证实了这项推证底正确性。任何人(甚至最坏的恶棍)举出心意正直、坚守善良格律、同情及普遍仁爱(此外更连带着利益与舒适之重大牺牲)之范例时,只要他在其他情况下习惯于使用理性,他就不会不希望自己也可能有这种存心。但他可能只由于其爱好和冲动,本身无法真的做到这点;但在这件事上,他同时还是希望摆脱这种令他自己厌烦的爱好。所以,他用这个方式证明:他借一个从感性底冲动解脱出来的意志,在思想中将自己置于一个与其欲望在感性领域中的秩序完全不同的事物秩序中,因为从这项愿望,他无法期望欲望之满足,因而无法期望任何一种令其实际的或者可设想的爱好得到满足的状态(因为这样一来,连使他产生这项愿望的理念都会失去其优越性),而是只能期望其人格底一项更大的内在价值。但是当他将自己置于知性世界底一个成员之观点时,他相信自己是这个较好的人格。自由(亦即对于感性世界底**决定**原因的超脱)底理念迫使他不得不将自己置于这个观点,而且在这个观点中,他意识到一个善的意志。①

这段话简直像是为孟子解释性善论。由这段引文开头的"通常的人类理性"之语可知:康德在此所举的例子是一个平凡的人,甚至是一个恶棍。这个人平时面对其各种爱好与冲动时,会因受到其制约而感到厌烦,而希望摆脱其束缚。这种期望隐含一个理念及一个看待自

---

① I. Kant, *GMS*, *KGS*, Bd. 4, S. 454f.

己的独特观点:这个理念即是"自由"的理念,而这个观点即是"自己属于知性世界"的观点。康德最后说:"在这个观点中,他意识到一个善的意志。"可见"知性世界"指向一个道德世界。在这里,"自由"的理念与"知性世界"的观点相互指涉。此人之受到各种爱好与冲动的制约,正如孟子所言:"耳目之官不思而蔽于物,物交物,则引之而已矣。"而此人之摆脱爱好与冲动的束缚而进入自由之域,则如孟子所言:"心之官则思,思则得之,不思则不得也。"(俱见《孟子·告子上》第15章)

在这段引文中最值得注意的是:康德将在"知性世界"视为一个**观点**。在另一处,康德更是明白地表示:

> 一个知性世界底概念只是一个**观点**(Standpunkt),理性为了**设想自己是实践的**,不得不在现象之外采取这个观点。如果感性对人的影响是决定性的,"理性设想自己是实践的"一事便是不可能的;但假使我们不该否定人会意识到自己是智性体,因而是有理性且凭理性活动(亦即自由地产生作用)的原因,此事便是必然的。这个思想的确产生自然机械作用(它涉及感性世界)底秩序与立法以外的另一种秩序与立法,并且使一个智思世界(亦即作为物自身的全体有理性者)底概念成为必要。①

这段文字有两点特别值得注意:首先,康德将"知性世界"(即"智思世界")理解为理性为了设想自己是实践的而必须采取的**观点**。这正好呼应他在上一段引文中所说:"在这个观点中,他意识到一个善的意志。"因为对康德而言,"实践理性"与"善的意志"同样指涉道德主体。其次,康德在此明白地将"智思世界"等同于"作为物自身的全体有理性者"。换言之,"物自身"是指道德主体,而"智思世界"则是由道德主体组成的道德世界。这岂非直接证明康德的"物自身"概念是一个价值意味的概念,而不是一个"事实上的原

---

① I. Kant, *GMS*, *KGS*, Bd. 4, S. 458.

样"之概念？

将"物自身"（或"知性世界"）视为一个开启道德世界的实践观点，这是康德的"物自身"概念之"了义"。这也是劳思光借"穷智见德"一词所表达的意思。德国学者考尔巴赫（Friedrich Kaulbach, 1912—1992）也再三申明此义。他在其注释《道德底形上学之基础》的专书中开宗明义，表明他诠释此书的主导思想是"先验的视角主义"（transzendentaler Perspektivismus）①。不论说"观点"（Standpunkt），还是说"视角"（Perspektiv），都是同一个意思。考尔巴赫还引述了笔者方才所引关于"知性世界底概念只是一个观点"的那段文字，并且据此主张："关于理性世界或'知性世界'的言说若要被赋予意义，我们就不能尝试客观地描述其对象类型、其关系及其中发生之事。"② 这无异于否定了康德的"物自身"概念是一个"事实上的原样"之概念。

总结以上的讨论，我们可以说：康德的"物自身"概念之"了义"并不是一个"事实上的原样"之概念，而是一个道德世界的概念。康德在《纯粹理性批判》中已暗示此义，但是在《道德底形上学之基础》中则明白地表示此义。若非如此，其"物自身"概念便无法避免雅科比的质疑。因此，牟宗三将康德的"物自身"概念视为一个价值意味的概念，既非如杨泽波与唐文明所言，是对康德思想的误解或以偏概全，亦非如邓晓芒所指摘，是为了迁就中国哲学的诠释而对康德思想的曲解，更不违背当代德国杰出的康德专家卡西勒、克隆纳、考尔巴赫等人之见解。这三位德国学者都不是汉学家，他们对康德"物自身"概念的诠释与中国哲学完全无关。牟宗三应当没

---

① Friedrich Kaulbach, *Immanuel Kants "Grundlegung zur Metaphysik der Sitten". Interpretation und Kommentar* (Darmstadt: Wissenschaftliche Buchgesellschaft, 1988), S. VII. 关于考尔巴赫的"视角主义"，还可参阅其"Perspektivismus und Rechtsprinzip in Kants Kritik der reinen Vernunft", *Allgemeine Zeitschrift für Philosophie*, Bd. 10 (1985), Heft 2, S. 21—35；以及其 *Philosophie des Perspektivismus. Teil* I: *Wahrheit und Perspektive bei Kant, Hegel und Nietzsche* (Tübingen: J. C. B. Mohr 1990)。

② Friedrich Kaulbach, *Immanuel Kants "Grundlegung zur Metaphysik der Sitten". Interpretation und Kommentar*, S. 164f.

看过他们的相关著作,但却与他们的诠释不谋而合,可说是英雄所见略同。

［原文刊于《云南大学学报》(社会科学版) 2018 年第 2 期,第 53—62 页;《国学学刊》2018 年第 1 期,第 64—73 页。］

从康德的"道德宗教"论儒家的宗教性

一、重新省思"儒学是否为宗教?"之问题

"儒学是否为宗教?"这一直是中外学术界争论不休的问题。此一问题之出现,可远溯至明末清初来华传教的天主教士之内部争论。耶稣会士利玛窦(Matteo Ricci, 1552—1610)基于传教的策略,试图将儒学与耶教信仰加以融合;而为了弥合两者间的距离,他特别强调儒学不是宗教,使儒学不致与耶教教义产生直接的冲突。① 但利玛窦的继任者却修改了他的策略,因而引发了教会内部的"礼仪之争"。清朝中叶以后,中西文化开始广泛接触,"宗教"(religion)一词亦随之输入汉字文化圈,再度引发关于"儒学是否为宗教?"的争论。根据日本学者铃木范久的研究,最初以汉语的"宗教"二字来翻译 religion 一词的是日本人,见于 1868 年美国公使向日本明治政府提交的抗议函之日译本中②;此一用法其后逐渐流行日本,并且为中国的知识界所采纳。

民初以来,由于受启蒙思想及其所隐含的科学主义之影响,中国的知识分子往往将"宗教"与"迷信"相提并论,甚至将之等同起来。在这种背景之下,学者多半不愿将儒学视为一种宗教,而强调它是一种人文主义传统。唯一的例外或许是试图立"孔教"为国教的康有为及其追随者(如陈焕章)。但有趣的是,连康有为最重要的弟子梁启超都反对将儒学视为宗教,遑论立为国教。1902 年初,他在《新民丛报》发表了《保教非所以尊孔论》一文,在文中论述"儒学

---

① 林金水:《儒教不是宗教——试论利玛窦对儒教的看法》,载任继愈编:《儒教问题争论集》,宗教文化出版社 2000 年版,第 163—170 页。
② [日]铃木范久:《明治宗教思潮の研究》,东京大学出版会 1979 年版,第 16 页。此项资料承蒙德国波鸿鲁尔大学(Ruhr-Universität Bochum)Hans Martin Krämer 教授的指点,特此致谢。

非宗教"之义。他在文中说:

> 西人所谓宗教者,专指迷信宗仰而言,其权力范围,乃在躯壳界之外,以魂灵为根据,以礼拜为仪式,以脱离尘世为目的,以涅盘天国为究竟,以来世祸福为法门。诸教虽有精粗大小之不同,而其概则一也。故奉其教者,莫要于起信,莫急于伏魔。起信者,禁人之怀疑,窒人思想自由也;伏魔者,持门户以排外也。故宗教者,非使人进步之具也。①

在当时中国的知识界,梁启超对"宗教"的这种看法相当具有代表性。故无论是肯定儒家的蔡元培、章太炎,还是主张"打倒孔家店"的陈独秀,都否定儒学是宗教,而且也坚决反对将"孔教"定为国教。② 例如,蔡元培曾提出的"以美育代宗教"之主张,③ 其主要论点如下:人类精神的作用主要包含知识、意志、感情三者,最初均由宗教包办。然随着社会文化之进步,知识作用逐渐脱离宗教,而让位于科学。继而近代学者应用生理学、心理学、社会学来研究道德伦理,使意志作用亦脱离宗教而独立。于是,与宗教关系最密切者仅剩下情感作用,即所谓"美感"。但美育附丽于宗教,常受宗教之累,而失其陶养之作用,反以刺激情感、禁锢思想为事,故美育宜由宗教独立出来。

甚至连当代新儒家第一代的代表人物熊十力、梁漱溟与冯友兰都

---

① 载《新民丛报》光绪二十八年(1902)第2号,第61页;亦载梁启超:《饮冰室文集》,第2册,台湾中华书局1970年版,第52页。
② 关于民初中国知识分子对于"宗教"的态度,参阅苗润田、陈燕:《儒学:宗教与非宗教之争——一个学术史的检讨》,载任继愈编:《儒教问题争论集》,第439—448页。
③ 蔡元培先后有《以美育代宗教说》(1917年8月)、《以美育代宗教》(1930年12月)、《以美育代宗教——在上海基督教青年会讲演词》(1930年12月)、《美育》(1930年)、《美育与人生》(1931年左右)、《美育代宗教》(1932年)诸文,均收入《蔡元培文集:美育》(台湾锦绣出版公司1995年版)。

不将儒学视为一种宗教。① 举例而言，熊十力从人类文化发展的角度来理解宗教，并且指出：

> 人类思想由浑而之画。宗教在上世，只是哲学科学文学艺术等等底浑合物，后来这些学术发达，各自独立，宗教完全没有领域了。如今还有一部分人保存着他底形式，只是迷信神与灵魂，和原人底心理一般，这也无足怪。②

这种看法与蔡元培的上述观点极为类似。熊十力更基于中国文化的立场而强调："中国哲学亦可以《庄子》书中'自本自根'四字概括。因此，中国人用不着宗教。宗教是依他，是向外追求。"③ 此外，梁漱溟在其《中国文化要义》一书第六章《以道德代宗教》中强调：周公、孔子之后，中国文化便"几乎没有宗教底人生"，因为"周孔教化非宗教"；儒家虽非宗教，但具有与宗教类似的功能，即"安排伦理名分以组织社会，设为礼乐揖让以涵养理性"，故是"以道德代宗教"。

对于宗教的这种忌讳态度到了当代新儒家的第二代，才因时代背景的改变而有根本的转变。1949年后，唐君毅、牟宗三、张君劢及徐复观流寓到台、港及海外，深切感受到中国文化"花果飘零"之痛。对他们而言，这使他们发心对中国文化进行彻底的反省。在反省的过程中，他们不免要面对西方人对中国文化的误解或成见。这种成见之一是认为：中国人只重视现实的伦理道德，而缺乏宗教性的超越感情；中国的伦理道德思想只涉及规范外在行为的条文，而忽略精神活动的内在依据。笔者在《儒家思想中的内在性与超越性》一文中

---

① 丁为祥：《熊十力学术思想评传》，北京图书馆出版社1999年版，第142—146页；苗润田、陈燕：《儒学：宗教与非宗教之争——一个学术史的检讨》，载任继愈编：《儒教问题争论集》，第448页。
② 熊十力：《十力语要》卷4，载《熊十力全集》，第4卷，湖北教育出版社2001年版，第353页。
③ 熊十力：《答林同济》，《十力语要》卷3，载《熊十力全集》，第4卷，第303页。

曾指出：这种成见可以追溯到黑格尔。① 1958年1月，他们四人共同发表《为中国文化敬告世界人士宣言》②。这篇《宣言》共十二节，其中第五节《中国文化中之伦理道德与宗教精神》就是特别针对这种成见加以澄清的。他们虽然承认中国文化中并无西方那种制度化的宗教与独立的宗教文化传统；但这并非意谓中国民族只重现实的伦理道德，缺乏宗教性的超越感情。在他们看来，这反而可以证明"中国民族之宗教性的超越感情，及宗教精神，因与其所重之伦理道德，同来源于一本之文化，而与其伦理道德之精神，遂合一而不可分"③。这段话主要是针对儒家传统而说，强调儒家的伦理道德与宗教精神之一体性。由于这篇《宣言》实际上是由唐君毅先生执笔起草，故这段话正好呼应了唐先生在其《心物与人生》一书中所言："宗教亦是人文世界之一领域。宗教之为文化，是整个人生或整个人格与宇宙真宰或真如，发生关系之一种文化，亦即是天人之际之一种文化。"④换言之，在儒家传统中，宗教与文化（人文）相即而不可分，即文化即宗教。如果说儒家思想是一种人文主义，这也是一种具有宗教面向的人文主义，它可以通向宗教。⑤ 这种特色也正是美国学者芬加瑞⑥（Herbert Fingarette）所谓的"即世俗而神圣"（the secular as sacred）。⑦

牟宗三先生即根据此义将儒家视为"人文教"，意谓人文主义与宗教之合一。他撰有《人文主义与宗教》一文，阐述此义。他在文中将"人文教"亦称为"道德宗教"，并且解释说：

---

① 李明辉：《当代儒学之自我转化》，台湾"中央研究院"中国文哲研究所1994年版，第129—130页；简体字版，中国社会科学出版社2001年版，第118—119页。
② 这篇《宣言》最初刊载于《民主评论》1958年第1期及《再生》1958年第1期，其后收入《唐君毅全集》卷4（台湾学生书局1991年版），易名为《中国文化与世界》。
③ 唐君毅：《中国文化与世界》，载《唐君毅全集》卷4，第19页。
④ 唐君毅：《心物与人生》，载《唐君毅全集》卷2，第211页。
⑤ 关于"儒教"的这种特色，特别参阅唐君毅：《儒家之学与教之树立及宗教纷争之根绝》，载其《中华人文与当今世界》，下册（《唐君毅全集》卷8），第58—94页。
⑥ 此为台湾译法，大陆多译作芬加莱特。
⑦ Herbert Fingarette, *Confucius—the Secular as Sacred*（New York：Harper Torchbook，1971）. 此书有彭国翔与张华的中译本：《孔子：即凡而圣》，江苏人民出版社2002年版。

> 凡道德宗教足以为一民族立国之本，必有其两面：一，足以为日常生活轨道（所谓道揆法守）。二，足以**提撕**精神，启发灵感，此即足以为创造文化之文化生命。①

根据这两项条件，他接着说明：以儒家为代表的"人文教"在何种意义下可以被视为一种"宗教"。他说：

> 人文教之所以为教，落下来为日常生活之轨道，提上去肯定一超越而普遍之道德精神实体。此实体通过祭天祭祖祭圣贤而成为一有宗教意义之"神性之实"，"价值之源"。基督教中之上帝，因耶稣一项而成为一崇拜之对象，故与人文世界为隔；而人文教中之实体，则因天、祖、圣贤三项所成之整个系统而成为一有宗教意义之崇敬对象，故与人文世界不隔：此其所以为人文教也，如何不可成一高级圆满之宗教？唯此所谓宗教不是西方传统中所意谓之宗教（Religion）而已。②

其后，牟先生在《心体与性体》中扩大"道德宗教"之涵义，以之涵盖儒、释、道三教。在此书第一册第一部《综论》中，他根据唐君毅先生的说法将中国思想史里所论之"理"区分为名理、物理、玄理、空理、性理、事理六种，而将玄理（属于道家）、空理（属于佛家）、性理（属于儒家）同归属于"道德宗教"，并且说明："宋明儒所讲者即'性理之学'也。此亦道德亦宗教，即道德即宗教，道德宗教通而一之者也。"③ 他接着指出：此"性理之学"即"心性之学"，亦即"内圣之学"，而此"内圣之学"同时即是"成德之教"。他说：

---

① 牟宗三：《生命的学问》，台湾三民书局1970年版，第75页。
② 牟宗三：《生命的学问》，第76—77页。关于儒家的宗教性，特别参阅牟宗三：《中国哲学的特质》，台湾学生书局1990年版，第12章《作为宗教的儒教》。
③ 牟宗三：《心体与性体》，第1册，台湾正中书局1973年版，第4页。

从康德的"道德宗教"论儒家的宗教性

此"内圣之学"亦曰"成德之教"。"成德"之最高目标是圣、是仁者、是大人,而其真实意义则在于个人有限之生命中取得一无限而圆满之意义。此则即宗教即道德,而为人类建立一"道德的宗教"也。此则既与佛教之以舍离为中心的灭度宗教不同,亦与基督教之以神为中心的救赎宗教不同。①

牟先生对"人文教"或"道德宗教"的看法,基本上与唐先生对儒家的看法并无二致。他们都承认:在儒家思想中,道德与宗教之间存在一种"即内在即超越,亦内在亦超越"的关系。②但是当时共同签署《宣言》的徐复观先生其实有不尽相同的看法。1980年8月,徐先生接受林镇国等三人的访问时,做了如下的告白:

这篇宣言是由唐先生起稿。寄给张、牟两位先生。他们两人并没表示其他意见,就签署了。寄给我时,我做了两点修正:

(1) 关于政治方面。我认为要将中国文化精神中可以与民主政治相通的疏导出来,推动中国的民主政治。这一点唐先生讲得不够,所以我就改了一部分。

(2) 由于唐先生的宗教意识很浓厚,所以在"宣言"中也就强调了中国文化中的宗教意义。我则认为中国文化原亦有宗教性,也不反对宗教;然从春秋时代起就逐渐从宗教中脱出,在人的生命中扎根,不必回头走。便把唐先生这部分也改了。改了之后,寄还给唐先生,唐先生接纳了我的第一项意见,第二项则未接受。这倒无所谓。就这样发表了。③

---

① 牟宗三:《心体与性体》,第1册,第6页。
② 牟先生论儒家所肯定的普遍的道德实体时说道:"此普遍的道德实体,吾人不说为'出世间法',而只说为超越实体。然亦超越亦内在,并不隔离,亦内在亦外在,亦并不隔离。"(《生命的学问》,第74页)
③ 林镇国等:《擎起这把香火——当代思想的俯视》,载《徐复观杂文·续集》,台湾时报文化出版公司1981年版,第408页。

以上的告白涉及当代新儒家内部对儒家天道的不同理解，这种不同极为微妙，以致过去常为研究者所忽略。若说唐、牟二人在"即人文即宗教"的思维形态中见到儒学的本质，那么徐先生便是在由宗教意识到人文意识的转化中窥得儒学发展的基本方向。根据徐先生在其《中国人性论史·先秦篇》一书中的描述，儒家传统由西周初年到西汉初年的发展是一个由殷商原始宗教经由"忧患意识"之催化而逐渐理性化、人文化的过程。他将这个过程概述如下：

> 先秦儒家思想，是由古代的原始宗教，逐步脱化、落实，而成为以人的道德理性为中心，所发展，所建立起来的。从神意性质的天命，脱化而为春秋时代的道德法则性质的天命；从外在地道德法则性质的天命，落实而为孔子的内在于生命之中，成为人生命本质的性；从作为生命本质的性，落实而为孟子的在人生命之内，为人的生命作主，并由每一个人当下可以把握得到的心。心有德性与知性的两面。德性乃人的道德主体；孟子在这一方面显发得特为著明。知性是人的知识主体；这一方面，由荀子显发得相当的清楚。所以先秦儒家的人性论，到了孟荀而已大体分别发展成熟；由《大学》一篇而得到了一个**富有深度的综合**。也可以说是**先秦儒家人性论的完成**。[①]

对唐、牟二人而言，宗教与人文、超越与内在，在儒家思想之中，是一体之两面，彼此相即而不可分，然亦具有永恒的张力。但对徐先生而言，儒学的本质显然是落在人文与内在的一面。他固然不否认儒学原先具有宗教性，但此宗教性在历史发展的过程中却逐步为人文精神所转化乃至取代。简言之，对唐、牟二人而言，宗教与人文、超越与内在之间的张力构成儒学的本质；但徐先生却仅赋予儒家的宗教性一种阶段性的历史意义，而非其本质要素。换言之，对徐先生而言，儒学是不折不扣的人文主义；至于其宗教性，仅是历史的残余而

---

① 徐复观：《中国人性论史·先秦篇》，台湾商务印书馆1969年版，第263页。

已。他在其《有关中国思想史中一个基题的考察——释论语"五十而知天命"》一文中便从这个观点去诠释孔子自述"五十而知天命"(《论语·为政篇》)之语:

> [……]知天命乃是将外在的他律性的道德,生根于经验中的道德,由不断的努力而将其内在化,自律化,以使其生根于超经验之上。借用康德的语气,这是哥白尼的大回转,由外向内的大回转。①

他进而根据这个观点去理解儒家所盛言的"天人合一"(此词首先出现于张载《正蒙·乾称篇》):

> 人在反躬实践的过程中,便必然由宗教之心,显出其超经验的特性;而超经验的特性,依然是由经验之心所认取,以主宰于经验之心,于是乃真有所谓天人合一。故如实而论,所谓天人合一,只是心的二重性格之合一。除此而外,决无所谓天人合一。②

对唐、牟等人而言,儒家所言的"天人合一"意谓宗教与人文之相即而不可分;但徐先生却将此"天"字仅理解为"超经验"之义(如康德将道德法则视为超经验的),而完全抖落了其宗教意义。故徐先生在文中对朱子、张载与熊十力的宇宙论颇有微词,视之为"思想史中的夹缠"③。正是在这一点上,徐先生对上述《宣言》的内容有所保留。无怪乎他后来会撰写《向孔子的思想性格回归——为纪念民国六十八年孔子诞辰而作》一文,批评熊十力、唐君毅二人从形而上学的观点来诠释中国文化,认为他们"把中国文化发展

---

① 徐复观:《中国思想史论集续编》,台湾时报文化出版公司1982年版,第387页。
② 徐复观:《中国思想史论集续编》,第393页。
③ 徐复观:《中国思想史论集续编》,第390—393页。

的方向弄颠倒了"①。

在前引的《有关中国思想史中一个基题的考察——释论语"五十而知天命"》一文中,徐先生除了将孔子的天命观所包含之思想转向比拟为康德所说的"哥白尼式转向"②之外,还引述了康德在《实践理性批判》一书的《结语》中的著名譬喻,来说明他自己的观点:

> 康德在他实践理性批导的结论中,将星辰粲列的天空,与法度森严的道德律相并列而加以赞叹。若是我们将康德此处所赞叹的天空,与他创造星云说时所说的天空,同一看待,那未免太幼稚了。这种由主观所转出的客观,由自律性所转出的他律性,与仅从经验中归纳出来的客观性和他律性有不同的性格,而对人的精神向上,有无限的推动提撕的力量。③

有趣的是,牟先生在其《人文主义与宗教》一文中也表示:"〔……〕西方哲学上之唯心论足以说明并肯定道德宗教。凡想积极说明并肯定道德宗教者,总于哲学上采取唯心论之立场。"④牟先生此处所说的"唯心论"显然包括康德哲学在内,甚至可能主要是就康德哲学而言,因为康德本人确有"道德宗教"之说。由上文的讨论可知:尽管唐、牟、徐三人对儒家与宗教的关系之理解有微妙的不同,但他们都引康德为同调。在这个背景之下,进一步探讨康德的"道德宗教"之说,或许有助于我们厘清有关儒家与宗教的争论。

二、康德论"道德宗教"

康德以"启蒙之子"自居,他在《答"何谓启蒙?"之问题》一文中便表示:"如果现在有人问道:我们目前是否生活在一个**已启**

---

① 徐复观:《中国思想史论集续编》,第433页。
② I. Kant, *Kritik der reinen Vernunft*(以下简称 *KrV*), Hrsg. von Raymund Schmidt (Hamburg: Felix Meiner, 1976), B XVI. (A = 1781年第一版,B = 1787年第二版)
③ 徐复观:《中国思想史论集续编》,第389页。
④ 牟宗三:《生命的学问》,第73页。

蒙的时代？其答案为：不然！但我们生活在一个启蒙底时代。"① 对他而言，在启蒙的时代，最重要的工作是宗教之启蒙。他说：

> 我把启蒙（人类之超脱于他们自己招致的未成年状态）底要点主要放在**宗教事务**上。因为对于艺术和科学，我们的统治者并无兴趣扮演其臣民的监护者；此外，在宗教上的未成年状态也是所有未成年状态中最有害且最可耻的。②

因此，康德是从启蒙的观点来理解"宗教"，其宗教观自然具有明显的启蒙色彩。

康德最主要的宗教哲学著作是1793年出版的《单在理性界限内的宗教》（*Die Religion innerhalb der Grenzen der bloßen Vernunft*）一书，这个标题即扼要地道出了其宗教观的启蒙色彩。简言之，他所认可的"宗教"是建立在理性——更严格地说，实践理性——的基础上；或者换个方式说，它是建立在"理性信仰"（Vernunftglaube）或"道德信仰"（moralischer Glaube）的基础上。康德将这种宗教称为"道德宗教"（moralische Religion）。进而言之，由于人的理性具有普遍的效力，那么建立在理性的基础上之宗教也应当是普遍的。因此，康德认为："宗教"一词应当是单数，因为真正的宗教只有一种。他在《论永久和平》中谈到"宗教之不同"时，加上了一个脚注：

> **宗教之不同**：一个奇特的说法！就好像人们也谈到不同的道德一样。固然可能有不同的**信仰方式**（它们是历史的手段，不属于宗教，而属于为促进宗教而使用的手段之历史，因而属于"学识"底范围），而且也可能有不同的**宗教经典**（阿维斯塔经、

---

① I. Kant, "Beantwortung der Frage: Was ist Aufklärung?", in: *Kants Gesammelte Schriften* (Akademieausgabe, 以下简称 *KGS*), Bd. 8, S. 40; 李明辉译注：《康德历史哲学论文集》，台湾联经出版事业公司2013年版，第33页。

② I. Kant, "Beantwortung der Frage: Was ist Aufklärung?", *KGS*, Bd. 8, S. 41; 李明辉译注：《康德历史哲学论文集》，第34页。

吠陀经、可兰经等）。但是只有一种对所有人、在所有时代均有效的**宗教**。因此，信仰方式可能仅包含宗教底资具，而这种资具可能是偶然的，并且依时代与地点之不同而转移。①

康德在其《纯粹理性批判》一书中对西方传统的形而上学进行了全面的批判。他在此书的《先验辩证论》中不但反驳西方传统形上学关于"灵魂不灭"的论证，而且反驳其上帝论证。西方传统的"理性心理学"（作为形而上学的一支）肯定心灵（或灵魂）的实体性（Substantialität）、单纯性（Simplizität）、人格性（Personalität）与观念性（Idealität）；而由"单纯性"又衍生出"常住性"（Beharrlichkeit）或"不朽"（Inkorruptibilität；Unsterblichkeit）的概念。康德指出：这一切主张共同建立在一种"言语形式之诡辩"（sophisma figurae dictionis）（B411）——或者说，"误推"（Paralogismus）——之上，亦即将"实体"范畴误用于作为一切思考之形式条件的"我思"，使之成为有具体知识内容的主体。这种推论是不合理的，因为"我思"只是我们的一切思考（因而知识）之形式条件，本身不包含任何知识内容；知识内容必须借由直观而被给与。因此，康德在对西方传统的"理性心理学"之全面批判中，也否定了"灵魂不灭"的命题。

其次，康德在分析西方传统形而上学的"上帝"概念时指出：作为一个"最实在的存有者"（ens realissimum）之理念，这个概念是一个"先验的理想"（transzendentales Ideal）（A576/B604）。作为一切概念决定（Begriffsbestimmung）之形式条件，这个理念固然是理性本身必然要求的，但它既无法提供知识内容，亦无法成为知识的对象。然而，当理性将它先是"实在化"，继而"实体化"，最后"人格化"时，便产生了幻相。他分别批判西方传统形而上学所提出的三种上帝论证（存有论论证、宇宙论论证、目的论论证），以显示：

---

① I. Kant, *Zum ewigen Frieden*, *KGS*, Bd. 8, S. 367；李明辉译注：《康德历史哲学论文集》，第 203 页。

我们凭借思辨理性，既无法肯定、亦无法否定上帝之存在。在康德看来，这些上帝论证都是建立在上述的幻相之上。康德承认：在目的论的观点之下，"上帝"概念可以作为一个"规制原则"（regulatives Prinzip）而保有其意义，即在运用理性时要求万物之合目的性的统一（A686ff./B714）。这个意义的"上帝"概念——康德将它等同于"神意"（Vorsehung）的概念——后来在其《判断力批判》及有关历史哲学的论文中占有一个重要的地位。但如果我们将这种"上帝"概念当作一个"构造原则"（konstitutives Prinzip），而试图将我们的知识扩展到经验的范围之外时，我们的理性便误入了歧途。无论如何，我们无法从知识的观点去证明上帝的存在。

当康德在《纯粹理性批判》中否定了借由思辨理性去论证上帝存在的可能性之际，他也提出了一种"道德神学"（Moraltheologie），亦即"一种对于一个最高存有者的信仰，而此种信仰系建立在道德法则之上"（A632/B660, Anm.）。在此书的《先验方法论》部分中有一节题为《论作为纯粹理性底最后目的之一项决定根据的最高善底理想》，康德在此提出了"道德神学"的构想。他将人类理性的兴趣（Interesse）归纳为三个问题：我能够知道什么？我应当做什么？我可以期望什么？第一个问题是纯然思辨性的，涉及知识；第二个问题是纯然实践性的，涉及道德；第三个问题既是理论性的，又是实践性的，涉及宗教（A804ff./B832ff.）。"道德神学"的构想便是从第三个问题出发。依康德之见，我们的理性在其理论性运用方面必然假定：每个人依其行为的道德性，有理由期望同等程度的幸福；故道德的系统与幸福的系统会在纯粹理性的理念中结合起来（A809/B837）。这个理念康德称为"道德世界"（moralische Welt）（A808/B836），是"衍生的最高善"，因为道德与幸福在其中的结合必须以"原始的最高善"——即上帝——为基础（A810/B838）。再者，这个"道德世界"并不存在于感性世界之中，而存在于"智思世界"（intelligible Welt）之中，故对我们而言，是一个来世（A811/B839）。因此，上帝与来世是两项必要的预设，根据纯粹理性的原则，它们与纯粹理性加诸我们的责任无法分开（同上）。康德在此也将我们对上帝与来世的信仰称为"道德信仰"(A828/B856)。

接着,康德在他发表于1786年的《何谓"在思考中定向"?》("Was heißt: Sich im Denken orientieren?")一文中进一步说明这种"道德信仰"——在此文中,他称之为"理性信仰"——的性质。"定向"(sich orientieren)一词的原义是对地理方位(东西南北)的辨识(**地理上的**定向)。康德指出:要辨识地理方位,需要在我们自己的主体中有一种分辨左右手的"感受"(Gefühl)。① 之所以称它为"感受",是因为在我们的外在直观中,左右两边并无明显的区别,此种区别纯然是主观的。② 同样地,当我们要在一个特定的空间(例如,于黑暗中在一个我们所熟悉的房间里)辨识我们所处的位置(**数学上的**定向)时,我们也需要一种主观的"感受",以分辨左右。③ 最后,他才谈到"在思考中定向"(**逻辑上的**定向)。他写道:

> 我们能依模拟轻易地猜到:这将是纯粹理性底一项工作,即是当纯粹理性从已知的(经验)对象出发,想要扩展到经验底一切界限之外,并且完全无直观底对象,而是仅有直观底空间之际,引导它自己的运用之工作。在这种情况下,它不再有办法根据知识底客观根据,而是仅根据一种主观的分辨底根据,在它自己的判断能力之决定中将其判断纳入一项特定的格律之下。在这种情况下还剩下来的主观工具不外是理性特有的**需求**之感受。④

简言之,所谓"在思考中定向"即是纯粹理性在超经验的领域中的定向。在这个领域中,理性并无任何直观的对象可为凭依,故欠缺知识的一切客观根据,此时理性之主观"需求"(Bedürfnis)便有发挥的余地。

康德分别就理性之理论性运用与实践性运用两方面来说明这种主

---

① I. Kant, "Was heißt: Sich im Denken orientieren?", *KGS*, Bd. 8, S. 134.
② I. Kant, "Was heißt: Sich im Denken orientieren?", *KGS*, Bd. 8, S. 134f.
③ I. Kant, "Was heißt: Sich im Denken orientieren?", *KGS*, Bd. 8, S. 135.
④ I. Kant, "Was heißt: Sich im Denken orientieren?", *KGS*, Bd. 8, S. 136.

观需求的意义。就理性之理论性运用而言，我们仅能从知识的观点，证明"上帝"的概念一方面与经验不相抵牾，另一方面其本身不包含矛盾；简言之，它在概念上是可能的。然而，我们却无法论断其实在性。此时，理性之主观需求却使我们有理由假设其实在性，而视之为理论上必然的对象。康德将这个假设称为"纯粹的理性假设"（reine Vernunfthypothese），亦即"一种意见，它基于主观的理由，足以确认"①。但是康德指出：理性在这方面的需求仅是有条件的，因为唯有当我们想要对一切偶然事物之最初原因加以判断时，我们才有必要假定上帝之存在；反之，理性在其实践性运用中的需求却是无条件的，因为"我们之所以不得不预设上帝之存在，并不仅是由于我们**想要**判断，而是由于我们**必须判断**"②。康德继续解释说：理性之纯粹实践性的运用在于道德法则之规定，而一切道德法则都会导向"最高善"的理念，即道德与幸福之成比例的合一；但这只是"依待的最高善"，理性为此进一步要求假定一个"最高的智性体"（上帝）作为"无待的最高善"。③ 康德将这种假定称为"理性信仰"④ 或"理性底设准"（Postulat der Vernunft）。

康德后来（1788年）在《实践理性批判》一书中从实践的观点为上帝之存在与灵魂之不朽提出完整的论证，视之为"纯粹实践理性之设准"；但此书中的主要论点几乎都已包含于《纯粹理性批判》与《何谓"在思考中定向"？》之中。相关的讨论见于《实践理性批判》一书的《纯粹实践理性之辩证论》中。康德的论证由"最高善"的概念出发，而此概念意谓德行与幸福之成比例的结合。他认为：这种结合只能由德行导出幸福，而不能反过来，由幸福导出德行，因为前者才符合"自律"（Autonomie）之义，后者只会形成"他律"（Heteronomie）。他接着说：

---

① I. Kant, "Was heißt: Sich im Denken orientieren?", *KGS*, Bd. 8, S. 141.
② I. Kant, "Was heißt: Sich im Denken orientieren?", *KGS*, Bd. 8, S. 139.
③ I. Kant, "Was heißt: Sich im Denken orientieren?", *KGS*, Bd. 8, S. 139.
④ I. Kant, "Was heißt: Sich im Denken orientieren?", *KGS*, Bd. 8, S. 140.

如今既然促进最高善（它在其概念中包含这种联结）是我们的意志底一个先天必然的对象，而且与道德法则相联系而不可分，则前者之不可能也证明后者之虚假。因此，如果根据实践的规则，最高善是不可能的，则道德法则（它要求去促进最高善）必然也是虚幻的，且着眼于空洞的想象的目的，因而本身是虚假的。①

对康德而言，"道德法则彷佛作为纯粹理性底一项事实而被提供出来"，而且这项事实"为我们先天地所意识到，并且是确然可靠的"②。康德在《论俗语所谓：这在理论上可能是正确的，但不适于实践》一文中强调："人意识到：由于他应当这么做，他就能够做到。"③ 换言之，我们的道德法则不可能要求我们去做超乎我们能力的事。因此，如果道德法则是一项"纯粹理性底事实"，则它所要求的"最高善"亦不可能是虚妄的。但在现实世界中，我们人类的意志不可能完全符合道德法则，而有德者也未必有福，这便使我们不得不"设定"（postulieren）灵魂在来世的继续存在，使德行与幸福有可能在来世达成一致，因而"最高善"的要求不致落空。这便是"灵魂不灭"的设准。而为了要保证德行与幸福之一致，我们又必须"设定"一个全知全能的智性体——即上帝——之存在。这就是"上帝存在"的设准。

康德在《实践理性批判》中将"灵魂不灭""上帝存在"与"意志自由"并列为纯粹实践理性的三个"设准"。所谓"设准"，他解释说：

这些设准并非理论性的教条，而是在必然的实践方面之**预设**。因此，它们固然并不扩展思辨性的知识，但是却为思辨理性

---

① I. Kant, *Kritik der praktischen Vernunft*, *KGS*, Bd. 5, S. 114.
② I. Kant, *Kritik der praktischen Vernunft*, *KGS*, Bd. 5, S. 47.
③ I. Kant, *KGS*, Bd. 8, S. 287.

底理念**一般性**地（借由这些理念与实践性事物之关系）提供客观实在性，并且使思辨理性有权拥有一些概念，而在其他情况下，思辨理性甚至仅是妄议这些概念底可能性都不成。①

简言之，我们借由思辨理性无法肯定上述理念的实在性，如今却因它们与道德法则（作为"纯粹理性底事实"）之关联，其实在性得到某种肯定。这种肯定并非知识意义的肯定，但却包含某种确然性，故康德以"设准"一词来表示。这种"设准"即是康德在《何谓"在思考中定向"？》中所谓的"理性信仰"。

诗人海涅（Heinrich Heine, 1797—1856）在《论德国宗教和哲学的历史》（*Zur Geschichte der Religion und Philosophie in Deutschland*）一书中以诙谐的语气调侃康德，说他在《纯粹理性批判》中杀死上帝之后，由于怜悯其老仆人兰培（Lampe）的心理不安，便在《实践粹理性批判》中让上帝复活了②。这段调侃的话常被人当成事实，而引起误解。就连牟先生在其《圆善论》中也受到误导，而说："据说康德本想去掉这个人格神之上帝，只因可怜他的仆人之不安，遂终于又把祂肯定了。由此可见这信仰是**情识决定**，非**理性决定**。"③ 其实，这段话之可靠性已为上文所提到的事实所否定，此即：康德在《实践理性批判》中对上帝存在与灵魂不朽的道德论证之基本论点几乎

---

① I. Kant, *Kritik der praktischen Vernunft*, KGS, Bd. 5, S. 132.

② 书中写道："［……］到这里为止康德扮演了一个铁面无私的哲学家，他袭击了天国，杀死了天国全体守备部队，这个世界的最高主宰未经证明便倒在血泊中了，现在再也无所谓大慈大悲了，无所谓天父的恩典了，无所谓今生受苦来世善报了，灵魂不死已经到了弥留的瞬间——发出阵阵的喘息和呻吟——而老兰培作为一个悲伤的旁观者，腋下挟着他的那把伞站在一旁，满脸淌着不安的汗水和眼泪。于是康德就怜悯起来，并表示，他不仅是一个伟大的哲学家，而且也是一个善良的人，于是，他考虑了一番之后，就一半善意、一半诙谐地说：'老兰培一定要有一个上帝，否则这个可怜的人就不能幸福——但人生在世界上应当享有幸福——实践的理性这样说——我倒没有关系——那么实践的理性也不妨保证上帝的存在。'于是，康德就根据这些推论，在理论的理性和实践的理性之间作了区分并用实践的理性，就像一根魔杖一般使得那个被理论的理性杀死了的自然神论的尸体复活了。"译文采自海涅著、海安译：《论德国宗教和哲学的历史》，商务印书馆2000年版，第112—113页；原文见 *Heines Werke*（Berlin/Weimar：Aufbau-Verlag, 1978），Bd. 4, S. 110.

③ 牟宗三：《圆善论》，台湾学生书局1985年版，第254页。

都已包含于《纯粹理性批判》与《何谓"在思考中定向"?》之中。不仅如此,这些论点甚至可追溯到其前批判期的著作《通灵者之梦》(1766 年出版)。在此书的《结论》中,康德写道:

> 难道只因为有个来世,"有德"才是善的吗?还是毋宁因为行为本身是善而有德的,它们才在将来得到报偿呢?人心岂非包含直接的道德规范,而我们为了使人在此世按照其本分而活动,必须在另一个世界发动机关吗?有一种人只要不受到未来的惩罚所威胁,便宁愿屈从他所嗜好的罪恶;这种人可算是正直吗?可算是有德吗?我们岂非更应说:他虽然不敢作恶,但其心灵却怀有邪恶的存心;而他喜好类乎德行的行为之好处,但却憎恶德行本身?而且事实上经验也证明:极多被教以来世且相信来世的人却耽于罪恶和卑劣,只知盘算以奸诈方式规避未来的威胁性报应的手段。但是从来没有一个正直的人能够忍受"一切事物均随着死亡而终结"这个想法,且其高贵的存心不奋而期望于未来。因此,将对于来世的期待建立在一个善良的人底感觉上,似乎比反过来将其良好品行建立在对于另一个世界的期望上,更合乎人性和道德底纯粹性。**道德的信仰**也是如此;其纯真可免除一些诡辩底烦琐辨析,并且只有这种信仰适合于在所有状态中的人,因为它把人直接引到其真正目的上。①

由上下文可以推断:这里所说的"道德的信仰"仅是指对上帝存在的信仰。故这段话显然包含了康德在《实践理性批判》中对上帝存在与灵魂不朽的道德论证②,也包含了他在《何谓"在思考中定向"?》所提到的"理性底需求"。

以上讨论的著作虽然为康德的宗教哲学定下了基调,但它们并非

---

① I. Kant, *Träume eines Geistersehers, erläutert durch Träume der Metaphysik*, KGS, Bd. 2, S. 372f.;康德著、李明辉译:《通灵者之梦》,台湾联经出版事业公司 1989 年版,第 77 页。
② 李明辉:《康德的〈通灵者之梦〉在其早期哲学发展中的意义与地位》,载康德著、李明辉译:《通灵者之梦》,第 35—40 页。

从康德的"道德宗教"论儒家的宗教性

专门讨论宗教哲学的著作。为了完整地了解康德的宗教哲学，我们有必要进一步讨论其唯一专论宗教哲学的著作《单在理性界限内的宗教》。此书基本上是在上述著作的基础上进一步讨论与宗教相关的议题，不过它从一项新议题——"根本恶"（das radikale Böse）——出发。康德反对耶教传统的"原罪说"①，而代之以"根本恶"之说。所谓"根本恶"，是指"趋向于道德之恶的性癖"。康德解释道：

> 既然这种"恶"[道德之恶]只有作为自由意念底决定，才是可能的，但自由意念只能透过其格律而被判定为善或恶，故这种"恶"必须存在于"格律违背道德法则"的可能性之主观根据中。再者，如果这种性癖可被假定为普遍地属于人（因而属于其种属底性格），就被称为人类向恶的一种**自然的**性癖。②

康德的"根本恶"说极为复杂而精微，无法仅用三言两语说清楚。拙作《康德的"根本恶"说——兼与孟子的性善说相比较》曾对这套理论做了详细的分析，读者可参阅。③ 在此我们只消指出：① "根本恶"是一种"道德之恶"，它是人的自由意志之产物，所以人必须为此负责；② "根本恶"是人违背道德法则的可能性之主观根据，就它共同属于人类而言，可视为人性的一部分。但我们不能据此而将康德视为性恶论者。因为既然"根本恶"是人的自由意志之产物，它就不是人的本然状态，正如康德在《人类史之臆测的起源》一文所说："**自然**底历史由'善'开始，因为它是**上帝**底创作；**自由**

---

① 康德说："不论道德之恶在人内部的根源是什么情况，在一切关于'道德之恶在所有繁衍中通过我们的种属底所有成员而散播并延续'之想法当中，最不恰当的想法是将这种'恶'设想为通过遗传而从始祖传到我们。"载 I. Kant, *Die Religion innerhalb der Grenzen der bloßen Vernunft*（以下简称 *Rel.*），*KGS*, Bd. 6, S. 40.

② I. Kant, *Rel.*, *KGS*, Bd. 6, S. 29.

③ 李明辉：《康德伦理学与孟子道德思考之重建》，台湾"中央研究院"中国文哲研究所1994年版，第117—146页。

· 215 ·

底历史由'恶'开始，因为它是**人类底创作**。"① 其次，康德也承认有三种"在人性中向善的原始禀赋"，此即"关于人（作为一个有生命的存有者）底动物性的禀赋""关于人（作为一个有生命且同时有理性的存有者）底人情性（Menschheit）的禀赋"，以及"关于人（作为一个有理性且同时能负责的存有者）底人格性的禀赋"②，而且他相信：

> ［……］在我们内部回复向善的原始禀赋，并非取得一个已**失去**的向善的动机。因为我们决无法失去这个存在于对道德法则的敬畏中的动机，而且如果此事有可能的话，我们也决不会重获这个动机。③

现在的问题是：人如何在堕落之后改过迁善呢？上述三种"在人性中向善的原始禀赋"是否能提供充分的力量，使人改过迁善呢？康德一方面承认："在意念采取格律时违反原始的道德禀赋"之"性癖"——亦即，"根本恶"——是"无法根除的"，故我们必须不断地对抗这种性癖。④ 但在另一方面，他又表示：

> 如今既然这只是导致一种由"坏"到"较佳"之无止尽的进展，其结果便是：恶人底存心之转变为一个善人底存心，必然在于他根据道德法则采纳一切格律时最高的内在根据之改变——只要这个新的根据（新的心）本身如今是不变的。然而，人固然无法自然地达到这种确信，无论是通过直接的意识，还是借由他迄今所过的生活之证明；因为内心之深处（其格律之主观的最初根据）对他自己来说，是不可究诘的。但是他必定能够**期**

---

① I. Kant, "Mutmaßlicher Anfang der Menschengeschichte", *KGS*, Bd. 8, S. 115; 李明辉译注：《康德历史哲学论文集》，第82页。
② I. Kant, *Rel.*, *KGS*, Bd. 6, S. 26.
③ I. Kant, *Rel.*, *KGS*, Bd. 6, S. 46.
④ I. Kant, *Rel.*, *KGS*, Bd. 6, S. 51.

从康德的"道德宗教"论儒家的宗教性

望借由使用**自己的**力量而走上通往此处，且由一种业已根本改善的存心指示于他的道路；因为他应当成为一个善人，但只能根据可以被算作他自己所做的事而被判定为**道德上善的**。①

一方面，康德对人心之幽微有很深刻的警觉，认为我们无法在自省中完全肯定自己无一念之私；但在另一方面，他又相信我们凭自己的力量改过迁善的可能性。故他说："如果道德法则要求：我们现在**应当**是更好的人，其必然的结论是：我们必定也**能够**如此。"②

这就牵涉到康德如何看待道德与宗教之关系。他一方面说："道德为了自身之故（无论在客观方面就"意欲"而言，还是在主观方面就"能够"而言），决不需要宗教，而是由于纯粹实践理性，它是自足的。"③ 在另一方面，他又说："道德必然通向宗教。借此，道德扩展到一个在人之外掌权的道德立法者之理念；在这个道德立法者底意志中，（创世底）终极目的就是能够且应当也是人底终极目的的东西。"④ 这里所说的"道德立法者"显然是指上帝。他在这里所谈的"宗教"亦未超出"理性信仰"或"道德信仰"的范围。在这个脉络下，他提出了"道德宗教"的概念。他写道：

> ［……］我们可以将所有宗教区分为**邀恩底**（纯然礼拜的）宗教与**道德的**宗教，亦即**良好品行**底宗教。就前者而言，人或者自许上帝能（借由赦免其咎责）使他永远幸福，而他却不必**成为一个更好的人**，或者，如果这对他似乎是不可能的，则甚至自许上帝能**使他成为更好的人**，而他自己除了为此而**祈求**外，不必再做任何事。既然对一个无所不知的存有者而言，祈求不过是**愿望**而已，则祈求根本等于什么都没有做；因为如果单凭愿望就能做到这点的话，那么每个人都会是好人。但是就道德的宗教

---

① I. Kant, *Rel.*, *KGS*, Bd. 6, S. 51.
② I. Kant, *Rel.*, *KGS*, Bd. 6, S. 50.
③ I. Kant, *Rel.*, *KGS*, Bd. 6, S. 3.
④ I. Kant, *Rel.*, *KGS*, Bd. 6, S. 6.

(在所有存在过的公开的宗教中,唯有耶教属于此类)而言,有一项原则是:每个人得尽其一切力量,以成为一个更好的人;唯有他为了成为一个更好的人,而发挥了其天赋(《路加福音》第19章第12—16节),运用了其向善的原始禀赋之后,他才能期望其能力不及之处会由更高的协助得到弥补。人甚至完全没有必要知道:这种协助存在于何处;或许根本无法避免的是:如果这种协助发生的方式在某一时刻被启示出来,则不同的人在另一时刻会对此形成不同的概念,而且是完全出于真诚。但这样一来,以下的原则也能成立:"对每个人而言,知道上帝为其至福做什么或做了什么,并非重要的,且因此不是必要的";反倒是他应当知道:为了要配得这种援助,**他自己做了什么**。①

对康德而言,"道德宗教"才是真正的宗教,而来自超自然力量(如上帝)的协助由于超出了理性之界限,并不属于道德宗教的本质因素。凭借上帝之协助而成为善人或得到至福,康德称为"恩宠底作用"(Gnadenwirkung)。他将"恩宠底作用"与"奇迹"(Wunder)、"秘密"(Geheimnis)、"得到恩宠的手段"(Gnadenmittel)并列为"理性界限内的宗教之补遗(Parerga)"。② 所谓"奇迹",是指"世界中的事件,其原因底**作用法则**我们绝对不知道,而且必定始终不知道"③。"秘密"是指那种"虽能为每个个人所**知**,但却无法为公众所**知**,亦即无法普遍传达的**神圣之事**"④,如召唤、救赎、拣选等。"得到恩宠的手段"则是指为获得上帝的特别协助而采取的手段,如祈祷、上教堂、洗礼、领圣餐等。

在耶教历史的发展过程中,这四种"补遗"无疑均发挥过一定的功能,但是在康德看来,它们属于"历史的信仰"(historischer

---

① I. Kant, *Rel.*, KGS, Bd. 6, S. 51f.
② I. Kant, *Rel.*, KGS, Bd. 6, S. 52.
③ I. Kant, *Rel.*, KGS, Bd. 6, S. 86.
④ I. Kant, *Rel.*, KGS, Bd. 6, S. 137.

Glaube）或"教会底信仰"（Kirchenglaube），而非"纯粹的理性信仰"。① 在这个脉络下，康德谈到了"教会"，亦即"在上帝底道德立法之下的伦理共同体"②。他将教会区分为"无形的教会"与"有形的教会"③。简言之，"有形的教会"是在历史上现实存在的教会，带有历史的偶然性。但真正的教会是"无形的教会"，它是"有形的教会"之理想与原型。"无形的教会"具有以下四项特征：

（1）它是普遍的、因而唯一的教会；

（2）它是纯粹的，换言之，除了道德动机之外，它不服从任何其他的动机；

（3）其成员内部的关系及它与政治权力的外在关系都符合自由原则；

（4）其宪章是不变的。④

总而言之，"无形的教会"是以"纯粹的理性信仰"为基础，故康德说："唯有完全建立在理性底基础之上的纯粹宗教信仰才能被视为必然的，因而被视为唯一标识**真正教会**的信仰。"⑤ 在这种意义之下，"有形的教会"至多仅具有历史的意义，具有一种过渡性的功能，如康德所说：

> 纵使（基于人类理性之无法避免的限制）一种历史性的信仰作为接引手段而影响纯粹宗教——但意识到它仅是一种接引手段——而且这种信仰作为教会信仰，具有一项原则，即"不断地接近纯粹的宗教信仰，以便最后能不需要这种接引手段"，这样一种教会依然可以称为**真正的**教会。但既然对于历史性的教

---

① I. Kant, *Rel.*, *KGS*, Bd. 6, S. 104 & 106.
② I. Kant, *Rel.*, *KGS*, Bd. 6, S. 101.
③ I. Kant, *Rel.*, *KGS*, Bd. 6, S. 101.
④ I. Kant, *Rel.*, *KGS*, Bd. 6, S. 101f.
⑤ I. Kant, *Rel.*, *KGS*, Bd. 6, S. 115.

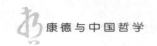

义,争论决无法避免,则它只能称为**争论的**教会,但却有一种前景,即最后会发展成不变的且一统的**凯旋的**教会!①

一言以蔽之,对于康德而言,在历史上存在的一切"有形的教会"至多只是过渡到"真正的宗教"之接引手段,它与一切随之而生的历史性产物(恩宠底作用、奇迹、秘密、邀恩的手段、启示等)均不属于宗教的本质因素。随着"道德宗教"之发展,这些东西终究都会被历史所扬弃。

三、从先秦儒学的转折看儒家的宗教性

现在我们回到"儒家与宗教"的课题上。一项不可否认的事实是:在周代以前,中国人具有强烈的宗教意识,并且有频繁的祭祀活动,祭祀的对象包括上帝、天地、祖先、鬼神、日月星辰、自然现象(如四时寒暑、水旱)、四方等。西方传教士及中国的耶教徒也往往注意到这套原始信仰包含一种对至高的人格神之信仰,并在此见到儒家传统与耶教信仰相通之处。譬如,利玛窦的《天主实义》一书中便有如下的一段文字:

> 吾天主乃古经书所称上帝也。《中庸》引孔子曰:"郊社之礼,以事上帝也。"朱注曰:"不言后土者,省文也。"窃意仲尼明一之以不可为二,何独省文乎?《周颂》曰:"执竞武王,无竞维烈。不显成康,上帝是皇。"又曰:"于皇来年,将受厥明,明昭上帝。"《商颂》云:"圣敬日跻,昭假迟迟,上帝是祗。"《雅》云:"维此文王,小心翼翼,昭事上帝。"《易》曰:"帝出乎震。"夫帝也者,非天之谓。苍天者抱八方,何能出于一乎?《礼》云:"五者备当,上帝其飨。"又云:"天子亲耕,粢盛秬鬯,以事上帝。"《汤誓》曰:"夏氏有罪,予畏上帝,不敢不正。"又曰:"惟皇上帝,降衷于下民。若有恒性,克绥厥猷,惟后。"《金縢》

---

① I. Kant, *Rel.*, *KGS*, Bd. 6, S. 115.

从康德的"道德宗教"论儒家的宗教性

周公曰:"乃命于帝庭,敷佑四方。"上帝有庭,则不以苍天为上帝可知。历观古书,而知上帝与天主特异以名也。①

先秦儒家经典中所说的"天"与"上帝"是否如利玛窦所言,即是天主教徒所崇奉的"天主",此处姑且不论②;但可以肯定的是:在古代中国人的原始宗教意识中的确存在一种对至高的人格神之信仰。不过,我们同时也要指出:这种信仰并不排斥对其他对象(如祖先、其他神祇)的崇拜,而是与之同时并存。

然而,以上的事实并非本文所要探讨的重点。我们的主要兴趣在于孔子在儒家传统发展过程中的关键性地位,此即:透过他的学说与道德实践,他一方面将周文中之**外在的**礼乐秩序,另一方面将《诗》《书》中作为人格神之**超越的**"天"或"上帝",一起**内在化**于人的本性及其道德实践之中。孔子在这两方面的转向与康德在西方伦理学与宗教哲学的发展中的转向如出一辙。康德在伦理学中透过"自律"概念之提出,将道德规范的根源收摄于道德主体(实践理性)之中,而造成了所谓"伦理学中的哥白尼式革命"③。同样地,孔子也在人的道德主体及其所表现的"仁"之中发现外在的礼乐秩序之根源与判准,所以他说:"礼云礼云,玉帛云乎哉?乐云乐云,钟鼓云乎哉?"(《论语·阳货》第11章)"人而不仁,如礼何?人而不仁,如乐何?"(《论语·八佾》第3章)而且他发现这种实践"仁"的力量就在我们自己的主体之中,所以说:"克己复礼为仁。一日克己复礼,天下归仁焉。为仁由己,而由人乎哉?"(《论语·颜渊》第1章)

---

① 《天主实义》,上卷,第2篇,第20页,载《天学初函》,第1册,台湾学生书局1965年版,第415—416页。"惟皇上帝,降衷于下民。若有恒性,克绥厥猷,惟后"系《汤诰》文,非《汤誓》文。

② 关于利玛窦此说所受到的质疑与批判,参阅吕实强:《由明清之际中国知识分子反教言论看中西文化交流(一五八三——一七二三)》,载《纪念利玛窦来华四百周年中西文化交流国际学术会议论文集》,台湾辅仁大学出版社1983年版,第420—422页。

③ John R. Silber, "The Copernican Revolution in Ethics: The Good Reexamined", in: Robert Paul Wolff (ed.), Kant: A Collection of Critical Essays (Notre Dame: University of Notre Dame Press, 1967), pp. 266—290.

康德的"自律伦理学"与其"道德宗教"之间具有逻辑的关联；我们甚至可以说："道德宗教"是建立在"自律伦理学"的基础之上。因此，尽管康德承认我们对"最高善"的期望必须预设上帝的存在，但这并不影响到他的另一个信念：人除了凭自己的理性能力从事道德实践之外，并无其他的义务，也不应指望其他力量之协助。在孔子身上，我们也见到类似的情形。一方面，孔子对于"天"或"天命"具有强烈的意识；在若干例子中，他所理解的"天"甚至带有人格神的色彩。试看《论语》中所记载的以下言论：

(1) 子曰："吾十有五而志于学，三十而立，四十而不惑，五十而知天命，六十而耳顺，七十而从心所欲，不逾矩。"（《为政》第4章）

(2) 孔子曰："君子有三畏：畏天命，畏大人，畏圣人之言。小人不知天命而不畏也，狎大人，侮圣人之言。"（《季氏》第8章）

(3) 子曰："大哉！尧之为君也！巍巍乎！唯天为大，唯尧则之。荡荡乎！民无能名焉。巍巍乎！其有成功也。焕乎！其有文章。"（《泰伯》第19章）

(4) 子曰："天生德于予，桓魋其如予何？"（《述而》第23章）

(5) 子曰："予欲无言。"子贡曰："子如不言，则小子何述焉？"子曰："天何言哉？四时行焉，百物生焉。天何言哉？"（《阳货》第19章）

(6) 子曰："莫我知也夫！"子贡曰："何为其莫知子也？"子曰："不怨天，不尤人，下学而上达。知我者，其天乎！"（《宪问》第35章）

(7) 子见南子，子路不说。夫子矢之曰："予所否者，天厌之！天厌之！"（《雍也》第28章）

(8) 子畏于匡，曰："文王既没，文不在兹乎？天之将丧斯文也，后死者不得与于斯文也。天之未丧斯文也，匡人其如予

何?"(《子罕》第9章)

(9)仪封人请见,曰:"君子之至于斯也,吾未尝不得见也。"从者见之。出曰:"二三子何患于丧乎?天下之无道也久矣!天将以夫子为木铎。"(《八佾》第24章)

(10)子疾病,子路使门人为臣。病间,曰:"久矣哉,由之行诈也!无臣而为有臣。吾谁欺?欺天乎?[……]"(《子罕》第12章)

在这十则文字当中,孔子及其同时代的人都表现出对于"天"或"天命"之超越的宗教意识;在第(6)至(10)则中出现的"天"字至少就字面来看,似乎还意指一个具有理智与意志的人格神。就这点而言,孔子对于"天"的理解显然与《诗》《书》中所表现的原始宗教意识有历史关联。

但在另一方面,"天"的概念在孔子那里也同时出现理性化与人文化的转向。我们不妨再看《论语》中的一些其他文字:

(11)子不语怪、力、乱、神。(《述而》第21章)

(12)樊迟问知。子曰:"务民之义,敬鬼神而远之,可谓知矣。"(《雍也》第22章)

(13)季路问事鬼神。子曰:"未能事人,焉能事鬼?"曰:"敢问死。"曰:"未知生,焉知死。"(《先进》第12章)

(14)子曰:"非其鬼而祭之,谄也。见义不为,无勇也。"(《为政》第24章)

(15)祭如在,祭神如神在。子曰:"吾不与祭,如不祭。"(《八佾》第12章)

(16)子疾病,子路请祷。子曰:"有诸?"子路对曰:"有之。诔曰:'祷尔于上下神祇。'"子曰:"丘之祷久矣。"(《述而》第35章)

(17)王孙贾问曰:"'与其媚于奥,宁媚于灶',何谓也?"子曰:"不然!获罪于天,无所祷也。"(《八佾》第13章)

这些文字经常被引用来说明孔子的人文思想，因为它们显示出孔子将宗教活动（祭祀、祈祷）功能化的倾向。第（11）至（13）则显示：孔子对传统的宗教活动采取不反对亦不提倡的消极态度，因为他并不认可这些活动所代表的传统意义。孔子对于传统礼制的基本态度是将新的意义注入旧的形式中，可说是"旧瓶装新酒"，而不采取革命性的手段，因为他知道："礼"的功能只能在形式的连续性中维系下来，而"礼"的变革也只能在这种连续性之前提下进行。因此当子贡欲废除"告朔之饩羊"时，孔子答以"尔爱其羊，我爱其礼"（《论语·八佾》第17章）。第（14）（15）两则显示孔子如何对传统的祭礼进行意义的转化。第（14）则所说的"非其鬼而祭之"意谓以他人的祖先为祭祀对象。因为祭祖的意义当在于报本返始，故不宜以他人的祖先为对象，如《左传·僖公十年》所载狐突之言："臣闻之：神不歆非类，民不祀非族。"《僖公三十一年》所载宁武子之言："鬼神非其族类，不歆其祀。"若有人以他人的祖先为祭祀对象，其中必有非分的动机（如祈福、避祸）。由《左传》的记载推断，这可能是当时常见的现象。尽管在孔子看来，这扭曲了祭祖的真正意义，但他也承认祭祖有其道德教化的功能，如曾子所说："慎终追远，民德归厚矣。"（《论语·学而》第9章）第（15）则中所说的"祭"是指祭祖。朱子《集注》引程子（颐）曰："祭，祭先祖也；祭神，祭外神也。祭先主于孝，祭神主于敬。"文中的"如"字表示对鬼神之存在与否存而不论。对孔子而言，鬼神之存在与否并非重点之所在，重要的是要借"祭"的仪式来表达孝与敬之心。在此，孝与敬之心的实质必须借由"祭"的形式来表达，而孝与敬只能发自自己的内心，不能由他人代为表示。故当孔子未能亲自参与祭礼，而由他人代行时，即无由表达孝与敬之心，而与不祭无异。总而言之，祭鬼神的意义在于借其仪式来表达我们内心的孝与敬之心，而非祈福、避祸或其他非分之求。

第（16）（17）两则显示孔子对于祈祷的看法。对于第（16）则，朱子《集注》解释道："祷者，悔过迁善，以祈神之佑也。无其理则不必祷。既曰有之，则圣人未尝有过，无善可迁，其素行固已合乎神明，故曰：'丘之祷久矣。'"显然在孔子看来，事神之道重在平素的道德实践，而非借祈祷以求神之佑助。这使我们不由得想到康德在《单在理性界限内的宗教》中区分"追求恩宠的宗教"（亦即"纯然礼拜的宗教"）与"道德的宗教"（亦即"良好品行底宗教"）。孔子对祈祷的看法岂非正好符合康德所说的"良好品行底宗教"，而非"追求恩宠的宗教"？

第（17）则中所说的"奥"与"灶"都是当时流行的祭祀。《尔雅·释宫》："西南隅谓之奥。"故"奥"指祭神之方位。"灶"即是今之所谓"灶神"。王孙贾是卫灵公之臣，故这段对话涉及当时卫国的朝政背景。但这段对话具体指涉的对象为何，历代注家有不同的说法，并无定论。此处姑且引述朱子《集注》之说："室西南隅为奥。灶者，五祀之一，夏所祭也。凡祭五祀，皆先设主而祭于其所，然后迎尸而祭于奥，略如祭宗庙之仪。如祀灶，则设主于灶陉；祭毕，则更设馔于奥以迎尸也。故时俗之语，因以奥有常尊，而非祭之主；灶虽卑贱，而当时用事。喻自结于君，不如阿附权臣也。贾，卫之权臣，故以此讽孔子。"朱子的解读是否合乎当时的实情，此处姑且不论；重要的是：孔子的答语"获罪于天，无所祷也"当如何理解？对此，朱子《集注》解释道："天，即理也；其尊无对，非奥灶之可比也。逆理，则获罪于天矣，岂媚于奥灶所能祷而免乎？言但当顺理，非特不当媚灶，亦不可媚于奥也。"朱子在此以"理"来解释"天"字，崔述《论语余说》、钱大昕《十驾斋养新录》、毛奇龄《四书改错》均有所批评①。朱子的解释的确有过度诠释之嫌，因为可以成为祈祷对象的"天"更有可能是作为人格神的"天"，而不仅是抽象的"理"。除了这点之外，朱子的解释大体可从。如果将这一则文字与上一则配合起来看，则"获罪于天"当是意谓"行为悖理"，而全句的意思是说：如果我们的行为违背道德，即使祈祷于天，亦无任何意义。这与康德对祈祷的态度如出一辙，亦合乎"良好品行底宗教"之理念。

综合以上所述，孔子对天、天命、鬼神、祭礼、祈祷的态度使我

---

① 程树德：《论语集释》，第 1 册，卷 6，中华书局 1990 年版，第 181—182 页。

们有充分的理由将其宗教观归入康德所说的"道德宗教",这在中国古代文化的发展中代表一种根本的转向。单就"儒家与宗教"的课题而言,由孔子开始的转向到了《中庸》才取得最后的形式,此即"内在超越性"或"即内在即超越"的思考模式。有些现代学者已注意到《中庸》的这种思想特性。譬如,杜维明先生便撰有《论中庸》一书①,以《中庸》为例,来说明儒家的宗教性。

笔者在研究台湾基督教思想家李春生(1838—1924)的著作时,发现他对《中庸》后半部的若干文句(如"赞天地之化育""与天地参""峻极于天")特别反感。李春生是虔诚的长老会基督徒,对《圣经》采取一种基本教义式的诠释②,他不但相信《圣经》中所说的奇迹、启示、预言③,也严厉批判达尔文(Charles Darwin, 1809—1882)、赫胥黎(Thomas H. Huxley, 1825—1895)的演化论。④ 笔者在《转化抑或对话?——李春生所理解的中国经典》⑤ 一文中指出:李春生对《中庸》的反感其实来自耶教的一神论传统与《中庸》所代表的"内在超越性"思想模式间之冲突。在该文中,笔者也对《中庸》的材料与思想性格加以探讨,以下的阐述基本上以此为据。大体而言,《中庸》的材料是由在文体与内容上均显然不同的两个部分所组成,前半部以"中庸"的概念为中心,后半部则以"诚"的概念为中心,两者之间有其逻辑关联。由《中庸》前半部到后半部的思想发展系由强调"天"之超越性转而强调其内在性;但《中庸》

---

① Tu Wei-ming, *Centrality and Commonality: An Essay on Chung-Yung* (Honolulu: University of Hawaii Press, 1976);此书后经扩充并改名为:*Centrality and Commonality: An Essay on Confucian Religiousness* (Albany: State University of New York Press, 1989)。后者有段德智的中译本:《论儒学的宗教性——对"中庸"的现代诠释》,载郭齐勇、郑文龙编:《杜维明文集》,第3卷,武汉出版社2002年版,第357—485页。
② 李春生对于《圣经》的诠释见其《圣经阐要讲义》(台湾日日新报1914年版)。
③ 参阅其《宗教五德备考》(台湾日日新报1910年版)。
④ 李春生对演化论的批判见其《天演论书后》,福州美华书局1907年版,收入《李春生著作集》,第4册。
⑤ 此文原刊于台湾"中央大学"《人文学报》,1999/2000年第20/21期,第133—174页;后收入李明辉编:《近代东亚变局中的李春生》,台湾大学出版中心2010年版,第25—65页。

在强调"天"之内在性时,并不否认其超越性。李春生从耶教一神论的宗教传统出发而反对的是《中庸》的"天人合一"观及其所涵蕴之"即内在即超越"的思想模式。

无独有偶,曾将《四书》译成英文的基督教传教士理雅各(James Legge)对《中庸》也有类似的看法。他如此评论《中庸》:

> 它〔按:指《中庸》〕的开头极好,但是作者才刚道出序文中的箴言,就导入一种晦涩中,使我们几乎无法摸索出道路;而当我们摆脱这种晦涩时,又会被作者对于圣人的圆满性之华而不实的图像所困惑。作者显然有助于助长其同胞的骄傲。他将他们的圣人提升到一切名为神或是被崇拜的东西之上,而且教导人民大众说:有了圣人,他们就不假外求了。在这当中,《中庸》与耶教是敌对的。不久之后,当耶教在中国广泛流行时,人们将会提及《中庸》,作为"他们的祖先凭其智慧,既不知上帝,亦不自知"之明证。①

在这段话中,理雅各布对《中庸》的批评显然主要也是针对其后半部。然而,这也反显出《中庸》透过"诚"的概念所建立之天道观已步上了与耶教的一神论迥然不同的道路。

杜维明先生在《论中庸》一书中如此解释《中庸》所说的"诚":"人之所以'能够'学习而成为诚,并不是由于天的'恩典',而是由于其本性原本就是按此被赋予的。"② 对于《中庸》所理解的天人关系,他也做了如下的说明:

> 诚然,人的本性是天所赋予的,但是,人并不仅仅是一种被创造物,而天也没有穷尽创造的全部过程。从终极的意义上讲,

---

① James Legge, *The Life and Teachings of Confucius* (London: N. Trübner, 1872), p. 54.
② 郭齐勇、郑文龙编:《杜维明文集》,第3卷,武汉出版社2002年版,第446页;*Centrality and Commonality: An Essay on Confucian Religiousness* (Albany: State University of New York Press, 1989), p. 77.

为了实现人性，人就必须充分地参与宇宙的创造过程。他们并不是从虚无中创造（就此而言，天也不是从虚无中创造），然而，他们却能够"赞天地之化育"。①

这种"天人合一"观与儒家"即内在即超越"的思想模式之间具有一种本质的关联。其结果是使中国传统的"天"（或"上帝"）的概念中之"人格神"意味逐渐脱去，而成为"天"（或"上帝"）的概念中之非本质因素。

牟宗三先生在其《中国哲学的特质》一书中对于儒家天道观由孔子到《中庸》的演变也做了类似的说明。他将先秦儒家遥契（印证）天道的方式区分为"超越的遥契"与"内在的遥契"两种，而以孔子代表"超越的遥契"，以《中庸》代表"内在的遥契"②。对于"超越的遥契"，牟先生解释道：

> 孔子在他与天遥契的精神境界中，不但没有把天拉下来，而且把天推远一点。虽在其自己生命中可与天遥契，但是天仍然保持它的超越性，高高在上而为人所敬畏。因此，孔子所说的天比较含有宗教上"人格神"（Personal God）的意味。③

至于"内在的遥契"，"不是把天命、天道推远，而是一方把它收进来作为他自己的性，一方又把它转化而为形上的实体"④。对于这两种遥契天道的方式，牟先生强调它们之间并无冲突矛盾，而且"由超越的遥契发展为内在的遥契，是一个极其自然的进程"⑤。他将这两种遥契方式的关系总括如下：

---

① 郭齐勇、郑文龙编：《杜维明文集》，第3卷，第447页；Centrality and Commonality: An Essay on Confucian Religiousness, p. 78.
② 关于这两种"遥契"，参阅牟宗三：《中国哲学的特质》，第37—45页。
③ 牟宗三：《中国哲学的特质》，第39—40页。
④ 牟宗三：《中国哲学的特质》，第40页。
⑤ 牟宗三：《中国哲学的特质》，第44页。

从康德的"道德宗教"论儒家的宗教性

超越的遥契着重客体性（Objectivity），内在的遥契着重主体性（Subjectivity）。由客观性的着重过渡到主体性的着重，是人对天和合了解的一个大转进。而且，经此一转进，主体性与客观性取得一个"真实的统一"（Real Unification），成为一个"真实的统一体"（Real Unity）。①

在上述的脉络下，牟先生特别指出，"这种统一，不是儒教所独有，耶教亦有类似的发展过程"，并且以耶稣来代表耶教的主体性②。不过，他最后还是强调："耶教始终为重客体性的宗教。孔子未使他的思想成为耶教式的宗教，完全由于他对于主体性仁、智、圣的重视。"③ 然则，在《中庸》的"内在遥契"所体现的主体性与耶稣透过"道成肉身"（incarnation）所体现的主体性之间究竟有何本质上的区别，以致儒教无法发展成耶教的型态？牟先生在《中国哲学的特质》第十二讲《作为宗教的儒教》中有一节题为"儒教何以未成为普通宗教的形式"，即试图回答这个问题，并且指出：其关键就在人格化的"上帝"概念。他承认：在中国文化中并非没有人格化的"上帝"概念及因此而形成的祈祷之情。但他接着指出：

> ［……］儒家并没有把意识全幅灌注在客观的天道之转为上帝上，使其形式地站立起来，由之而展开其教义。在主观方面也没有把呼求之情使其形式地站立起来。如使其形式地站立起来，即成为祈祷。此两方面在儒家并非没有，他只是把它轻松了。因为儒家的中心点不落在这里，其重点亦不落在这里。④

在《圆善论》中，牟先生甚至点明人格化的"上帝"概念之虚

---

① 牟宗三：《中国哲学的特质》，第45页。
② 牟宗三：《中国哲学的特质》，第45页。
③ 牟宗三：《中国哲学的特质》，第45页。
④ 牟宗三：《中国哲学的特质》，第104页。

妄性①。从他的儒家观点看来,"圆善"之可能性只需要靠"无限的智心",而毋须将此"无限的智心"人格化而成为"上帝"的概念。他一再强调:一个人格化的"上帝"概念并不在理性的界限之内,而是非理性的"情识作用"。但是否定人格化的"上帝"概念对于儒家之意义,并不等于否定儒学的超越性,乃至宗教性。徐复观先生将儒家之"天"的超越意义视为非本质的,无异于否定了儒学的宗教性;这并不符合孔子以后儒学发展的实情。

综合以上的讨论,我们可以将先秦儒学发展的基本方向归结如下:孔子首先将中国古代的原始宗教意识加以转化,使其中作为人格神之超越的"天"或"上帝"开始内在化于人的本性及其道德实践之中;但他仍然保留了"天"或"上帝"的人格性,以凸显其超越性。到了《中庸》,"天"或"上帝"的人格性进一步淡化,而确定了"即超越即内在"的思想模式及"天人合一"的观点。在孔子的学说里,我们见到与康德的"道德宗教"最为接近之宗教型态。《中庸》的天道观则是康德的"道德宗教"之进一步理性化。这便决定了日后宋明儒学的基本方向。由此,我们便不难理解何以来华的西方传教士(如利玛窦)及中国的耶教徒(如李春生)均对宋明儒学有所不满,而要回到所谓的"原始儒学"(先秦儒学)、回到孔子,甚至回到《诗》《书》中所表现的原始宗教意识。

四、从康德的宗教观所引发之批评看儒家的宗教性

笔者在上一节曾指出:康德的"道德宗教"是建立在"自律伦理学"的基础之上,两者之间具有逻辑的关联。更确切地说,康德的"道德宗教"说是他根据"自律伦理学"的观点对"宗教"的本质所做之说明。康德自己深信:"道德宗教"说在逻辑上可由"自律伦理学"推衍出来。但是在康德生前,就已有人对此提出质疑。例如,德国杜宾根②(Tübingen)大学教授福拉特③(Johann Friedrich von Flatt, 1759—1821)于1789年出版《论一般而言的宗教之道德的

---

① 牟宗三:《圆善论》,第243—255页。
② 此为台湾译法,大陆多译作图宾根。
③ 此为台湾译法,大陆多译作弗拉特。

从康德的"道德宗教"论儒家的宗教性

认知依据之书简——特别就康德哲学而论》一书,对康德及其学派的宗教观提出质疑。全书共包含十封书简。在第三封书简中,福拉特将康德对上帝的道德论证归纳为以下两项要点:

（1）实践理性使我们不得不假定**最高善**——亦即幸福与道德之完全和谐（或是最精确地按照道德的比例去分配幸福）——之**实在性**或**可能性**。

（2）幸福与道德之这种完全和谐只能在**上帝存在**之预设下被设想为实在的或可能的。①

他接着评论道："对于这两个命题,我必须对你们承认:对我而言,你们的学派为此所提出的理由,部分似乎本身就不充分,部分似乎与康德的其他原理不一致。"② 在福拉特看来,上述的第一个命题就提供了一个"与康德的其他原理不一致"之例。他指出:根据康德的原理,最高的道德原则之客观有效性与必然性所依靠的最后根据,只是一种"主观的理性必然性";而第一个命题却逾越此限,而赋予最高善一种"客观的有效性与必然性",这便违背了康德的原理。③

在第四封书简中,福拉特进一步指出:康德将"促进最高善"视为我们的道德义务,违背他自己对道德的看法。福拉特写道:

在第一个命题——**我们应当设法促进最高善**——当中似乎已有一项预设作为基础,而我们在康德的批判中找不到此项预设之保证。因为如果最高善（我相信可以如此假定）必须被理解为

---

① J. F. von Flatt, *Briefe über den moralischen Erkenntnisgrund der Religion überhaupt, und besonders in Beziehung auf die Kantische Philosophie* (Tübingen: Johann Georg Cottaische Buchhandlung, 1789), S. 14f.

② J. F. von Flatt, *Briefe über den moralischen Erkenntnisgrund der Religion überhaupt, und besonders in Beziehung auf die Kantische Philosophie*, S. 14.

③ J. F. von Flatt, *Briefe über den moralischen Erkenntnisgrund der Religion überhaupt, und besonders in Beziehung auf die Kantische Philosophie*, S. 15—16.

一个（在先验意义下）存在的**精神世界**之最高善，则我以为：除非预设**精神世界之存在**，否则我们无法设想"促进最高善"的责任，这是显而易见的。但是这项预设究竟有何依据呢？根据实践理性本身？还是根据理论理性呢？我们根据什么权利而能主张最高善呢？我都无法理解。因为即使我们承认：康德所提出的最高道德原则——**按照普遍有效的格律而行为**——系作为先天综合命题而独自责求我们，而且最高善的意识是纯粹实践理性之一项事实，我们仍无法由此推衍出一项**定言**命题：我有义务尽我的一切力量去促成精神世界之最高善，而是只能推衍出一项**假言**命题：如果有一个精神世界存在，我就有责任去促成精神世界之最高善。①

换言之，福拉特认为：康德主张我们有"促进最高善"的义务，与他主张道德法则是无条件的"定言令式"（kategorischer Imperativ），是相互矛盾的；因为"最高善"的义务要求德行与幸福之连结，这无异使道德的要求成为有条件的"假言令式"（hypothetischer Imperativ），而违反了康德伦理学的基本观点②。

无独有偶，当代知名的康德专家贝克（Lewis White Beck）也质疑康德将"促进最高善"视为我们的道德义务之合理性。贝克写道：

> 假定我尽我的一切力量去做（这是任何道德诫命所能要求我的极致），以促进最高善，则我该做什么呢？仅是出于对法则的敬畏而行动，而我已知道这一点。我绝对无法做任何其他的事，以便依据功绩来分配幸福——这是一个道德的世界主宰之任务，而非一个葡萄园园丁之任务。这并非**我的**任务；我的任务是

---

① J. F. von Flatt, *Briefe über den moralischen Erkenntnisgrund der Religion überhaupt, und besonders in Beziehung auf die Kantische Philosophie*, S. 31—32.

② 黄振华先生也有类似的批评，参阅其《康德纯粹实践理性的辩证论批判》，载其《论康德哲学》，台湾时英出版社2005年版，第288—293页。

从康德的"道德宗教"论儒家的宗教性

实现最高善的一个条件,而这是我的能力所能及 [……]①

如第二节所述,康德对上帝存在的道德论证基本上预设了一项伦理学的前提:"应当涵蕴能够。"("Ought implies can.")贝克的质疑正是从这一点出发。因为既然在构成"最高善"的两项因素——德行与幸福——当中,只有德行才是在我们人类(作为有限的存有者)的能力范围之内,而德行与幸福之一致必须靠上帝的保证,则"追求最高善"就不当成为我们人类的义务,否则就如同要求我们"挟泰山以超北海",这是非常荒谬的。而既然康德对上帝存在的道德论证是建立在"促进最高善"为"我们的意志底一个先天必然的对象"之前提上,则否定"最高善"可以作为我们的意志追求之道德目标便意谓否定他的整个道德论证。

当代的天主教学者萨拉(Giovanni B. Sala)同意贝克的这项质疑,并进一步指出康德的道德论证必然要面临的"两难之局"(Dilemma):如果康德承认:我们必须"设定"上帝的存在,才能使"追求最高善"的道德义务不致落空而成为虚妄的要求,这就意谓:道德法则的约束力并非完全系于人类的理性,而是系于能保证最高善之实现的上帝;这必然与其"道德自律"的伦理学观点相抵牾。反之,如果康德要坚持"道德自律"的观点,他就得承认:纵使上帝不存在,因而最高善可能永远无法实现,"追求最高善"的道德义务对我们人类依然有约束力;但这样一来,他的整个道德论证(包括对上帝存在与灵魂不灭的论证)都将失去着力点;而这也意谓:我们在道德上将面对一个无可期待的荒谬的世界!② 萨拉的质疑与福拉

---

① L. W. Beck, *A Commentary on Kant's Critique of Practical Reason* (Chicago: University of Chicago Press, 1960), pp. 244f. 《圣经·新约》以葡萄园园主与园丁来比喻人与上帝的关系,参阅《马太福音》第22章第1—14节、《马可福音》第12章第1—12节、《路加福音》第20章第9—19节。

② Giovanni B. Sala, *Kant und die Frage nach Gott* (Berlin: de Gryter, 1990), S. 392—396; Giovanni B. Sala, *Kant über die menschliche Vernunft. Die Kritik der reinen Vernunft und die Erkennbarkeit Gottes durch die praktische Vernunft* (Weilheim-Bierbronnen: Gustav-Siewerth-Akademie, 1993), S. 98—109.

特的批评如出一辙。在其《康德论人类理性》一书的结尾,萨拉喟然问道:

> 是否我们愿意承认:人的尊严在其最深层处系在于他可以因上帝的恩惠与恩宠而生活?——因此,正好不是一种依靠自己的自律。或者为了不落入对于上帝(唯有他能实现道德之目的)的依待之中,我们宁可将道德的意义置于"我们充当为无意义之事而生死的英雄"之中?①

萨拉基于他的宗教立场选择了第一条路。但康德基于其自律伦理学的观点,不可能选择这条路。而在另一方面,康德基于其道德目的论,亦不可能选择第二条路。

康德当如何回应上述的质疑呢?他是否能摆脱萨拉所指出的"两难之局"呢?首先,针对贝克的质疑,我们可以代康德提出以下的辩解:我们的道德法则仅要求我们"促进"(befördern)而非"实现"最高善。尽管唯有上帝有能力"实现"最高善,但我们人类仍能"促进"最高善。因此,承认我们无能力"实现"最高善,并无碍于要求我们"促进"最高善的义务之合理性。这犹如依康德之见,人类不可能达到"神圣"(Heiligkeit),但却无碍于他将"努力趋近于神圣"视为人类的义务。②

然而,上述的辩解虽可说明"促进最高善"的义务之合理性,但却无助于化解萨拉所指出的"两难之局"。因为如果此项义务之合理性毋须预设最高善之可实现性,我们便无必要"设定"灵魂之不灭与上帝之存在,来保证最高善之实现,而使康德的道德论证出现一个逻辑上的缺口。然则,康德大可停留于人类理性之道德自律中,而毋需进入宗教的领域。笔者在第二节提过,康德在《单在理性界限内的宗教》中一方面说:"道德为了自身之故〔……〕,决不需要宗

---

① Giovanni B. Sala, *Kant über die menschliche Vernunft*, S. 129—130.
② I. Kant, *Kritik der praktischen Vernunft*, KGS, Bd. 5, S. 83, 122 & 128.

从康德的"道德宗教"论儒家的宗教性

教,而是由于纯粹实践理性,它是自足的。"另一方面又说:"道德必然通向宗教。"在此,我们不禁会问:如果道德是自足的,就意谓它毋须进入宗教的领域;如果它必须通往宗教,岂非意谓它不是自足的?此时康德所面对的,岂非正是萨拉所指出的"两难之局"?

为了化解这种两难之局,我们不妨回到"儒家的宗教性"之问题上。以第一节所述当代新儒家内部对于"儒家的宗教性"问题所持的两种不同观点来说,徐复观先生所采取的是萨拉所说的第二条路,即停留在人类的自律当中;这自然可以避免两难之局,但也消解了儒家的宗教性。如果这只是徐先生自己的观点,自然可以自圆其说。但如果徐先生要据此来说明宋明儒学的发展,他不免会尴尬地发现:在《中庸》《孟子》《易传》及日后宋明儒学中有关"天人合一"的所有论述都成了毫无实义的废话。至于牟宗三、唐君毅所采取的诠释观点,则接近康德的"道德宗教"说,因为他们一方面把握住儒家向"道德自律"的转向,另一方面又能正视儒家的宗教性,而不仅视之为历史的残余。但与康德不同的是,他们可以避免康德所面对的"两难之局"。其关键在于:儒家的"天人合一"说采取的是"即内在即超越"的思想模式,故天之超越性即内在于人性之中。因此,当儒家强调人的"道德自律"时,并无碍于他同时承认天之超越性;反之,承认天之超越性,亦无损于人的"道德自律",因为"事天"并非侍奉一个外在的对象,而是借由提升自我来实现人性。不过,儒家的"天人合一"说并非一种天真的乐观主义,反而承认天人之间有一种永恒的张力。人固然可以参赞化育,但博施济众,"尧、舜其犹病诸?"孔子亦不敢自许为圣。儒家的"天人合一"犹如康德的"最高善",是人类的神圣义务,追求其实现是一个永恒的历程。对儒家而言,"天人合一"的可能性就存在于人性之中,故追求它,并非如希腊的悲剧英雄西西佛斯推石上山,在追求一个毫无意义的目标。在这个意义下,儒家的道德既非"英雄道德",亦非——套用萨拉的用语——"酬赏道德"(Lohnmoral)。

现在我们可以回到本文开头所提出的问题:儒学是否为宗教?长期以来,中外学者谈到"宗教"时,均有意无意地以犹太教—耶教的一神教传统为判准,来界定宗教的本质。在这个背景下,不但是儒家,甚至连佛教、道教都难以符合这项判准。然而,世界各文化之间的广泛交流与20世纪宗教研究的长足发展使得这种狭隘的宗教观面临改变的必要。英国宗教哲学家希克(John Hick, 1922—)便承认:他无法界定"宗教"的本质,而只能将"宗教"当作"一个具有家族类似性的概念"(religion as a family resemblance concept)①。据此,他将宗教界定为"对于超越者的信念"(belief in the transcendent),并且说明道:

> 尽管这不属于宗教的本质,[……]大部分的宗教形式仍然都肯定了一种超越人类与世界(通常也被认为内在于其中)之救赎性的实在,而这种实在被分别设想为一个人格神或非人格的绝对者,或是被设想为宇宙之井然有序的结构或过程或基础。②

这个较为宽松的"宗教"定义自然可以将孔子以后的儒家传统包括进去,因为如上文所述,即使在经过人文化的转向之后,儒家仍然保有对于超越者(天)的信念。

近年来,刘述先先生也根据德裔美国神学家田立克(Paul Tillich, 1886—1965)以"终极关怀"(ultimate concern)来界定"宗教"或"信仰"(faith)的观点,将儒学视为一种宗教。③ 田立克在《信仰的动力》一书开宗明义便说道:"信仰是终极地被关涉的状态:信仰的动力即是人的终极关怀之动力。"("Faith is the state of being ulti-

---

① John Hick, *An Interpretation of Religion: Human Responses to the Transcendent* (Houndmills: The Macmillan Press, 1989), pp. 3—5.

② John Hick, *An Interpretation of Religion: Human Responses to the Transcendent* (Houndmills: The Macmillan Press, 1989), p. 6.

③ Shu-hsien Liu, "The Religious Import of Confucian Philosophy: Its Traditional Outlook and Contemporary Significance", *Philosophy East and West*, Vol. 21 (1971), pp. 157—175;刘述先:《由当代西方宗教思想如何面对现代化问题的角度论儒家传统的宗教意涵》,载刘述先编:《当代儒学论集:传统与创新》,台湾"中央研究院"中国文哲研究所1995年版,第1—32页。

从康德的"道德宗教"论儒家的宗教性

mately concerned: the dynamics of faith are the dynamics of man's ultimate concern.")① 尽管田立克花了不少篇幅去解释"终极关怀"一词的涵义，但不可否认的是：这个定义并非一目了然，以致他必须花费不少篇幅将诸如国家主义或无神论的"信仰"排除在"终极关怀"之外。在此我们不妨指出：在田立克的德文著作里，"终极关怀"一词根本没有相对应的语汇；此词完全是个英文的语汇。在《信仰的动力》一书的德文本中，上述的引文译作："信仰是被无条件地关涉我们的东西所感动。"("Glaube ist das Ergriffensein von dem, was uns unbedingt angeht.")② 相形之下，他在早期的德文著作《宗教哲学》中，借由宗教与文化之对比而为两者提出的定义显然清楚得多："宗教是对于无条件者之祈向，文化是对于有条件的形式及其统一性之祈向。"("Religion ist Richtung auf das Unbedingte, Kultur ist Richtung auf die bedingten Formen und ihre Einheit.")③ 他还进一步说明宗教与文化的关系："文化是宗教的表现形式，而宗教是文化的内容。"④ 这个早期的定义其实更适于说明儒学的宗教性及其"寓宗教于人文"的特性。

康德虽是一位启蒙哲学家，但其宗教哲学仍深受其耶教背景的影响。他本人虽然不上教堂，不重视宗教仪式，却仍怀有虔诚的宗教情感。他所提出的"道德宗教"基本上是耶教传统之产物，但在本质上却可与孔子所开启的儒家传统相会通、相印证。作为人格神的"上帝"概念在儒学日后的发展中逐渐被扬弃，这无碍于儒学之为"道德宗教"，反而能极成康德的"道德宗教"，避免康德所要面对的

----

① Paul Tillich, *Dynamics of Faith* (New York: Harper & Row, 1957), p. 1.

② Paul Tillich, *Wesen und Wandel des Glaubens*, in: Paul Tillich, *Gesammelte Schriften* (Stuttgart: Evangelisches Verlagswerk, 1970), Bd. 8, S. 111. 此德文本最初于1961年由法兰克福的乌尔斯坦出版社（Ullstein）出版。

③ Paul Tillich, *Religionsphilosophie*, in: Paul Tillich, *Gesammelte Schriften*, Bd. 1, S. 320. 此书原先包含于 Max Dessoir (Hg.), *Lehrbuch der Philosophie*, Bd. 2: "Die Philosophie in ihren Einzelgebieten" (Berlin: Ullstein, 1925), S. 765—835。此书之英译本收入 Paul Tillich, *What is Religion?* (New York: Harper & Row, 1969)。

④ Paul Tillich, *Religionsphilosophie*, in: Paul Tillich, *Gesammelte Schriften*, Bd. 1, S. 329.

两难之局。对于"儒学是否为宗教?"这个问题,如今我们可以回答如下:就田立克所说的"宗教是对于无条件者之祈向"及"宗教是文化的内容"这两点而言,儒学无疑是一种宗教;进而言之,这种宗教极接近康德所说的"道德宗教"。

(原文刊于哈佛燕京学社编《儒家传统与启蒙心态》,江苏教育出版社2005年版,第228—269页。)

"穷智见德"

——劳思光先生的思想纲领

一、"穷智见德"之说的康德渊源

在劳思光先生的著作中经常出现"穷智见德"一词，笔者认为这是足以概括其整体思想的纲领。但奇怪的是，对于这个具有纲领意义的说法，他并未正式做系统性的说明。倒是他在两封公开的论学书简中，对这个说法有比较详细的说明。第一封书简是写给唐君毅先生的，最初以《致唐君毅先生》①之题刊登于1954年5月16日在台北出刊的《民主潮》第4卷第5期。第二封书简是写给王道先生（字贯之）的，最初以《论"穷智见德"》②之题刊登于1957年7月1日在香港出刊的《人生》第14卷第4期。以下笔者将以这两封书简为主要根据，来阐释"穷智见德"一词的哲学意涵。

首先，笔者要指出："穷智见德"一词原先是劳先生对康德哲学的总体概括。劳先生本人即明白地表示："频年于德智本末之义，尝有所论述，大要以循康德之学穷智见德为依归。"③ 又说："康德秉承重智精神之传统而兴，独能穷智见德，此盖非时人所能企及万一者［……］"④ 康德在《纯粹理性批判》第二版的《前言》中有一句名

---

① 此一书简后收入其《书简与杂记：思光少作集（七）》，台湾时报文化出版公司1987年版，第214—221页。
② 此一书简后收入其《儒学精神与世界文化路向》，台湾时报文化出版公司1986年版，第226—231页。
③ 劳思光：《致唐君毅先生》，载其《书简与杂记》，台湾时报文化出版公司1987年版，第215页。
④ 劳思光：《致唐君毅先生》，载其《书简与杂记》，第216页。

言:"我必须**扬弃**知识,以便为信仰取得地位。"① "穷智见德"之说实脱胎于此。但是这句话需要加以说明。首先,这里所说的"信仰",并不是指宗教信仰,而是指康德所谓的"理性信仰"(Vernunftglaube)或"道德信仰"(moralischer Glaube),亦即基于实践理性的信仰。因此,这句话旨在界定知识与道德的关系。

其次,此处的"知识"一词,康德使用的是 Wissen,而非一般常用的 Erkenntnis。在《纯粹理性批判》的《先验方法论》中,康德以一节的篇幅来说明"意见"(Meinen)、"知识"(Wissen)、"信仰"(Glauben)三者的不同涵义。根据他的说明,这三者依"确信"(überzeugung)的程度分属三个层次:"意见"是一种在主观方面与客观方面均不充分的"确认"(Fürwahrhalten);"信仰"是一种在主观方面充分、但在客观方面不充分的"确认";"知识"则是一种在主观方面与客观方面均充分的"确认"。② 然而,"信仰"的范围很广,康德在此特别要阐释"道德信仰",亦即上帝之存在与来世(不灭的灵魂)。③

康德在《实践理性批判》的《实践理性之辩证论》中将上帝之存在、灵魂之不灭与意志之自由并列为"纯粹实践理性之设准(Postulate)"。然而就论证逻辑而言,意志之自由先于另两项设准。因此,康德将"自由"的概念视为"纯粹的(甚至思辨的)理性之一个系统底整体建筑之**拱心石**",而上帝之存在与灵魂之不灭则是借由自由的概念而得到证实。④ 在这个意义下,"自由"的概念位于由知识领域通往道德领域的关键地位。

再者,康德在此使用的"扬弃"(aufheben)一词也有特殊的意义。德文里的 aufheben 同时包含"取消""提升"与"保存"三义。所以,后来黑格尔用此词来表示辩证法中的发展过程。中国的黑格尔

---

① I. Kant, "Ich mußte also das Wissen aufheben, um zum Glauben Platz zu bekommen [...]"语出 Kant, *Kritik der reinen Vernunft*(以下简称*KrV*), hrsg. von Raymund Schmidt (Hamburg: Felix Meiner, 1976), BXXX.(A=1781 年第一版,B=1787 年第二版)黑体字系原文所有,下划线则为笔者所加。

② I. Kant, *KrV*, A822/B850.

③ I. Kant, *KrV*, A828/B856.

④ I. Kant, *Kritik der praktischen Vernunft*(以下简称*KpV*), in: *Kants Gesammelte Schriften* (Akademieausgabe, Berlin: Walter de Gruyter, 1902ff.,以下简称*KGS*), Bd. 5, S. 3f.

研究者结合此词的第一、二义,将它翻译为"扬弃"①,今从之。由于英文中没有一个词可以完全表达这个德语词的三重涵义,因此无论将它译为 deny（Norman Kemp Smith, Paul Guyer/Allen W. Wood）② 还是 annul（Werner S. Pluhar）③,都可能引起误解。其实,英文的 sublate 更适于表达 aufheben 之义。邓晓芒将它译为"悬置"④,虽然隐含"保存"之义,但未彰显另二义,故仍非善译。

关于康德这句话的实义,我们可以借"自由"概念的关键地位来说明。但在此我们又有必要先讨论康德在《纯粹理性批判》的《先验逻辑》末尾的一章《论将所有一般而言的对象区分为事相与理体的理由》中所提出的一项重要区分。尽管康德并未明白交代,但是从康德在不同著作中的用法,我们大致可以断言:"事相"（Phaenomenon）与"理体"（Noumenon）之区分相当于"现象"（Erscheinung）与"物自身"（Ding an sich）之区分。例如,康德在一处便将"理体"界定为"一个事物,它决不当被设想为感觉底对象,而当（仅借由一种纯粹的知性）被设想为一个物自身"⑤。关于"事相"与"理体"（或"现象"与"物自身"）之区分,笔者在《牟宗三哲学中的"物自身"概念》一文⑥中已有详细的讨论,故此处不赘言。在此我只能略述其要点。首先,康德区分"理体"一词的消极意义与积极意义:就理体"并非我们的感性直观底对象"而言,这是其

---

① 例如,张世英主编的《黑格尔辞典》（吉林人民出版社 1991 年版）便是采取这个译法。李秋零也采取这个译法,见其所译《康德著作全集第 3 卷:纯粹理性批判（第 2 版）》,中国人民大学出版社 2004 年版,第 18 页。

② *Immanuel Kant's Critique of Pure Reason*, translated by Norman Kemp Smith (New York: Humanities Press, 1933), p. 29; I. Kant, *Critique of Pure Reason*, translated by Paul Guyer and Allen W. Wood (Cambridge: Cambridge University Press, 1997), p. 117.

③ I. Kant, *Critique of Pure Reason*, translated by Werner S. Pluhar (Indianapolis/Cambridge: Hackett, 1996), p. 31.

④ 康德著、邓晓芒译、杨祖陶校订:《纯粹理性批判》,台湾联经出版事业公司 2004 年版,第 lv 页。

⑤ I. Kant, *KrV*, A254/B310.

⑥ 李明辉:《当代儒学之自我转化》,台湾"中央研究院"中国文哲研究所 1994 年版,第 23—52 页;简体字版,中国社会科学出版社 2001 年版,第 20—47 页。

消极意义；若就理体是"一种非感性直观底对象"而言，这是其积极意义。① 这里所谓的"非感性直观"是指"智性直观"（intellektuelle Anschauung），但康德指出："这种直观方式非我们所有，而我们甚至无法理解其可能性。"② 换言之，我们人类只能理解"理体"概念的消极意义，无法理解其积极意义。所以，对我们而言，"理体"仅意谓人类知识的界限，也就是说，人类知识至此而穷。在这个脉络中，康德又表示："理体底概念只是个**界限概念**，用以限制感性之僭越，且因此只有消极的运用。"③ 更完整地说，"理体"虽然无法成为我们人类的知识对象，但它对人类的知识形成限制，并且以这种方式与人类的知识发生关联；因此，它与人类的知识之间并无矛盾。在这个意义下，康德说"理体"的概念是"或然的"（problematisch）④。

现在让我们讨论"自由"概念的关键地位。在《纯粹理性批判》的《先验辩证论》中，康德提出四组"纯粹理性之背反（Antinomien）"。所谓"背反"是指：如果我们未经批判，而将时空与范畴应用于超经验的领域，就会产生各组表面看来似乎都言之成理、但却相互矛盾的命题。"自由"的概念出现在第三组背反之中。这组背反如下：

> 正论：依乎自然底法则的因果性并非唯一的因果性，而世界底诸现象都能从它被推衍出来。为了解释这些现象，还有必要去假定一种借由自由的因果性。
>
> 反论：并无自由存在，而是世界中的一切均仅依自然底法则而发生。⑤

---

① I. Kant, *KrV*, B307.
② I. Kant, *KrV*, B307.
③ I. Kant, *KrV*, A255/B310f.
④ 康德说："若一个概念不包含矛盾，并且与其他知识相关联，而对既有的概念形成一种限制，但其客观实在性决无法被认知，我便称之为或然的。"（*KrV*, A254/B310）
⑤ I. Kant, *KrV*, A444f./B472f.

在这两个命题当中，反论主张自然底因果律之普遍性，正论则主张自由之存在，即否定自然底因果律之普遍性。表面看来，这两个命题相互矛盾，在逻辑上不可能都成立。但是"背反"并非"矛盾"。在矛盾关系中的两个命题只能一真一假，但在背反关系中的两个命题却可能同为真，或同为假。康德指出：这两个命题可能同为真，因而不构成矛盾。

化解这种背反的关键就在于分别从"物自身"与"现象"的观点来理解这两个命题，因而承认有两种因果性，即"自然底因果性"（die Kausalität der Natur）与"借由自由的因果性"（die Kausalität durch Freiheit）①。康德将这种超脱于自然底因果性的自由称为"先验的自由"（transzendentale Freiheit）②。如果我们将"物自身"与"现象"的双重观点应用于人身上，我们就得承认：人除了具有"经验的性格"（empirischer Charakter）之外，还具有"智思的性格"（intelligibler Charakter）；康德将后者归属于"物自身"，并借它来说明道德责任。③

无论是"先验的自由"，还是"智思的性格"，在《纯粹理性批判》的知识论脉络中都仅具有消极的意义。其后，在1785年出版的《道德底形上学之基础》中，康德借由分析道德法则而得到"道德底最高原则"，即"意志之自律（Automomie）"④。在这个脉络中，他将"自律"的概念联结上"先验的自由"，而成为"自由"的积极概念。⑤ 如上文所述，在《实践理性批判》中，这个积极的"自由"概念被视为纯粹实践理性之第一项"设准"。接着，康德通过讨论"最高善"的问题，又提出另外两项"设准"，即上帝之存在与灵魂之不灭，而这两项"设准"便构成康德所谓的"道德信仰"。

由上面的简要概述，我们可以将康德这句名言的涵义理解如下。

---

① I. Kant, *KrV*, A532—557/B560—585.
② I. Kant, *KrV*, A445—447/B473—475.
③ I. Kant, *KrV*, A554—556/B582—584.
④ I. Kant, *Grundlegung zur Metaphysik der Sitten*（以下简称 *GMS*）, *KGS*, Bd. 4, S. 440.
⑤ I. Kant, *GMS*, *KGS*, Bd. 4, S. 446—447.

康德在《纯粹理性批判》中借由"事相"与"理体"（或"现象"与"物自身"）之区分，为人类的知识划定了界线，使之局限于现象。然后他借由提出"先验的自由"，为我们通往道德世界打开一个消极的通道。在《道德底形上学之基础》中，康德借由对道德法则的分析，积极地开启了道德世界。在《实践理性批判》中，他通过讨论"最高善"的问题，进而提出"上帝之存在"与"灵魂之不灭"这两项"设准"，而形成其"道德信仰"。综而言之，康德一方面"放弃"知识领域而另一方面"提升"道德领域。但他之放弃知识领域，并非要否定知识，而是要将知识"保存"在现象界，使之不致因僭越而进入物自身的领域。如此一来，aufheben 一词之三义都得到了交代。为人类的知识划定界线即是"穷智"，开启道德领域即是"见德"，而由"穷智"到"见德"即意谓由"现象"的观点翻转为"物自身"的观点。

二、劳思光先生论康德哲学与"穷智见德"

劳先生于 1957 年 7 月于香港友联出版社出版《康德知识论要义》一书。但此书的前两章已于 1952 年以单篇论文的形式发表。[①] 由此我们可以推断：劳先生发表这两封讨论"穷智见德"的书简时，他正在撰写《康德知识论要义》一书。笔者在前面花费如许篇幅来阐述康德哲学的基本纲领，即是要证明劳先生借"穷智见德"一词来概括康德哲学的要义。为此，我们不妨引述劳先生的两段文字：

（1）康德《纯粹理性批评》以理解及感性之统一活动范定现象界之全后，乃能透出理性之本；自此而通实践理性，实循此道。盖智境即决定其范限，则无限永恒等义皆不能于此中求之，而此诸义又实出现于自觉中，于是超知识之主体活动乃逼出矣。

---

① 劳仲琼：《康德知识论的基源问题》，载《大陆杂志》1952 年第 1 期，第 4—10 页；劳仲琼：《康德知识论批评前期之回溯》，载《大陆杂志》1952 年第 8 期，第 19—22 页/1952 年第 9 期，第 20—23 页/1952 年第 12 期，第 19—20 页。

康德此一途径,实哲学之正途;而其精髓则唯是就主体说法耳。①

(2)究本之学,旨在上达;此处所不可忽者则是此学必须不与知断离;最高自由既不能为知识对象,而今欲展示此义又不能不下接于知境,使学者能有所依循,则处此两难之间,其可择而行者恐唯有**穷智见德**可为正路。②

以上的引文(1)指出"智境"以现象界为范围,此即康德所谓的"知识"(Wissen)。所谓"理解"即是"知性"(Verstand),劳先生根据此词的英译 understanding 将它译为"理解"。对康德而言,"知识"的活动彰显"理论理性"(theoretische Vernunft)或"思辨理性"(spekulative Vernunft)之作用。但这并非人类主体之最高阶段。在这个阶段之上,还有人类的道德活动,所彰显的是"实践理性"(praktische Vernunft)之作用。在康德哲学中,"思辨理性"与"实践理性"并非并列的,而是代表人类主体的两个层次,后者为前者之提升。因此,康德有"纯粹实践理性在与思辨理性结合时的优先性"之说。③ 故人类的道德活动实属劳先生所说的"超知识之主体活动"。在引文(2)中,劳先生指出:由思辨理性进至实践理性的关键在于彰显"最高自由",而这个"最高自由"即是康德所说的积极意义的自由,亦即作为"意志底自律"的自由。劳先生在此特别指出:彰显"最高自由",必须"不与知断离",也就是说,一方面要超越知识,另一方面也要保存知识。他将这种由知识领域上升到道德领域的转折称为"穷智见德"。这完全符合康德哲学的要旨。

接着,我们不妨再引述两段相关的文字:

(3)"穷智见德",乃以立进学之阶梯;亦是透现主体性之

---

① 劳思光:《致唐君毅先生》,载其《书简与杂记》,第217—218页。为便于讨论,以下引述劳先生的文字时均加上编号。
② 劳思光:《致唐君毅先生》,载其《书简与杂记》,第217页。黑体为笔者所标示。
③ I. Kant, *KpV*, *KGS*, Bd. 5, S. 119—121.

严格轨道。即展现智性活动之全境（注意，决非指知识内容讲），以显主体，然后由认知主体上通道德主体。[……]"穷智见德"，正是由"所"归"能"，牟宗三先生每喜以"逆之则成圣成贤"一语，以狀此返归（超越），"穷智"后之"见"即此"逆而成"之关键；所"穷"者是智性活动之全境，"穷"后所"见"者乃"主体性"[……]①

（4）究本之学不立，则主体之主体性不彰；主体性不彰，则最高自由不显，主客之大本不明；由是自觉必自系执于关系中，而价值必不能安定。西方正统哲学所以起伏激荡而终成今日之西方文化，其枢纽实在于重智精神本身；重智精神盖即背离最高自由者也。②

在引文（3）中，劳先生借"穷智见德"来说明主体性之升进，即由认知主体上通为道德主体，或者说，由思辨理性升进为实践理性。劳先生又借牟宗三先生的"逆之则成圣成贤"一语来阐释这个"升进"的意涵。牟先生常以"逆之则成圣成贤"来说明"逆觉体证"，亦即由"所"（对象）返归于"能"（主体）的"自反"（reflexion）过程。劳先生特别强调：此处所"穷"之"智"并非就知识内容而言，因为知识内容无穷无尽，焉能穷尽？质言之，此处之"穷"意谓：摆脱知识活动之对象而复归于"主体性"——严格而言，即"道德主体性"。由引文（4）可知，劳先生继承康德的主体性哲学，并借由（道德）主体性来彰显"最高自由"（即道德自由）。劳先生认为这是唯一能贞定价值的"究本之学"，并指出西方文化之弊在于其重智精神，亦即，仅停留于智境，而未能返归道德主体性而"见德"。

---

① 劳思光：《论"穷智见德"》，载其《儒学精神与世界文化路向》，第227页。
② 劳思光：《致唐君毅先生》，载其《书简与杂记》，第216页。

三、借"穷智见德"之说评骘中西文化

由引文（4）可知，劳先生也借"穷智见德"之说来评骘中西文化。故他进一步表示：

> （5）中国文化精神已有之发展中，智性活动步步萎缩，此并非由于"未能摄智归仁"，转是由于"智性活动未展开"而只"摄归"于德性主体下。西方文化精神为重智精神，德性主体步步蔽暗（不能透出），自不是"摄智归仁"，但西方文化精神发展中，智性活动畅发；由于不能"摄智归仁"，故有德性自觉殭蔽之病；但此病与智性活动萎缩之病全不相同。前者有关于"摄智归仁"，后者则无干。①

这段文字见诸劳先生答王道先生的《论"穷智见德"》一文，而此文涉及蔡仁厚先生稍早在《人生》第14卷第2期（1957年6月1日出刊）发表的《我们的反省与用心之道》一文，以及在同期刊出的王、蔡两人之书函。王道先生在其函中针对"穷智见德"之说特别强调"摄智归仁"之义。接着，他评论道：

> 倘若离仁求智，则顺所而趋（向所为顺、归能为逆），久假不归，虽欲穷智见德，实恐智未穷而德性之灵苗已因不得其养而日就压缩枯萎。倘真能终有"穷智见德"之日，亦恐终是观解上理论上之德——观念世界中之德，而非人格世界中之德。②

劳先生在引文（5）中则指出"摄智归仁"不同于"穷智见德"，并借此分别针砭中西文化之弊。对他而言，西方文化具有重智精神，智性活动畅发，但道德主体性未能透出，故需要"摄智归

---

① 劳思光：《论"穷智见德"》，载其《儒学精神与世界文化路向》，第228页。
② 载《人生》1957年第2期，封底。

仁"。反观中国文化,由于重智精神不彰,自无"摄智归仁"的问题。他概括地说:

> (6)浅言之,必另有"智性活动之展开",然后方能说"摄智归仁"而仍能"成智"。倘不顾智性活动本身之展开,而唯主"摄智归仁"。则此"摄归"必成"压缩";即重德精神之病也。①

综而言之,西方文化之病在于道德主体性未能透出,中国文化之病则在于智性活动未得发展而萎缩。

再者,劳先生相信:他以"穷智见德"来概括康德哲学,与牟宗三先生的看法相合。故劳先生说:

> (7)昔岁承牟宗三先生以未刊之《认识心之批判》原稿见示,精义妙诠,得未曾有;观其体系,是改造康德哲学之书,审其意向,则正是承继康德哲学之作。因知宗三先生之于康德学,大旨固亦与私见相符也。②

当时牟先生的《认识心之批判》一书已完稿,但尚未出版。无独有偶,牟先生在该书的《序言》中写道:

> 承近代学术之发展,会观圣学之精蕴,则康德之工作实有重作之必要。吾兹于认识心之全体大用,全幅予以展现。穷尽其全幅历程而见其穷,则道德主体朗然而现矣。友人劳思光君所谓"穷智见德"者是也。③

---

① 劳思光:《论"穷智见德"》,载其《儒学精神与世界文化路向》,第228页。
② 劳思光:《致唐君毅先生》,载其《书简与杂记》,第215页。
③ 牟宗三:《认识心之批判》,上册,《序言》,台湾学生书局1975年版,第13 [18:(13)]页(方括号内所附的是《牟宗三先生全集》之册数、页码,下同)。

可见以"穷智见德"作为康德哲学的纲领，是劳、牟两先生的共识。而就他们共同继承这个思想纲领而言，他们两人都可说是 Kantian。

四、劳思光先生对康德哲学的批评

然而，劳先生于继承康德的哲学进路之余，对康德哲学也有不满。例如，他说：

> （8）频年于德智本末之义，尝有所论述，大要以循康德之学穷智见德为依归。其实康德论证颇多罅漏，曩读其书，未尝不疑，既而深思，尤见其弱处。然今日以此途径为法者盖即因穷智见德为确立究本之学之坦途，舍其疵而取其醇，舍其小而取其大耳。①

从这段引文我们尚看不出劳先生在什么地方见到康德哲学的弱点。但是以下的一段文字则为我们提供了答案：

> （9）就主体说法，明主客之分，展示主体之建构性；其始则导智以自照以穷智，其终则明主客之本而归于最高自由；此在康德体系中皆已完成（是否完成即属完美，是另一问题，康德确完成此二工作，则可无疑者）。而另一方面为康德未尝用力者，则是就主体活动以观国家制度也。②

依劳先生之见，康德借由"穷智见德"之正道，虽然能透出道德主体性，彰显"最高自由"（意志之自由），但未能进一步将这种自由落实于客观的制度建构上。换言之，"穷智见德"是上达之道，但上达至道德主体之最高自由之后，还得进而向下落实于客观世界，建立客观的制度。在劳先生看来，康德哲学欠缺第二段过程，这是其

---

① 劳思光：《致唐君毅先生》，载其《书简与杂记》，第215页。
② 劳思光：《致唐君毅先生》，载其《书简与杂记》，第218页。

弱点。

劳先生对康德哲学的这种批评其实是黑格尔以来一再出现的老调。黑格尔曾提出"道德"（Moralität）与"伦理"（Sittlichkeit）之区别，并据此批评康德伦理学，认为康德伦理学尚停留在"道德"的阶段，而未进至"伦理"的阶段。在其《哲学百科全书纲要》（*Enzyklopädie der philosophischen Wissenschaften im Grundrisse*）第三部《精神哲学》中，黑格尔将"客观精神"区分为三个环节，即"法权"（Recht）、"道德"与"伦理"。其《法哲学大纲》（*Grundlinien der Philosophie des Rechts*）共分为三部，分别讨论"抽象法""道德""伦理"。他主张：道德主体不能像康德伦理学那样，停留于"道德"的领域，而必须在精神之辩证发展过程中以"伦理"来**扬弃**（aufheben）"道德"，也就是说，在"伦理"的观点下**离开**且同时**保存**"道德"。根据《法哲学大纲》，所谓"道德"包含"决心与咎责""意图与福祉""善与良心"；所谓"伦理"则涉及家庭、公民社会、国家，乃至世界史。① 以传统儒家的说法来表达，这等于说：康德哲学尚停留在"内圣"（修身）的领域，而未能进至"外王"（齐家、治国、平天下）的领域。

然而，当代的研究已显示：黑格尔对康德伦理学的这种批评其实是建立在他对康德伦理学的误解（或曲解）之上。关于这个问题，早已有连篇累牍的讨论②，此处无法详论。康德晚年（1797 年，其时康德 73 岁）出版的《法权论之形上学根基》（*Metaphysische Anfangsgründe der Rechtslehre*）便是一部不折不扣的法哲学著作。③ 此外，康德也有不少关于政治哲学的论文④，例如，其《论永久和平》

---

① 《哲学百科全书纲要》先后有 1817 年、1827 年及 1830 年的三个版本，详略不同，但后两个版本中的说明与此大同小异。

② 例如，1987 年的《黑格尔年刊》（*Hegel-Jahrbuch*）便是以"'道德'与'伦理'"为主题。

③ 康德身后，此书后与《德行论之形上学根基》（*Metaphysische Anfangsgründe der Tugendlehre*）合并为《道德底形上学》（*Metaphysik der Sitten*）一书。

④ 这些论文均收入笔者翻译的《康德历史哲学论文集》。康德的历史哲学论文与政治哲学论文有高度的重叠。

(*Zum ewigen Frieden*)便包含一套关于国家法、国际法与世界公民权的完整构想。康德的这些著作及其中所表达的观点过去长期被黑格尔的相关著作与观点所掩盖,以致为西方学界(遑论中文学界!)所忽略。德国学者蓝格雷贝①(Ludwig Landgrebe)在其20世纪50年代发表的《康德思想中的历史》一文中便惋惜地指出:在有关康德研究的众多文献当中,讨论康德历史哲学的著作极少;连新康德学派试图根据康德哲学的基本方向发展文化哲学及关于历史知识的理论时,都忽略了康德的历史哲学著作。② 因此,劳先生对康德实践哲学的上述误解,与其说是其视野的局限,不如说是其时代的局限。

五、康德、黑格尔与儒学的民主转化

罗尔斯(John Rawls,1921—2002)于1971年出版《正义论》(*A Theory of Justice*)一书,根本改变了西方学界对康德法政哲学的看法。因为罗尔斯正是从康德的法政哲学撷取资源,以建立其新自由主义的政治哲学。更重要的是:康德的法政哲学并非黑格尔的法政哲学之预备阶段或未成熟版本,而是根本代表另一个思路与型态。众所周知,牟宗三先生曾借"良知的自我坎陷"之说来证成由儒学开出民主政治的必然性。已故的好友蒋年丰曾就这一点批评牟先生:

> 牟先生的成就在于将康德道德形上学中形式意义极强的道德主体拿来彰显孟子、象山与阳明这个传统的义理模式。牟先生似乎不知道康德在法律哲学与政治哲学上也有相当重要的地位。牟先生极度关切民主政治的精神基础——法政主体,却不知道康德哲学在此正是一大观念资源,而竟然引进精神上不大相应的黑格尔哲学来证成之,宁非尚未穷尽康德哲学之义蕴?③

---

① 此为台湾译法,大陆多译作兰德格雷贝。
② Ludwig Landgrebe,"Die Geschichte im Denken Kants",*Studium Generale*,7. Jg. (1954),S. 533;亦见其 *Phänomenologie und Geschichte*(Gütersloh:Gerd Mohn,1968),S. 46.
③ 蒋年丰:《海洋儒学与法政主体》,台湾桂冠图书公司2005年版,第258页。

对于牟先生借黑格尔哲学来证成"儒学开出民主"的流行说法，笔者曾提出质疑。因为笔者认为：尽管牟先生在论证"儒学开出民主"时使用了黑格尔的辩证法，但其论证所预设的义理架构依然是康德式的。① 然而，蒋年丰批评牟先生在此问题上未善用康德的思想资源，这点笔者基本上同意，因为牟先生同样受到其时代的限制。

其实，蒋年丰的这项批评也适用于劳先生。劳先生在继承康德"穷智见德"的纲领之后，进而根据黑格尔的哲学进路来证成知识建构与制度建构之必要性。例如，他说：

>（10）所谓"客体精神"，即"主体精神"之"客观化"（客体化）。由此，乃必将国家制度、知识建构等皆视为"价值之实现"而立价值之肯定，而此类"实现价值之活动"就其能"生出智性活动"言，必有与"不能生出智性活动之实现价值之活动"有可区分且必应区分之处。为说明此"区分"乃有一对词语提出，宗三先生所提出者为"sub-ordination"与"co-ordination"，由此以说明两种境域；又言理性之二种表现，大致亦指此区分。②

所谓"客体精神"与"主体精神"都是黑格尔哲学的基本词汇，可见劳先生在此依循黑格尔的思路。劳先生相信：他的说法与牟先生的相关说法相合。牟先生为说明"良知的自我坎陷"，提出理性之"运用表现"与"架构表现"这一组概念。根据其说，在理性之"运用表现"中，主体（此时是实践理性）与对象的关系是"隶属关系"（sub-ordination）；而在其"架构表现"中，主体（此时是理论理性）与对象的关系是"对列之局"（co-ordination）③。依劳先生的理解，由理性之"运用表现"坎陷为"架构表现"，即是"主体精神"之

---

① 李明辉：《历史与目的——评陈忠信先生的〈新儒家"民主开出论"的检讨〉一文》，载其《儒学与现代意识》，台湾大学出版中心2016年版，第159—184页。
② 劳思光：《论"穷智见德"》，载其《儒学精神与世界文化路向》，第230页。
③ 牟宗三：《政道与治道》，台湾学生书局1987年版，第52［10：58］页。

"客观化"为"客体精神"。

劳、牟两先生都承认：要建立民主政治，这种"坎陷"或"客观化"是必要的。关于这点，劳先生说：

> （11）今以主体为立说之径，则上达至最高自由，价值之本义既显；下通至主体各境，而各境中之轨则亦可恃以安立。就国家言，则是众多主体之并立境；于此境中展现主体活动，则国家之本性可明。国家之本性既明，制度之大经以立。故去岁为文论民主政治编注［案："编注"二字为衍文］即就此义言之；谓民主政治为一应然之制度，而此应然即发根于主体之自由义；盖应然即是价值义也。①

依此，民主政治应以"最高自由"（道德自由）为基础，或者说，民主政治是"最高自由"或道德价值之体现。这是一种理想主义的民主观，而不同于我们在政治学教科书中常见到的实用主义观点：民主制度是所有可能的制度当中较好的制度。

放到现代中国的脉络中来考虑，劳先生相信：儒学必须经过转化（客观化），才能建立民主政治。他在《致唐君毅先生》中说：

> （12）先生近年论中西文化问题之作，大半已读；记曾谓儒学视政治为道德之直接延长，此真正中肯之语；与上所言众多主体并立境域之阙可互衬以见。唯鄙意以为民主政治之第一要义即在于肯定人对自身事作决定之权利；而于超个人事务则归于众意及多数原则以决之，实重在责任之交代。故其根本观念固不视国家为有发展机能者，此恐是现有民主政治学说之一病。倘果是病，则今如依主体实现价值义以建立一文化国家论，则或即可于补儒学之阙外，并以补民主政治学说之阙。②

---

① 劳思光：《致唐君毅先生》，载其《书简与杂记》，第218页。
② 劳思光：《致唐君毅先生》，载其《书简与杂记》，第220页。

除了肯定民主政治的道德基础之外，劳先生也从黑格尔的目的论观点提出"文化国家论"，亦即将国家视为文化价值的承载者，而非依古典自由主义的观点，将国家仅视为保障人民之生命与安全的工具。劳先生从不以儒者自居，但却坚持自由主义的立场。在 20 世纪 50 年代，台湾的自由派（殷海光、张佛泉）与新儒家（牟宗三、徐复观）之间曾进行一场关于儒家传统与民主政治的辩论，其中的一项争辩焦点便是：民主政治是否必须预设道德自由[①]？从以上的讨论可知，劳先生在这一点上显然赞同新儒家的观点。这自然要归因于他继承康德"穷智见德"的思想纲领与黑格尔的理想主义哲学。

六、余 论

不过，劳先生后来对他早期的观点有所调整。他曾于 1965 年出版《中国文化要义》一书。此书的新编本于 1998 年由香港中文大学出版社出版时，劳先生特别为此写了一个《序言》。在此《序言》中，他清楚地说明了其思想的改变。他承认：其早年的著作在思想特色方面属于黑格尔模式的理论。他之所以采取黑格尔模式，是因为黑格尔的"外在化"（externalization）理论可以说明一个文化内部的结构及其"创生"。但是，中国文化的现代化并不完全是由其内部自发的"创生"，也是"模仿"近代西方文化的过程。劳先生强调：黑格尔的"外在化"理论只能解释中国现代文化的"创生"，而无法解释它对西方近代文化的"模仿"。为了说明这个"模仿"过程，他引进了社会学家霸生斯[②]（Talcott Parsons, 1902—1979）的"内在化"理论作为补充，因而形成其"双重结构"的理论。[③]

总结以上的讨论，劳先生从其康德研究得出"穷智见德"一词，以之概括康德的思想纲领。接着，他根据这个纲领来评骘中西文化，

---

① 李明辉：《徐复观与殷海光》，载其《当代儒学之自我转化》，第 89—127 页；简体字版，第 81—117 页。

② 此为台湾译法，大陆多译作帕森斯。

③ 此处无法细论劳先生的"双重结构"的理论，读者可参阅其《中国文化要义新编》，香港中文大学出版社 1998 年版，第 xi—xix 页。

指出双方各自的缺点。最后,他据此指出儒家传统的现代转化之方向,将儒学接榫于民主政治,同时针砭当时流行的民主理论之弊病。就此而言,我们可以说:"穷智见德"也是劳先生本人的思想纲领。

(原文刊于《中国哲学与文化》(第十七辑),上海古籍出版社2019年版,第1—16页。)

如何继承牟宗三先生的思想遗产？

多年来我撰写了不少论文，为当代新儒家（尤其是牟宗三先生）的观点辩护，因而常被视为牟先生的辩护者。又由于我在德国波恩大学以康德伦理学为论文题目，取得博士学位，并且长期研究康德哲学，更加强了这种印象。友人林安梧甚至带有贬义地（虽然他不承认）加给我"护教的新儒家"之封号。"护教"一词通常意谓对宗教教条不加批判地接受与维护。这个封号对宗教信徒而言，未必有贬义；但对于以哲学思考为职志的学者而言，决非恭维之词。

今年是唐君毅、牟宗三两位先生的百年冥诞。在此，我不想对牟先生的哲学思想作学理上的讨论，而只想针对环绕着牟先生所发生的种种现象（或许可称为"牟宗三现象"）提出我的观察与思考，而这种观察与思考与我个人的经验是分不开的。

研究过哲学史的人都不难观察到：一位哲学家在不同的时代所受到的评价与对待，往往不是取决于其哲学思想本身，而是取决于当时的时代氛围与学术权力关系。牟先生于20世纪50年代任教于台湾师范大学及东海大学时，对台湾的文史哲界无疑有相当大的影响力。但是1970年他与徐复观先生迁居香港之后，新儒家的影响力便大幅消退。我于20世纪70年代初就读于台湾政治大学哲学系时，在课堂上几乎听不到牟先生的名字，遑论其观点。当时台湾各大学的哲学系也没有任何关于当代儒学的课程。有一次我在逛旧书店时发现一批由香港流到台湾的《民主评论》及唐、牟等人的著作（例如，唐先生的《哲学概论》是由香港孟氏基金会出版），眼睛为之一亮。他们的文章令我感到十分亲切，不知不觉间便吸引了我。于是我开始大量搜求他们的著作，热切地加以钻研。但是说实在话，当年较吸引我的是唐先生"笔锋常带感情"的文章。由于我的哲学基本知识有限，对牟先生的著作虽有亲切之感，但却是似懂非懂。事后我才得知：几乎在同一时期，台湾师范大学国文系的一批学生（如廖钟庆、岑溢成、杨祖汉）也自发地组成读书会，研读新儒家的著作。直到20世纪70年代下半叶，唐、牟两位先生到台湾讲学，加上台湾学生书局大量重印他们的旧作，并出版了他们的新作，他们对台湾学界与社会才开始形成不容忽视的影响力。

20世纪80年代中期，方克立和李锦全主持的"现代新儒家思潮研究"课题成为"七五"期间国家重点研究课题之一，这对新儒学的发展而言，也是一个重要的里程碑。尽管主事者仍带有明显的政治意图，但这毕竟意谓新儒学在大陆已不再是禁忌，而可以成为学术研究的对象。1988年，海峡两岸研究新儒学的学者在香港的"唐君毅思想国际会议"中首度碰面以来，迄今已超过20年。在这20年间，新儒家的著作在大陆大量出版（尽管仍有所删节），对大陆的学界造成难以估计的影响。当年课题组的若干成员（如郭齐勇、颜炳罡、罗义俊、景海峰）也已超越了政治意识形态，而成为某种意义的"大陆新儒家"（尽管他们并未以此为标榜）。

在两岸的对比之间观察牟先生对两岸学界的影响，是个很有意义的角度。首先，可以确定的是：对于两岸的中国哲学研究者而言，牟先生的相关著作已取得类似于经典的地位。但这不是说牟先生的观点已为大多数学者所接受，而是说：不论你是否赞同他的观点，都不能略过它们。这种情况类乎郑昕在《康德学述》的《弁言》中所言："超过康德，可能有新哲学，掠过康德，只能有坏哲学。"同样的，我们也要说：中国哲学的研究者可以不赞同牟先生的观点，却不可不理会它们。已故的傅伟勋教授也表达过类似的看法。任何人只要稍稍留意近年来两岸学界有关中国哲学的期刊论文与学位论文，便可以证实我的论断。

但吊诡的是，我不时听到台湾学者劝告年轻人不要读牟先生的著作，其理由是：牟先生思想的系统性太强，一旦进入，便不容易出来；或者是牟先生的论断太过强烈，会影响我们对中国哲学的客观了解。说这种话的人往往是中国哲学的研究者，甚至有些人与牟先生的关系匪浅。他们要年轻人保持思想的独立性，乍听之下，似乎没什么不对，但这种说法其实是似是而非的。因为有哪个大哲学家的思想不具有强烈的系统性呢？柏拉图、亚里士多德、多玛斯、康德、黑格尔的思想难道不具有强烈的系统性吗？但我似乎没听过有人（包括这些人）基于这个理由而劝告年轻人不要读这些西方哲学家的著作。其次，如果一个年轻人由于怕受到牟先生思想系统的影响而拒读他的著作，这正好显示他自己的思想欠缺独立性，经不起考验。再者，我们研读过去哲学家的著作，本来就是为了汲取其中的思想资源，如何可能不受到其影响呢？研读过去哲学家的著作，却拒绝受其影响，这实在是很奇怪的态度。一个有独立思想的人不会拒绝读过去哲学家的著作，不会担心其影响，而且会在研读的过程中形成自己的判断；即使他的结论与这位哲学家的观点相吻合，也不影响其思想的独立性。思想独立与刻意立异毕竟是两回事。

说这种话的人还有一个严重的盲点，即是不知学问的艰苦。在任何一个行业训练学徒的过程中都要经过一个模仿的过程。譬如，学画的人需要先临摹大画家的作品，训练其基本功夫，在此基础上才有可能进行推陈出新的创作。以我研究康德哲学的过程为例，我是借由逐句翻译来精读康德的三大批判，这是我的基本功。借由这种基本功的学习，我熟悉了康德的文字表达与论证方式，了解了真正的哲学思考是怎么回事，这是从一般的教科书与哲学史中所无法学到的。我因而认识到：哲学语言与哲学思考之间有直接的关系。因为哲学思考是一种概念性思考，它需要一套哲学语言。因此，我们学习一套哲学语言，其实便是学习一套哲学思考的方式。在两岸的学术界不乏一些哲学教授，尽管著作等身，但由于他们从未在任何一个哲学系统上下过基本功，他们所使用的语言充其量只是将日常语言披上学术的外衣，根本称不上是哲学语言。对他们的著作，只要稍加推敲，便可发现漏洞百出或是内容贫乏，这其实反映出他们根本不知哲学思考为何物。在我"吃透"（套用前辈学者林同奇先生的话）了康德的三大批判之后，自然便形成一种鉴别力，能判断学术著作之高下，也能一眼看穿那些貌似深刻、其实贫乏无物的所谓的"哲学著作"（不论其作者的名气多大），这正是所谓"观

如何继承牟宗三先生的思想遗产？

于海者难为水"。以打拳为例，练过基本功的人与基本功不扎实的人一交手，便能立刻判断对方拳法的虚实。

过早向学生强调思想的独立性，可能使学生因欠缺基本功而徒具花拳绣腿。我在两岸的学位论文中都发现这种现象：学生在未能把握牟先生的基本观点之前，就急于立异翻案。其实，何止学生如此，连教授亦不能免。近年来，复旦大学哲学系的杨泽波教授发表了一系列论文，批评牟先生借康德哲学对中国哲学所作的诠释。最近他将这些论文辑成《牟宗三三系论论衡》（复旦大学出版社2006年版）一书出版。有几份国内外学术期刊的编辑向我邀稿，希望我评论此书。但我一直未答应，因为回应这类夹缠不清的批评，极为费时费力。但我愿意趁此机会简单回应如下：杨泽波从未对宋明儒家的任何一家下过基本功，如何能妄议牟先生对宋明儒学的分系？再者，杨泽波从未对康德哲学下过基本功，如何敢说牟先生"误解"了康德呢？

牟先生的"宋明儒学三系说"是他爬梳宋明儒学九大家的基本文献之后所提出来的"类型学划分"（typological distinction）。当然，一切划分都是依其判准而定，不同的判准会产生不同的划分。在这个意义下，一切划分都是权法，任何人都可以根据另一套判准为宋明儒学提出另一种划分。牟先生提出三系说的主要判准有二：一是心性关系，二是自律与他律之区分。前者之判定需以基本文献的解读为根据，后者之判定需要对康德哲学有深入的把握。不幸的是，杨泽波在这两方面均欠缺基本功，其批判自然如隔靴搔痒，毫无说服力。

例如，杨泽波在书中提到：牟先生主张"就知识上之是非而明辨之以决定吾人之行为是他律道德"，并据以判定朱子的系统属于他律道德（第203页）。杨泽波反驳说："［……］牟先生关于以知识讲道德即为道德他律的说法其实并不符合康德道德哲学的基本精神，而且严格坚持这个标准的话，康德也难避道德他律之嫌。"（第233页）他的理由是：康德在《道德底形上学之基础》中运用"分析法"与"综合法"来探讨道德，即是在运用"反思性的认知"（相对于"经验性认知"），而这属于"知识"的范围（第229页）。这完全是对康德哲学欠缺整体理解而望文生义、断章取义的结论。

首先，杨泽波望文生义地将康德所使用的"分析法/综合法"与"分析命题/综合命题"这两组概念中的"分析/综合"混为一谈（第213页）。关于其间的区别，我在拙著《康德伦理学与孟子道德思考之重建》（台湾"中央研究院"中国文哲研究所1994年版）对于"分析/综合"这组概念的不同涵义已有清楚的分辨（第41—45页）。杨泽波在注解中也提到了拙著中的这段说明，但不知何故，他却误解了我的意思，因而也误解了康德的意思。

其次，他不知道"知识"一词在康德用法当中有两个对应的德文词语，即 Wissen 与 Erkenntnis。前者有严格的意义，后者的涵义较为宽松。牟先生说以知识讲道德即为道德他律，其根据就是康德在《纯粹理性批判》第二版《前言》中所言："我必须扬弃**知识**，以便为**信仰**取得位置。"① 这是康德哲学的纲领，劳思光先生曾经很恰当地以"穷智见德"一语来表述此义。② 康德在此使用的是 Wissen，而非 Erkenntnis。再者，康德此处所说的"信仰"，并不是指宗教信仰，而是指他所谓的"理性信仰"（Vernunftglaube）或"道德信仰"（moralischer Glaube）。他在《纯粹理性批判》的《先验方法论》中比较"意见"（Meinen）、"知识"（Wissen）、"信仰"（Glauben）三者之确切性（A820/B848），也是就这种严格的意义来说"知识"。

至于康德在《道德底形上学之基础》经常使用的"理性知识"（Vernunfterkenntnis）一词，未必属于 Wissen 的范围。对康德而言，逻辑是"形式的理性知识"，自然哲学与道德哲学是"实质的理性知识"③。逻辑与自然哲学属于 Wissen 的范围，但在道德哲学中，"道德底形上学"（包括杨泽波所说的"反思性的认知"）并不属于 Wis-

---

① I. Kant, "Ich Mußte also das *Wissen* aufheben, um zum *Glauben* Platz zu bekommen [……]"（BXXX）（A = 1781年第一版，B = 1787年第二版）

② 例如，其《致唐君毅先生》云："康德秉承重智精神之传统而兴，独能**穷智见德**[……]"载其《书简与杂记》，台湾时报文化出版公司1987年版，第216页；又可参阅其《论"穷智见德"》，载《儒学精神与世界文化路向》，台湾时报文化出版公司1986年版，第226—231页。

③ 康德著、李明辉译：《道德底形上学之基础》，台湾联经出版事业公司1990年版，第1—2页。

如何继承牟宗三先生的思想遗产？

sen 的范围。甚至在这部著作中，康德明白地表示："我们不需要科学和哲学，便知道我们必须做什么，才是真诚而善良的人，甚至是贤明而有德的人。"①这是"道德不可建立在知识的基础上"的另一种较通俗的表述方式。走笔至此，已足以显示杨泽波断章取义、望文生义之失。

武汉大学哲学系邓晓芒教授的批评则属于另一种类型。近年来，他发表了一系列论文，批评牟先生对康德的理解。这些论文包括《牟宗三对康德之误读举要（之一）——关于"先验的"》②《牟宗三对康德之误读举要（之二）——关于"智性直观"》③《牟宗三对康德之误读举要（之三）——关于"物自身"》④《牟宗三对康德之误读举要（之四）——关于自我及"心"》⑤。在这四篇论文当中，第一篇仅涉及康德哲学本身的诠释问题，后三篇则涉及牟先生借康德哲学的概念与架构来诠释中国哲学的进路。此处自然无法详论其间的是非得失。

邓晓芒曾根据德文本译出康德的三大批判，他对康德哲学的理解自然远非杨泽波所能及，他的中译本按理也当胜于牟先生透过英译本转译的三大批判中译本。因此，以他的学术背景指出牟先生对康德的"误读"，颇能取信于一般人。由于我也是研究康德出身的，故不时有人要我对邓晓芒的牟宗三批判表达意见。首先，我要指出"理解"所涉及的两个不同的层面：一是专家研究的层面，二是哲学思考的层面。牟先生不通德文，以当前的学术标准来看，他当然不能算是康德专家。因此，我完全无意在专家研究的层面上为牟先生的康德诠释辩护。但是面对邓晓芒的上述批评，我不免要问：尽管牟先生是透过英文来理解康德，但他以其不世出的哲学头脑，穷其一生的心力来理解

---

① 康德著、李明辉译：《道德底形上学之基础》，第22页。
② 原文刊于《社会科学战线》2006年第1期，第34—42页；收入邓晓芒：《康德哲学诸问题》，读书·生活·新知三联书店2006年版，第278—297页。
③ 原文刊于《江苏行政学院学报》2006年第1期，第14—20页及第2期，第12—15页；收入邓晓芒：《康德哲学诸问题》，三联书店2006年版，第297—318页。
④ 刊于《学习与探索》2006年第6期，第1—6页。
⑤ 刊于《山东大学学报》2006年第5期，第1—14页。

康德,如何可能如邓晓芒所言,在康德的重要概念上频频"误读"呢?

其实,邓晓芒所提到的"误读"多半发生于牟先生借康德的概念来诠释中国哲学之处,而这是属于哲学思考的层面。邓晓芒的批评主要是想证明两点:①牟先生使用"物自身""智的直觉"(或译为"智性直观")等概念均违背康德的原意;②牟先生对康德的批判并非出于理性思考,而是出于民族情感。邓晓芒花费如此多心力来证明第一点,是毫无意义之举。一则,既然牟先生自己也承认他并非按照康德的原意来使用这些概念,何劳邓晓芒来证明?再则,借由改造前人的概念来建立自己的学说,在中西哲学史上是屡见不鲜的现象,否则就不会有"概念史"(Begriffsgeschichte)的研究。甚至康德自己也这么做,并且为这种做法辩护。例如,康德借用柏拉图的"理型"(Idee)概念,亚里士多德的"范畴"(Kategorie)、"实体"(Substanz)等概念,而赋予它们以新义。康德在《纯粹理性批判》中便写道:

> 面对我们的语言之丰富财富,思想家往往会为了寻求完全适合其概念的语词而不知所措;而在欠缺这种语词时,他既无法真正为他人所理解,甚至也无法为他自己所理解。铸造新词是对于在语言中立法的一种过分要求,这很少成功;而在我们着手采取这种无望的手段之前,最好在已不再使用的学术语言中搜寻,看看其中是否存在这个概念及其适当的语词。如果由于这个语词底创造者之不谨慎,它在过去的用法变得有点游移不定,那么确定这个语词所特有的主要意义(尽管我们当时是否准确地领会了这个意义,仍有疑问),犹胜于只因我们无法让自己为他人所理解,而致糟蹋了我们的工作。(A312/B368f.)

康德从柏拉图的"理型"概念中撷取"超越经验及知性概念(范畴)"与"源于最高理性"二义。接着,他表示:

如何继承牟宗三先生的思想遗产？

> 在此我无意涉入任何文献研究，以确定这位崇高的哲学家赋予其语词什么意义。我只要说明：在日常谈话或著作当中，借由比较一位作者对其对象所表达的思想，我们对他的了解甚至会胜过他对自己的了解，这决非不寻常之事，因为他并未充分地确定其概念，且因此其所言乃至所思偶而会违背其本意。（A313f./B370）

换言之，康德在借用前人的语词时，往往不是根据其原先的意义来使用，而是根据他自己的哲学思考来重新界定它们。这与其视为对原先概念的"误读"，不如视为一种"创造性的诠释"，而这种诠释属于哲学思考的层面。难道康德也"误读"了柏拉图与亚里士多德吗？

由此便关联到邓晓芒的第二点批评。在邓晓芒看来，中国传统学术（尤其是儒学）都是独断的、未经启蒙的，与康德的批判哲学正好相反；因此，像牟先生那样，从儒家的观点来改造康德的概念，只会使康德哲学成为独断。邓晓芒毫不掩饰他对中国传统学术的不屑，这明显地表现于他与大陆儒家学者有关儒家"亲亲相隐"的辩论。他对儒家的理解水平似乎停留在百年之前的五四时代。在此，我只想问：难道中国人不需要下功夫，就可以了解中国传统学术吗？邓晓芒肯花数十年来理解康德哲学，为何不愿花十分之一的时间来客观地理解中国传统哲学呢？

我这么说，并非要否定专家研究的价值。牟先生毕竟是上一代的人，如果我们这一代对康德哲学的专家研究没有超越牟先生，那是极为可耻的事。牟先生自己也肯定专家研究的价值。当年我在台湾大学哲学研究所攻读硕士学位时，牟先生正好在那里担任客座教授。当时我打算以康德伦理学作为硕士论文题目，本来考虑请他担任指导老师。但他表示：他不通德文，不适于指导我，因而建议我请黄振华先生担任指导老师。他也曾建议政府设立"中国哲学研究中心"，其中一项目标便是疏解重要的中国哲学文献。他翻译康德的《道德底形上学之基础》与《实践理性批判》二书，合成《康德的道德哲学》一书。他在其《译者之言》中表示："吾之所作者只是初步，期来者继续发展,继续直接由德文译出,继续依中文来理解、来消化。"①后来我陆续译出《通灵者之梦》《道德底形上学之基础》《康德历史哲学论文集》《未来形上学之序论》《道德底形上学》,也是由于他的鼓励。台湾本地有些学生迄今还是亦步亦趋地根据牟先生的中译本来研读康德哲学,实不可谓善学,当非牟先生所乐见。

以下试举一例来说明"善学"之义。牟先生曾提出"儒学开出民主"说,引起了不少批评。连林安梧都认为这是"假议题"。针对此说,已故的蒋年丰教授受到罗尔斯(John Rawls, 1921—2002)的启发,而提出从康德的道德哲学开出法政主体的构想。他的基本构想如下:

> 我认为法政主体虽然不是从固有的中国文化中开发出来的。儒家的原始思想中也的确没有这个精神侧面在。儒家虽然没有开出这个精神侧面,但它却以道德主体为法政主体预定了位子。〔……〕我的论证之一是康德的道德形上学所凸显出来的形式主义性格的道德主体可以辗转转化成法政主体,而与真实的道德主体并立。就在这样的意义之下,我们可以说儒家的道德主体为法政主体预定了位子。②

在这个脉络下,他批评牟先生未能善用康德哲学的资源:

> 牟先生的成就在于将康德道德形上学中形式意义极强的道德主体拿来彰显孟子、象山与阳明这个传统的义理模式。牟先生似乎不知道康德在法律哲学与政治哲学上也有相当重要的地位。牟先生极度关切民主政治的精神基础——法政主体,却不知道康德哲学在此正是一大观念资源,而竟然引进精神上不大相应的黑格

---

① 牟宗三:《康德的道德哲学》,第 ix 页;亦载《牟宗三先生全集》,第 15 册,台湾联经出版事业公司 2003 年版,第 15 页。

② 蒋年丰:《海洋儒学与法政主体》,台湾桂冠图书公司 2005 年版,第 257—258 页。

尔哲学来证成之，宁非尚未穷尽康德哲学之义蕴？①

牟先生是在20世纪50年代提出"儒学开出民主"说，而罗尔斯的第一部重要著作《正义论》（*A Theory of Justice*）则出版于1971年，牟先生当年自然不可能参考罗尔斯的理论。此外，甚至在20世纪50年代的西方（包括德国在内），康德的法政哲学亦不受重视。在这种情况下，牟先生忽略康德的法政哲学，自然不足为奇。其实，何止牟先生，连当时台湾的自由主义者（如殷海光、张佛泉），由于受限于"冷战"思维，也根本未想到康德哲学与自由主义的可能联结。尽管牟先生并未特别注意到康德的法政哲学，但是他在其"外王三书"（即《历史哲学》《政道与治道》《道德的理想主义》）中却一再强调自由主义须以道德理想主义为基础，这无异于肯定了康德哲学与自由主义之间的理论关联，只是中间缺了一个理论环节，即康德的法政哲学。蒋年丰的这个构想若能实现，必然可以将牟先生的政治哲学向前推进一步，而另开生面。可惜天不假年，蒋年丰并无机会完成这项工作。② 近年来我翻译的《康德历史哲学论文集》（台湾联经出版事业公司2002年版）及《道德底形上学》（*Metaphysik der Sitten*, 2013年），都是康德法政哲学的主要著作。或许我可以完成蒋年丰的上述构想。

近年来，我除了在台湾的大学开课之外，也常到大陆开会与讲学，因而有机会接触两岸的大学生。相较于我们当学生的时代，台湾文史哲科系的学生对牟先生思想的隔阂明显增大，而有两极化的趋势：不是毫无兴趣与感应，就是亦步亦趋，无力消化。但在大陆我发现有不少学生很认真地消化牟先生的著作。经常有我认识或不认识的大陆学生通过电子邮件与我讨论牟先生的思想，或是将他们的文章传给我。他们对牟先生著作的认真思考常令我回想起我当年阅读这些著

---

① 蒋年丰：《海洋儒学与法政主体》，第258页。
② 李明辉：《关于"海洋儒学"与"法政主体"的省思》，载林维杰编：《文本诠释与社会实践：蒋年丰教授逝世十周年纪念论文集》，台湾学生书局2008年版，第1—25页。

作时的兴奋与热切。

牟先生就像古往今来的大哲学家一样,留下了一大笔思想遗产,唯善学者能受其惠。善学者既能入乎其内,亦能出乎其外,但此非易事。能入乎其内,而未能出乎其外者,犹有所得,胜于在门外徘徊张望者。即使像康德这样的大哲学家,在他生前与身后都受到不少人的批评与误解。例如,当时有一位学者史达特勒①(Benedikt Stattler, 1728—1797)特别撰写了《反康德》(Anti-Kant)一书,严厉批评康德的哲学立场。在 1827 年至 1967 年之间,康德的《纯粹理性批判》甚至被罗马教廷列为禁书。康德的遭遇似乎验证了一个具有讽刺性的定律:一位哲学家的伟大与他受到批评与误解的程度成正比。明乎此,我们对牟先生所受到批评与误解或许就不必太过在意了。

(原文刊于台湾《思想》2009 年第 13 期,第 191—203 页。)

---

① 此为台湾译法,大陆多译作施塔特勒。